고려대학교 통일융합연구원 해란연구총서 시리즈 06

한미동맹 :

자유·민주·번영의 가치동맹을 위하여

남성욱 · 제성호 · 정연봉 · 이미숙 · 김형진

The U.S.-ROK Alliance:

For a Value-based Alliance in Freedom,

Democracy, and Prosperity

박영사

머리말

2024년은 1953년 10월 1일 한미상호방위조약이 체결된 지 71주년이 되는 해다. 한미상호방위조약은 지난 70년간 한반도의 안정과 평화 유지에 중요한 역할을 해왔다. 하지만 우리의 경제적 상징인 '한강의 기적' 배경에 한미상호방위조약의 비준이 있다는 사실은 잘 알려져 있지 않다. 경제와 안보의 상관관계는 상상으로 연결되어 있다. 피와 희생으로 구축된 한미 간 유대는 지난 70년에 걸쳐 한미 상호 간에 불가분의 영향을 줄 정도로 깊어지고 성장했다. 한미동맹은 안보 중심으로 시작해 경제 파트너십을 거쳐 포괄적 전략동맹으로 확장되었으며 국제사회에서 '연대의 모범'으로 불리고 있다.

일부 지식인과 젊은 세대 중에는 왜 한미동맹이 우리 안보의 기본이 되어야 하는지 의문을 갖고 있는 경우가 있다. 대한민국이 미국과 동맹을 맺는 이유는 두 가지다. 우선 자유민주주의와 시장경제 가치를 공유하는 나라, 다음은 한국 영토에 대한 지배 야욕이 가장 적은 나라이기 때문이다. 우리가 중국, 러시아 및 일본과 동맹을 맺어 대한민국의 안보를 수호하기에는 역사적으로 아픈 상처가 너무 많다. 이들 중 러시아는 우크라이나를 침공하여 국제 평화를 위협하고 있고 부동항을 찾아 남측으로 내려오는 남진 정책의 전통은 역사적으로 여러 차례 경험한 바 있다. 모든 국가의 안보는 자강불식(自强不息)의 의지와 외부와의 동맹(alliance)으로 지켜진다.

'보다나은미래를위한 반기문재단'과 고려대학교 통일융합연구원은 2023년 7월 한미상호방위조약 체결 70주년을 기념해 굳건히 이어져 온 한미동맹의 역사적 성과를 돌아보고 미래를 향해 전진해 갈 한미동맹의 역할을 함께 고민해 보는 자리를 마련했다. 국내 외교 안보의 최고 전문가들이 "한미동맹: 자유·민주·번영의 가치동맹을 위하여"라는 제하의 세미나에 참석하여 고견을 나누었다. 한미동맹의 외교적·군사적 측면을 중심으로 한반도 안보를 둘러싼 국제정세를 진단하고 한미상호방위조약의 미래를 예견해 보는 뜻깊은 토론의 장이 되었다. 1년 이상 담론의 결과와 발표문을 더욱 다듬고 보완하여 역사의 기록으로 남기고자 본서를 발간하게 되었다. 본서의 집필은 2023년

7월 반기문 재단과 고려대 통일융합연구원이 공동 개최한 심포지엄에서 논의된 사항을 기반으로 발표자와 토론자의 감수와 수정을 거쳐 최종 완성되었다.

한국과 미국은 자유민주주의, 법치, 인권, 시장경제 등 핵심 가치를 함께 수호하는 '가치동맹'으로서 함께 발전해 왔다. 한미동맹의 역할과 기능은 북핵, 팬데믹, 교역질서 변화, 기후 위기 등 글로벌 복합 위기 속에서 더욱 확장되고 있다. 2023년 4월 26일, 워싱턴에서 개최되었던 한미 정상회담은 이러한 차원에서 한미동맹의 미래를 더욱 굳건하게 설계하고 글로벌 동맹으로 발전시킬 수 있는 중차대한 이정표가 되었다.

본서는 6개 장과 부록으로 구성되었다. 제1장 한미상호방위조약 체결의 과거, 현재 및 미래 (남성욱 고려대 교수), 제2장 한미상호방위조약 체결의 외교적 함의와 평가(제성호 중앙대 교수), 제3장 한미상호방위조약 체결 이후 한반도 안보(정연봉 국가전략연구원 부원장), 제4장 한미동맹-한국의 기적을 이끈 동력(이미숙 문화일보 논설위원), 제5장 가치동맹을 위한 한미동맹의 현재와 미래 발전 방향(김형진 전 유럽연합 대사), 제6장 한미동맹과 핵무장론(남성욱 고려대 교수) 등이다.

본서의 발간은 고려대 통일융합연구원을 설립해 주신 정진택 제20대 고려대 총장님, 김동원 고려대 총장님의 열정과 관심의 산물이기도 하다. 자료 정리에 혼신의 힘을 쏟은 고려대 통일융합연구원의 조정연·김혜원 박사, 이나겸 연구원에게 감사의 말을 전한다. 마지막으로 미국에 거주하시면서도 더 나은 한반도를 소망하며 본서를 해란연구총서로 발행하도록 물심양면의 많은 도움을 주신 고려대학교 의과대학 김해란 선배님, 고려대 통일보건의료 연구를 이끌고 계신 김영훈 전 의료원장님, 김신곤 의과대학 교수님께도 심심한 사의를 표하고자 한다.

본서는 2024년 11월 30일 설립 2주년을 맞는 고려대학교 통일융합연구원의 해란연구총서 시리즈의 제6권으로 발행한다는 측면에서 막대한 책임감을 느낀다. 마지막으로 연구총서를 발간해주신 박영사 안종만 회장님과 김한유 과장 등 편집진에게도 고마움을 전한다.

2024년 12월
저자를 대표하여 남성욱

기조연설

반기문 제8대 UN 사무총장

자리를 함께하신 내·외 귀빈 여러분, 대단히 반갑습니다.

오늘, 보다나은미래를위한 반기문재단과 고려대학교 통일융합연구원이 공동으로, 한미동맹70주년을 기념하는 심포지엄을 개최하게 된 것을 매우 뜻깊고 기쁘게 생각합니다.

이번 심포지엄이 개최되기까지 많은 노고와 협조를 아끼지 않아 주신 박민식 국가보훈부 장관님, 고려대학교 김동원 총장님과 남성욱 통일융합연구원장님, 승명호 한국일보 회장님께 진심으로 감사의 말씀을 드립니다.

공사다망한 가운데에서도 이번 심포지엄의 내용을 알차게 채워주실 각계의 전문가 여러분, 그리고 학생 여러분께도 감사의 말씀을 드립니다.

특히, 지난 4월 26일 워싱턴에서 개최되었던 한미 정상회담으로 상당 기간 흔들리던 한미 관계가 더 없이 확고해진 바탕 위에서, 한미동맹의 굳건한 미래를 논의하는 것은 시대적 상황에 있어서도 그 의의가 더욱 각별하다고 생각합니다.

오는 7월 27일로 우리는 6·25전쟁 정전 70년을 맞이합니다.

전쟁이 시작되었을 때 저는 그저 어머니, 아버지 얼굴만 바라보며, 멀리서 들려오는 대포소리에 무서워하는 여섯 살 어린아이였습니다. 사실, 그것이 전쟁이라는 것조차 몰랐습니다. 그랬던 제가 이제는 원로로서 지구촌을 종횡하고 있으니, 우리 국민 사이에 전쟁의 기억은 갈수록 희미해질 것이고, 그것은 우리나라의 미래, 특히 자유민주주의에 기반한 한반도 통일을 위해 참으로 걱정해야 할 일이라는 생각이 듭니다. 참혹했던 과거를 잊으면 비극은 언제든지 되풀이될 수 있기 때문입니다. 만 3년이 지나 전쟁이 끝났다는 소식이 날아왔을 때, 우리는 누가 먼저랄 것도 없이 소리 높여 만세를 불렀습니다.

그러나 70년이 지난 지금 그 당시를 생각해 보면, 모든 것이 참으로 아득했습니다. 전 국토는 폐허가 되었고, 그 폐허 속에서 국민학생이던 우리는 UN이 지원해준 교과서로 겨우 공부를 이어갈 수는 있었지만, 점심시간이 되면 반(班) 친구 태반은 슬그머니 밖으로 나갔습니다. 부상 당한 참전 용사들은 목숨 바쳐 지켜낸 국가로부터 아무런 도움도 받지 못한 채 떠돌고 있었습니다.

참으로 모진 시절이었습니다. 그 고난의 세월이 길게 이어졌지만, 그러나 우리는 끝내 이겨냈습니다. 우리는 2차 세계대전 이후 신생 독립국으로서는 최초로, 더욱이 3년 넘는 전면전쟁을 치러낸 국가로서 유일하게 선진국으로 올라섰습니다. 원조에 의존해야 했던 나라에서 원조를 주는 나라가 되었습니다. 경제력만이 아니라 문화와 예술, 교육과 복지, 그리고 과학·기술과 스포츠를 비롯한 전 분야에서 가장 부러워하고, 배워보고 싶고, 세계시민이 사랑하는 나라를 만들었습니다.

여러분, 우리는 무엇이 우리를 여기까지 올려놓았는지, 그리고 우리를 도운 친구가 누구인지 잘 압니다. 그것은 인류 보편의 가치인 자유민주주의, 유일하고 지속가능한 번영의 길인 시장경제, 그리고 무엇보다도 가장 든든한 안보와 평화의 동반자 한미동맹이었습니다.

6·25 전쟁에서 우리 한국군 13만 7,899명이 장렬하게 전사했고, 유엔군 4만 670명이 산화하거나 실종됐습니다. 그중에 미군이 90%를 차지합니다. 세계에 이런 혈맹은 한국과 미국 말고는 없습니다. 전쟁의 참혹함과 고난의 시기에 대한 기억이 얇아지면서 우리 사회에 자유민주주의와 한미동맹의 가치, 그 중요성과 역할을 폄하하거나, 심지어 부정하는 사람들이 있습니다. 그들은 오늘의 대한민국이 절로 이루어진 것처럼 말하면서 나라를 시험대 위에 올려놓으려고 합니다.

그러나 아무리 왜곡하고 끌어내리려 해도 자유민주주의와 시장경제, 한미동맹 없이 오늘의 대한민국은 불가능했습니다. 2차 세계대전 이후 신생국 중에 자유민주주의와 시장경제에 기반한 나라는 번영했고, 다른 길을 걸어간 나라들은 아직도 질곡에서 빠져나오지 못하고 있습니다. 한미동맹은 바로 그 자유민주주의에 기반한, 전방위적인 동반과 협력, 그리고 연대의 관계입니다. 우리는 'We go together! 같이 갑시다'라는 표어를 통해 한미동맹의 가치와 토대가 무엇인지 확인할 수 있습니다.

그렇지만 지난 70년 동안 한미동맹은 흔들린 적도 많았습니다. 두 나라의 리더십과 정치 상황에 따라 위기를 맞기도 했습니다. 최근에만 해도 많은 곡절이 있었습니다. 70년 사상 그 어느 때보다 냉랭했습니다. 핵무기와 고도화된 미사일을 앞세운 북한의 위협이 가중되는 상황에서 일방적인 평화를 되뇌는 유화주의가 한국정치를 지배했고, 우리 안보의 대들보라 할 수 있는 한미동맹은 흔들렸으며, 양국의 신뢰에 금이 가고 경고등이 켜지기도 했습니다. 한미 안보 역량 강화에 필수적인 연합연습은 축소되었고, 합동군사훈련은 중단되다시피 했습니다. 안보에 필수적인 긴요한 정보의 공유도 아마 상당히 제한되었을 것입니다.

그런 점에서 지난 4.26 한미 정상회담은 흔들리는 동맹의 중심축을 바로 잡은 중대한 계기이자 전환점이 되었다고 저는 생각합니다. 이제 한미동맹은 확실히 복원되었습니다. 워싱턴선언으로 한미동맹은 전략적 공동운명체임을 재확인했을 뿐 아니라, 가치에 기반한 글로벌 동맹으로 그 차원이 확장되었습니다. 특히 70년 동맹 사상 최초로 양국 정례협의체로서 '한미핵협의그룹', 즉 NCG(Nuclear Consultative Group)를 신설하고, 핵탄도미사일잠수함을 비롯한 미국의 전략자산을 한반도에 정기적으로 배치하기로 한 것은 그동안 말로만 해오던 대북 확장억제를 문서로써 구체화한 것으로, 획기적이었습니다.

바이든 대통령은 북한의 핵 공격은 정권교체, regime change가 아니라 '정권의 종말, end of regime'이라고 단정적으로 경고했습니다. 이 경고는 확장억제 강화에 강력한 신뢰와 함께 더할 수 없는 위력을 부여했습니다. 가장 확고한 안보 태세는 적이 감히 넘볼 생각 자체를 할 수 없도록 충격과 공포를 만들어내는 것이기 때문입니다.

우리는 '한미핵협의그룹'을 정례협의체에서 상설위원회 수준으로 끌어올리는 것을 미국과 적극적으로 모색해 나갈 필요가 있습니다. 이것은 한반도는 물론 아·태 지역의 평화와 안정에도 전략적이며 유효한 동기를 부여하게 될 것입니다.

그리고 여러분, 그동안 북한 인권문제가 외면당했습니다. 앞으로 북한의 인권상황에 대한 관심을 더 높이고 정면으로 다뤄야 합니다. 과거 정부에서는 유엔 북한 인권결의안에 공동제안국으로 참여하지도 않았고, 7년 전 제정한 북한인권법은 사실상 사장되어 있었습니다.

그러나 인권문제는 인류사회의 최소한의 도덕적 기반입니다. 북한이 아니더라도, 인권을 함부로 하는 나라를 우리는 좌시해서는 안 됩니다. 형언할 수 없을 정도로 처절한 북한 인권 실태가 계속 전해지고 있습니다. 언제까지 못 본체하고 유야무야 넘어갈 수 없습니다. 그것은 세계적으로 부러움을 받고 있는 국가로서 우리의 의무를 저버리는 일이기도 합니다. 여기 이신화 대사님께서 나와 계십니다만, 현 정부 들어 북한인권대사를 임명하고, 북한인권결의안에 공동제안국으로 5년 만에 복귀하고, 북한인권보고서를 공개적으로 발간한 것은 그 자체로 뜻깊은 일일 뿐 아니라, 북한에 대해서는 '인권유린에는 공소시효가 없다'는 강력한 압박을 주게 될 것입니다.

여러분, 우리는 이제 한미동맹의 또 다른 미래를 바라봅니다. 4.26 한미 정상회담을 전기(轉機)로 한미동맹을 한반도와 동북아의 안정과 평화를 넘어 세계의 평화와 안보, 그리고 번영에 기여하는 포괄적 글로벌동맹으로 가일층 발전시켜 나가야 합니다.

　그런 점에서 저는 우크라이나 전쟁이 한시라도 빨리 종식될 수 있도록 세계의 자유민주국가들이 더 크게 기여해야 하고, 우리도 마땅히 그 대열에 참여해야 한다고 생각합니다. 그것은 70년 전 공산 침략의 전쟁으로부터 절체절명의 대한민국을 구해준 국제사회에 대한 도리인 동시에, 북한의 전쟁 의지를 꺾는 길이기도 합니다. 또한 우리의 국격을 높이고 믿을 수 있는 친구를 더 많이 만드는 길이기도 합니다. 우크라이나 침략자들의 내분으로, 침략자의 한 축인 바그너 그룹의 프리고진이 반란을 일으키고, 총구를 모스크바로 돌렸던 사태는, 러시아의 침공이 어떠한 명분도 대의도 없음을 여실히 보여주었다고 생각합니다. 우리는 향후 러시아에 있어서 푸틴의 지도력 변화를 예의주시할 필요가 있습니다.

　한미동맹을 더욱 건강하고 지속가능한 동맹, 압도적인 철통동맹으로 심화·발전시키기 위해 우리가 가일층 숙고하고 천착해야 할 일이 '自强의 노력'입니다. 自强은 동맹의 대체가 아니라 동맹의 보완입니다. 동맹은 일방적 시혜가 아니라 호혜적 동행이어야 합니다. 自强으로 우리의 힘이 강해질수록 한미 간의 신뢰와 상호 의존성은 더욱 깊어질 것입니다.

　自强을 위하여 우리의 재래식 무기를 초현대화시켜 나가고, AI와 결부시킨 최첨단 무기 개발에도 역량을 모아야 할 것입니다. 지난 정부에서 형해화되었던 '한국형 3축 체계'(킬체인, 한국형 미사일방어, 대량응징보복)의 온전한 복원과 고도화를 통해 우리의 自强 역량을 획기적으로 끌어올려야 합니다.

　내외 귀빈 여러분, 우리는 세계 어느 나라보다 평화와 번영의 소중함을 아는 국민입니다. 우리가 세계의 경찰이 될 수는 없을지라도, 세계의 안정과 평화, 그리고 번영의 길에 힘껏 기여하는 나라는 될 수 있습니다. 한미동맹을 중심으로 가치를 함께 하는 우방들과 함께 우리는 이제 그길로 나아가야 합니다. 그것이 현대사의 한 장을 당당히 차지하게 된 우리가 이 세계에 보답하는 길이며, 앞으로 더욱 존경받는 나라가 되는 길입니다.

그 길들을 모색하기 위해 오늘 이 자리를 준비했습니다.

여러분의 치열한 모색과 탁견을 기대합니다.

감사합니다.

2023년 7월 3일

제1차 고려대학교 통일융합연구원 – 보다나은미래를위한 반기문재단 공동 심포지엄 기조연설 전문

차례

▶ 제2장
한미상호방위조약 체결의 외교적 함의와 평가__[제성호]__22

➥ 제3장
한미상호방위조약 체결 이후 한반도 안보____[정연봉]___50

한미상호방위조약 체결의 과거, 현재 및 미래

남성욱

서울장학재단 이사장
통일부 통일미래기획위원회 정치군사분과위원회 위원장
고려대학교 통일외교학부 교수
前) 고려대학교 통일융합연구원 원장
前) 민주평화통일자문회의 사무처장
前) 국가안보전략연구원 원장

제1장

한미상호방위조약 체결의
과거, 현재 및 미래

Ⅰ 이승만 대통령의 국제정세 인식

2024년은 한국전쟁 정전협정과 한미상호방위조약이 체결된 지 71주년이 되는 의미 있는 해다. 6·25전쟁이 발발한 지는 74년이 흘렀고 정전협정이 체결된 지는 71년이 흘렀다. 한 세대를 25년을 기준으로 하면 3세대가 흐르고 있다. 참혹한 전쟁을 경험한 할아버지 세대가 손자 손녀에게 어려웠던 시절 이야기를 담담하게 전해줄 시간도 많이 남아 있지는 않다. 시간이 지날수록 북한의 남침으로 인한 한반도의 참혹한 전쟁 경험은 소설과 영화 등에 등장하는 역사적 비극이 되어 가고 있다. 하지만 오늘날 한반도의 분단과 안보 불안은 70여 년 전과 비교해 해소되지 않았으며 현재 진행형이다.

이승만 대한민국 초대 대통령(1875~1965)은 지루하게 진행되던 전쟁을 기획하고 총감독한 소련의 지도자 이오시프 스탈린(1878~1953)이 1953년 3월 5일 사망함에 따라 휴전 논의가 본격화되는 것을 지켜보며 착잡한 마음이었다. 전쟁은 남북 양측이 1년간 낙동강과 압록강 전선을 점령하는 일진일퇴를 경험한 후인 1951년 6월 이후에는 38도선을 중심으로 고지전으로 변해 있었다.[1] 고지전으로 2년이 흐르면

---

1   2011년 제작된 영화 고지전은 제84회 아카데미 외국어영화상 부문에 출품되었다. '고지전'은 1953년 한국전

서 스탈린이 사망하자 본격적으로 전쟁 당사자 간에 휴전이 논의되었으나 한반도의 미래는 불투명했다. 1953년 6월에도 한미상호방위조약의 체결은 불분명했다. 이 대통령은 미국이 구두 합의로 한국을 안심시키고 한반도에서 병력이 철수하면 한반도는 또 다시 공산주의의 침략을 받을 것으로 우려하였다.

① 한반도의 세력 불균형

북한 인민군은 1950년 6월 25일 스탈린으로부터 지원받은 당시 세계 최강 전차로 인정받던 소련제 T-34 중형 전차 242대를 앞세워 남침을 감행했다. 당시 김일성은 스탈린에게 사정하여 무기를 지원받았다. 김일성은 6·25 남침을 3개월 앞둔 1950년 3월 소련이 약 1억 3,000만 루블 어치의 무기를 제공하면 그 대가로 총액 1억 3,305만 루블 상당의 금 9t, 은 40t 및 우라늄이 함유된 희귀광물인 모나자이트 1만 5,000t을 인도하겠다고 사정하였다.[2] 당시 북한이 자체적으로 생산 가능한 무기는 7.62mm 기관단총에 불과했다. 2023년 7월 전승절을 맞이하여 김정은 위원장은 세르게이 쇼이구 러시아 국방장관을 평양 '무장장비 전시회-2023'에 초청하여 초대형 방사포, 미국이 보유한 정찰기 RQ-4 글로벌호크와 모양이 비슷한 전략무기 정찰기 및 무인공격기 등 최신무기를 과시하며 세일즈에 나섰다. 과거 김일성이 스탈린에게 사정하여 무기를 구매하던 시절과 비교하면 격세지감이다.

소련제 다목적 경자주포 SU-76M 150대 이상, BA-64B 장갑차 54대 등을 보유해 개전 당시 북한군 기갑전력은 남한의 전투력을 압도하였다. 병력은 남한의 2배인 약 18만 명으로, 소련군의 전쟁 교리를 통해 사단급 훈련까지 끝낸 막강 전력이었다. 한국은 실질적으로 해군과 공군력이 없었다. 보유 항공기 16대 중 연락기가 13대, T-6 훈련기가 3대였고, 숙련된 조종사는 39명에 불과했다. 북한군은 소련제 전투기

쟁 휴전을 앞둔 시기, 교착전이 이어지던 동부전선 최전방 애록고지에서 펼쳐지는 전투와 병사들의 인간적 고뇌를 그린 작품이다. 역사적인 사건 소재로 휴머니즘과 전쟁의 비인간성을 뛰어난 연출력으로 담아내 관객과 평단의 호평을 받았다. 김표향, "'고지전', 美 아카데미 외국어영화상 노미네이트 노린다!", 『스포츠조선』, 2011년 11월 2일, https://v.daum.net/v/20111102095519028 (검색일: 2023년 10월 17일).

2 와다 하루키 저, 남상구·조윤수 역, 『와다 하루키의 한국전쟁 전사』 (파주: 청아출판사, 2023).

약 132대, 수송기 약 30대를 보유했다. 유엔군이 8월 낙동강 방어선을 형성하고 반격할 때까지 한국군이 2개월을 버틴 자체가 기적이었다. 이런 남북한의 군사적 불균형 상황에서 휴전은 제2의 남침을 불러일으킬 것이 명약관화하였다.

이 대통령은 한미 간에 상호방위조약 체결에 대한 약속을 해주지 않으면 미국의 의지와는 관계없이 전작권을 환수하고 단독으로라도 북진을 하겠다고 선언하였다. 실제로 이 대통령은 1953년 6월 18~19일 3만 5천여 명의 반공포로를 전격적으로 석방하는 초강수를 두었다. 한반도는 해양 세력과 대륙 세력의 교두보 역할을 수행한다는 한반도 교두보론을 내세우며 상호방위조약에 비관적이었던 미국 조야(朝野)를 강온 전략으로 설득하였다.

미국은 북한군의 침공 당시 트루먼 대통령이 1950년 1월 극동방위선에서 한반도를 제외하고 애치슨 라인을 발표하는 등 2차 세계대전 이후 한반도 방위에 소극적인 입장이었다. 트루먼 대통령이 그동안의 한반도 불개입 방침을 깨고 파병을 지시한 것은 북한의 남침이 제3차대전으로 확대될 수 있다는 우려가 크게 작용하였다. 극동에서 무력을 사용한 세력 확장 의도를 노골적으로 드러낸 공산주의가 미국에 위협으로 다가왔기 때문에 신속한 대응에 나섰다.

1950년 10월 중공군의 개입으로 미군과 한국군의 북진은 좌절되었고 새로운 적과 새로운 전선이 나타났다. 1951년 6월 이후 북위 38도선에서의 전선 교착은 미국의 제한전 전략의 결과이며 미국 역시 2차대전 이후 5년 만에 발발한 한국전쟁에 대한 피로감도 적지 않았다. 한국이 원하던 '완전한 승리'는 애초에 거리가 멀었다. 미국 8군 사령관과 극동군 사령관을 지낸 매슈 리지웨이(Matthew. B. Ridgway) 장군은 당시 미국의 전쟁 목표가 공산주의의 침략을 격퇴하고 한반도의 평화를 회복하며 전쟁이 3차대전으로 확대되는 것을 막는 것이었다고 증언했다. 그는 한국전쟁은 앞으로 모든 전쟁이 틀림없이 제한전이 되리라는 것을 가르쳐주었다고 주장했다. 핵무기 제조 기술을 가지고 있는 상황에서 무제한전은 곧 상호 공멸을 의미하기 때문이다. 한국전쟁을 통해 미국은 역사상 처음으로 '제한전'이라는 개념에 익숙하게 되었다.[3] 한반도에서 공산주의와 자유주의 간에 세력균형(Balance of power) 구도가 형성되었

---

3 Matthew. B. Ridgway, 박권영 역, 『리지웨이의 한국전쟁』 (서울: 플래닛미디어, 2023).

다. 유일하게 한국의 이승만 대통령만이 이 불완전한 평화의 허약함을 인식하고 대책 마련에 고심하였다.

② 이승만의 결기와 혜안

당시 드와이트 아이젠하워(Dwight David Eisenhower) 대통령은 먼저 정전협정부터 체결하자고 설득했지만 이 대통령의 소신을 꺾지는 못했다. 미국은 이승만 대통령의 고집에 부정적이었고 일부에서는 그를 제거하는 에버레디(Everready) 작전까지 검토하였지만[4] 그의 냉철한 국제정세 판단 능력과 애국심에 공감하였고 현실적인 어려움 등으로 이승만의 요구를 수용하였다. 마침내 미국은 한미상호방위조약을 맺는 조건으로 휴전에 응할 것을 제시하였고 1953년 7월 27일 가까스로 정전협정이 체결되었다. 북한 측에서 남일 대장, 유엔군 측 윌리엄 K. 해리슨(William K. Harrison Jr.) 미국 육군 중장이 참석하였다. 158차례 회담과 575차례 공식회의로 약 1,800만 단어를 교환한 끝에 협상이 마무리되었다. 정전협정 조인식 현장에서 해리슨 중장과 남일 장군은 인사는 물론 악수도 없이 서명하고 12분 만에 각자의 진영으로 돌아갔다. 당시 한국군 관계자는 참여하지 않았다. 이 대통령은 공식적으로 휴전을 반대하여 '북진통일론'으로 중국군 철수, 북한의 무장해제, 유엔 감시 하의 총선거 등을 요구하였기 때문에 정전협정 조인식에 한국 대표는 불참하였다. 당시 전시작전통제권이 유엔군 총사령관에게 위임돼 있었기 때문에 한국 측 서명 없이도 협정의 효력이 발생했다. 전쟁의 종료를 의미하는 종전이 아니라 전투를 일시 중단한 정전협정(Korean Armistice Agreement)이 체결되었다.

8월 8일에는 한미상호방위조약 최종안이 서울에서 가조인되었다. 이후 1953년 10월 1일 워싱턴에서 덜레스 국무장관과 변영태 외무장관 간에 한미상호방위조약이

---

4 1953년 5월 4일, 8군 사령관 맥스웰 테일러(Maxwell Taylor)는 휘하 참모들의 의견을 종합하여 추상적 수준으로 최소 UN 군정 실시, 최대 이승만 축출 및 친미적인 신정부 수립을 목표로 하는 비상계획을 수립한다. 이때가 되어서 비로소 구체적인 작전명인 '에버레디(Everready)'가 등장하여 6월 8일, UN군 사령관은 에버레디 플랜을 승인했다. 다만, 이 승인은 바로 작전을 실행하라는 것이 아니고 언제든지 계획을 실행할 수 있도록 준비하라는 것이었다.

체결되었다. 이승만 대통령이 한국전쟁 전인 1948년 8월에 미국에 상호방위조약의 체결 가능성을 문의했을 때 미국 대사였던 무초는 "미국은 토머스 제퍼슨 대통령 이래 어느 국가와도 상호방위조약을 체결한 일이 없다."고 매몰차게 거절했다. 이승만 대통령은 1949년 6월에 주한미군이 3천 명의 군사고문단만을 남겨두고 서울에서 철수한 후에도 상호방위조약을 요청했지만 미국은 '상호방위원조협정', '주한미군사고문단 설치협정' 같은 실익이 없는 협정을 맺어주는 게 전부였다. 그는 휴전과 동시에 상호방위조약이 체결되지 않으면 영원히 조약을 체결할 기회가 없을 것이라고 판단했다.

만약 '한국전쟁 휴전 후 한미상호방위조약이 없었다면 한반도는 어떻게 됐을까?'라는 가정에는 1950년대에 공산화됐을 것이라는 답변이 불가피하다. 미군이 철수하자 1973년 함락된 남베트남, 2021년 아프가니스탄처럼 대한민국도 김일성의 손아귀에 들어갔을 것이다. 휴전 이후 1971년 남북대화가 시작될 때까지 20년 동안 북한의 무력도발은 7,800건이 넘고, 안보 불안 상황도 이어졌다. 1968년 1월 청와대 습격을 위해 남파된 김신조 등 무장공비 일당이 자하문 부근까지 접근했을 정도였고 한국군이 독자적으로 북한의 제2의 남침을 막아내는 것은 어려웠을 것이다.

6·25전쟁 당시 미군이 한국전쟁에 참전하는 데 대해 미국의 국내 여론은 매우 복잡했었다. 트루먼 대통령은 1950년 6월 30일 미군 지상군을 한국에 파병했다. 당시 개전 초기에 미국인의 78%는 트루먼의 군사 지원 결정에 찬성했고 15%는 반대했다. 하지만 시간이 갈수록 국민들의 지지가 줄어들었다. 특히 미군 전사자가 증가할수록 반전(反戰) 여론이 높아졌다. 동맹국 지원에 대해 여론도 국내정치에 따라 급변하는 경향이 심했다. 아이젠하워가 1953년 1월 20일 대통령에 취임할 당시 주요 공약은 '한국전쟁 중단'이었다. 미국은 3년간 3만 6,500명의 사상자가 발생하여 휴전이 절박했고, 주한미군 철수를 검토하고 있었다. 미국 국민은 대체로 6·25전쟁을 3차 세계대전의 시작으로 보고 있었다. 6·25전쟁은 전쟁 당사자인 남한과 북한 간의 전쟁인 동시에, 미국을 비롯한 유엔 회원국 16개국이 자유 수호의 기치 아래 유엔군이라는 이름으로 한국군과 함께 소련의 지원을 받은 북한군과 중공군에 맞서 싸운 자유 진영과 공산 진영 간의 전쟁이기도 했다.

③ 6·25전쟁은 의지를 시험한 전쟁

미국은 6·25전쟁 전후에 북한과 소련 및 중공의 능력보다는 의도 파악에 집중하였다. 미국은 전쟁 직전 약 1년간에 걸쳐 북한군이 남침 준비에 주력한다는 심상치 않은 정보를 입수하고도 과소평가했다. 또한, 중공군의 참전 가능성도 크지 않다고 평가했고 이에 대한 대가는 혹독했다. 이러한 오판은 정전 71주년을 맞는 오늘날에도 유효하다. 적의 의도보다는 능력에 대비해야 전쟁 억지력을 행사할 수 있다.

미국은 일단 군대를 파견하여 공산주의의 침략을 방어했지만 시간이 지날수록 대한민국 때문이 아니라 국내 여론의 악화 때문에 휴전이 시급하였다. 베트남 전쟁에서 10년 동안 5만 8천여 명이 사망한 것에 비하여 한국전쟁은 3년 동안 3만 8천여 명이 사망하여 단기간에 훨씬 많은 사상자가 난 셈이기 때문이었다. 미국의 국내정치 역시 전쟁 중단을 고심하지 않을 수 없었다. 전쟁 비용 역시 천문학적으로 증가하였다. 베트남 전쟁에서 10년 동안 6,500억 달러가 소요된 반면 한국전쟁에는 3년 동안 6,910억 달러가 투입되었다. 2차대전을 제외하고는 단일 전쟁에서 가장 많은 전비가 투입되었다.[5] 반전 여론에서 자유로운 국내정치는 존재할 수 없다. 1950년 6월 25일 전쟁이 발발한 이후 1년이 지난 시점에서 미국의 비밀 제안을 받았던 말리크(Yakov Aleksandrovich Malik) 유엔 주재 소련 대표가 공식적으로 정전 협상을 제안했고, 이 제안을 공산군과 유엔군 측이 수락하면서 정전 협상이 시작되었다.

중공군은 1951년 6월 이후 언제라도 버릴 수 있는 가치 없는 땅을 얻으려고 싸우는 것이 아니라 유엔군의 의지를 시험하기 위해 싸우고 있었다. 가치 없는 땅에 병사들을 투입해 위험과 죽음에 노출시키는 것이 바보짓처럼 보였지만, 유엔군 사령부는 누가 땅의 주인인가를 놓고서 중공군과 싸울 수밖에 없는 상황이 되었다.

한국전쟁에 참전했던 미군 지휘관 페렌바크(T. R. Fehrenbach) 중령은 '한반도 충돌은 힘의 시험이 아니라 의지의 시험, 특히 미국 의지를 시험한 전쟁'이었다고 평가했다. 미국 정부는 아시아에 대하여 정치·경제·사회·문화 모든 면에서 무지했다. 유

---

5 국기연, "미국, 역대 전쟁비용 계산해보니..한국전쟁 "2위"", 『세계일보』, 2006년 5월 6일, https://v.daum.net/v/20060506024512576 (검색일: 2023년 10월 17일).

럽 중시와 군축 분위기 속에서 미군은 2차 세계대전 당시의 노련한 군대가 아니었
다. 전장에 투입된 어린 병사들은 훈련되지 못했고, 동기부여도 받지 못했다. 그럼에
도 불구하고 미국이라는 국가의 국력과 강한 리더십을 지닌 8군 지휘부의 역량으로
전장을 유지하고 반격할 기반을 마련할 수 있었다. 휴전협상이 시작되는 전쟁 중반
이후로 미국 정부는 전장의 지휘관들을 정치적으로 옭아매었고 어찌 보면 필요 이상
의 전비와 피를 요구하게 되었다. 그래도 전쟁은 멈췄고 한반도는 여전히 분단되어
있다.[6]

④ 한미상호방위조약은 신(神)의 한수

　2024년 현재까지도 한미상호방위조약은 대한민국의 '신의 한수'로 평가받고 있
다. 한미상호방위조약은 한반도뿐만 아니라 동북아 지역의 평화와 안정에 큰 기여를
하고 있다. 북한은 1953년 7월 휴전 이후 남침의 야욕을 버리지 않고 호시탐탐 침공
을 노렸으나 미군의 존재로 인하여 실제로 감행하지는 못했다. 조약의 가장 큰 목적

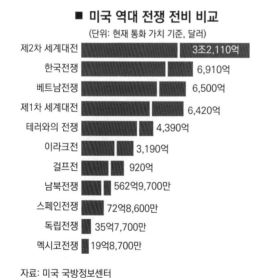

■ 미국 역대 전쟁 전비 비교
(단위: 현재 통화 가치 기준, 달러)

제2차 세계대전	3조2,110억
한국전쟁	6,910억
베트남전쟁	6,500억
제1차 세계대전	6,420억
테러와의 전쟁	4,390억
이라크전	3,190억
걸프전	920억
남북전쟁	562억9,700만
스페인전쟁	72억8,600만
독립전쟁	35억7,700만
멕시코전쟁	19억8,700만

자료: 미국 국방정보센터

6　T. R. 페렌바크, 최필영·윤상용 역, 『이런 전쟁(This Kind of war)』 (서울: 플래닛미디어, 2019).

인 '전쟁 억지'를 달성한 것이다. 국방력에 쏠릴 국가 역량을 미군과 같이 부담하여 대한민국은 경제개발에 주력할 수 있었다. 이는 한강의 기적을 가능케 하여 북한과의 체제경쟁에서 확실한 승리를 하게 만든 강력한 소프트웨어로 작동하였다. 71년 전 국민소득 단돈 7달러의 최빈곤 국가가 초일류 군사 강국과 배짱 하나로 체결한 한미상호방위조약은 '허약함은 침략을 부른다(Weakness invites aggression)'는 역사적 교훈에서 출발하였고 오늘날 한반도 안보를 수호하는 인계철선이 되었다.

한국은 안보적 위기가 높은 국가에 속함에도 불구하고 GDP 대비 국방비 지출은 3% 미만 수준이다. 세계 평균과 크게 차이가 나지 않으며, 경제적으로 매년 수백억 달러에 이르는 예산 절감 효과를 내고 있다. 항시 전쟁 재발의 위험이 존재하는 한반도에 '미국이 전쟁을 막아 준다'라는 안정감을 제공하여 해외 투자 자금의 안정적 유치에 크게 기여해 왔다.[7]

1953년 10월 1일 이승만 대통령의 결기와 혜안으로 체결된 한미상호방위조약은 6개 항으로 구성되어 있다. 이 중 4번째 항목이 주한미군의 한국 주둔 관련 내용이었다.[8] 한미주둔군지위협정(SOFA) 5조에 따라 한국은 주한미군 유지에 따른 시설과 구역을 부담하였다. 전쟁 종료 후 미군의 철수로 한반도 세력균형이 무너지는 것을 막기 위한 이승만 대통령의 고육지책이었지만 결과적으로 '신의 한수'가 되었다. 미군이 평택으로 이전하고 용산은 120년 만에 우리 품으로 돌아오고 있다. 중국의 전랑(戰狼·늑대전사)외교와 함께 중국 전투기와 함정들이 대만해협에 거친 파고를 일으키고 있다. 평택기지와 공군이 있는 오산기지는 일본의 오키나와 및 괌 기지와 함께 동북아시아에서 한반도뿐만 아니라, 중국을 견제하는 동북아의 허브(hub) 기지가 될 수밖에 없다.

7　통계청이 2022년 12월 발표한 '2022년 북한의 주요통계지표'에 따르면, 2021년 북한의 무역 총액은 7억 1,000달러로 파악됐다. 이는 같은 기간 남한 무역 총액(1조 2,595억 달러)의 0.1% 수준이다. 북한의 명목 국내총생산(GDP)은 35조 9,000억 원으로, 동일 기간 남한(2,071조 7,000억 원)의 1.7% 수준에 머물렀다. 명목 국민총소득(GNI) 역시 남한(2,094조 7,000억 원)의 1.7%인 36조 3,000억 원이다. 통계청 북한통계포털, kosis.kr/bukhan(검색일: 2023년 10월 18일).

8　① 국제적 분쟁에 대한 평화적 해결의 원칙, ② 무력공격을 방지하기 위하여 당사국의 상호협의와 자조와 상호원조 원칙에 대해 규정, ③ 당사국 일방의 영토에 대한 무력공격에 공동의 대처, ④ 주한미군의 한국주둔, ⑤ 비준 절차 및 효력 발생에 대한 규정, ⑥ 유효기간의 무한정성 명기 등이다.

평택 캠프 험프리스(Camp Humphreys)에는 미국 캘리포니아 주소가 부여되며 자체적으로는 미국 영토로 간주되기 때문에 주한미군 부대가 타격을 받으면 100% 개입할 수밖에 없다. 수백 장의 동맹 문서보다 주한미군 부대가 하나 들어와 있는 게 훨씬 안전한 보증이 된다. 캠프 험프리스의 존재는 일본, 중국과 러시아 등 주변 강대국은 물론 제3국들이 한국을 무시하지 못하게 하는 강력한 외교적 기제가 되었다.

⑤ 당연한 동맹은 없다

이승만 대통령은 조약 체결 직후 한미상호방위조약으로 대한민국 자손만대의 안전이 보장될 것이라고 감개무량하였다. 하지만 자손만대의 안전을 유지하기 위해서는 후손들의 합심과 노력이 중요하다. 세상에 당연한 일은 없다. 특히 국제관계와 안보에서는 더욱 그렇다. 불가사의하게 70년간 한미동맹이 유지되었지만 당연한 동맹은 없는 법이다. 언제든지 동맹의 필요성이 사라지거나 동맹 대상국의 가치가 하락하면 미군은 떠날 수밖에 없고 우리의 안보는 풍전등화에 시달릴 가능성을 배제할 수 없다. 미국의 한반도 불개입 사태는 언제든지 발생할 가능성이 열려 있다.

이제 이승만 대통령의 정신을 윤석열 정부가 배턴을 이어받아 동맹의 미래 전략을 수립하고 추진해 나가야 한다. 미국을 설득할 충격요법도 불사하면서 오직 국가수호에 집중했던 이승만 대통령의 결기와 혜안 등을 벤치마킹해야 한다. 그래야 한미동맹이 북중러의 위협을 넘어 안보·경제·첨단과학기술·원전 및 우주 등 전방위에서 협력하는 21세기 글로벌 동맹으로 나아갈 수 있다.

2023년 6월 김여정 부부장이 미 정찰기에 대한 격추 위협과 함께 우리를 갑자기 남조선에서 '대한민국'으로 부르고 적대국으로 간주하여 대적 행위에 나설 것을 경고하였다. 강력한 억지력으로 기반으로 하는 한미동맹만이 육상 및 해상을 넘어 하늘에서 도발을 획책하는 평양을 무력화시킬 수 있다. 도전과 역경을 극복하고 동맹을 업그레이드시키는 노력을 지속해야만 평택 캠프 험프리스도 존속할 수 있다는 만감을 가지고 정전협정 70주년의 함의를 새겨야 한다.

Ⅱ 정전협정의 현재

정전(停戰, cease fire, armistice 또는 truce)은 '전투 행위를 완전히 멈추는 것'이라는 사전적 의미를 가진다. 특히 외교적으로 볼 때 '정전'은 교전국이 협상에 임하는 입장이 너무 달라서 정식으로 전쟁을 종료하는 강화조약을 맺을 수 없다는 의미를 함축한다. 이것은 다른 의미로 본다면, 교전 당사국들 간의 입장 차이로 인해서 전쟁의 정치적인 목적에 대해서는 합의할 수 없기 때문에 전투 행위의 정지만을 합의했다는 것이다. 특히 이견이 커서 국제적인 기관이 개입했을 경우 정전이라는 용어를 일반적으로 사용한다. 1948년 유엔 안전보장이사회에 의해서 이루어진 팔레스타인 정전이 그 대표적인 예라고 할 수 있다.

반면 휴전(休戰, armistice)은 적대 행위는 일시적으로 정지되나 전쟁은 계속되는 상태다. 전쟁을 완전히 종결시키는 '강화조약', 전투 행위를 완전히 멈추는 정전과는 다르다. 휴전은 일반휴전과 부분휴전으로 구분된다. 일반휴전은 완전한 전쟁의 종료를 의미하는 강화조약의 전 단계에서 이루어진다. 부분휴전은 군대의 일부나, 일부 지역에서 일시적으로 전쟁 상태가 중지된다. 국제법상 '휴전'은 일반휴전이든 부분휴전이든 여전히 전쟁 상태를 의미한다. 교전국 사이에 정치적 합의가 이루어지지 않으면 전쟁 참여국들은 계속해서 봉쇄정책을 취할 수 있으며, 중립국 선박의 체류를 통제한다.

5조 63항에 이르는 정전협정의 핵심은 "전쟁의 정지와 적대 행위의 완전한 정지"라는 문장이다. 이를 위해 한반도 동서를 가로지르는 248km의 군사분계선을 긋고, 4km 너비의 비무장지대(DMZ)를 설치했다. 정전협정을 관리, 감시하기 위해 군사정전위원회(군정위)와 중립국감독위원회(중감위)도 설치했다. 군정위는 지난 70여 년간 6.25전쟁 같은 전면전을 방지하고, 군사적 위기 상황에서는 대화 채널로 활용돼왔다.

지난 70여 년간 정전협정은 한반도의 안보와 평화를 규정하는 유일한 국제협정으로 작동해왔다. 하지만 세월이 지나면서 정전협정이 상당 부분 와해(瓦解)되고 있다. 우선 비무장지대가 '중(重)무장지대'가 됐다. 당초 비무장지대는 개인화기를 제외한 어떠한 무기도 반입할 수 없는 완충지대였다. 그러나 오늘날 비무장지대에는 중화기로 무장한 200여 개 초소가 늘어서 있다. 정전을 감시, 관리하는 군정위도 제 기능을 못하고 있다. 1993년 3월 유엔 사령부는 수석대표로 한국군 장성 황원탁 소장을 임명했다. 그러자 북한은 이를 정전협정 위반이라며 군정위를 거부했다. 그 이후 군정위는 열리지 않고 있다. 중국도 1994년 9월 군정위에서 대표단을 철수시켰고 이후 군사정전위는 개최되지 않고 있다.

정전협정 41조에 근거한 중립국감독위원회(이하 중감위)도 해체됐다. 당초 중감위는 스위스, 스웨덴, 폴란드 및 체코슬로바키아 4개국으로 구성됐다. 그러나 1993년 4월 중감위에서 체코슬로바키아 대표단이 철수했다. 이어 1995년 2월 폴란드 대표단도 철수했다. 이에 따라 정전협정은 형해화됐다는 일반인들의 인식이 확산되고 있다. 북한은 또 2013년 3월 3차 핵실험 후 정전협정의 백지화를 선언했다. 전문가들은 한반도 정전체제가 70년 이상 계속되는 것 자체가 세계사적으로 유례가 없다고 평가한다. 정전체제가 장기화 된 것은 한국전쟁의 성격과 관련이 있다. 2차대전을 비롯한 대부분의 전쟁은 승자와 패자가 분명한 상황에서 끝났는데 한국전은 승자도 패자도 없이 중단됐기 때문에 정전체제가 특이하게 지속되고 있다.

1953년 7월 정전협정에서는 참전국들이 3개월 내에 정치회의를 열어 한국 문제를 평화적으로 해결하는 방안에 대해 협의할 것을 권고하였다. 1954년 스위스 제네바에서 개최된 정치회의는 성과 없이 종료되었다. 요컨대, 정치적 협상에 의해 군사적 현상유지(status quo)를 대체하는 묘안을 찾기가 쉽지 않았다. 정전협정은 출발부터 육상에 한정되었다. 신속하게 육상에서 전쟁을 중지하는 협정을 맺는 것도 수백 차례의 협상이 필요했다. 해상은 유엔군의 해군력을 통해 실효적으로 지배하는 바다의 경계와 38도선의 경계가 혼재되어 있었다. 북한이 점유하고 있던 옹진반도와 유엔군이 점유하고 있던 서해 5도 사이에 경계선을 긋기가 어려웠다. 국제법상 영해(12해리, 22㎞)에 대한 규정도 1982년에야 성립되었다. 당초 해군력이 붕괴되었던 북한의 경우, 정전협정 체결 당시에는 묵시적으로 유엔군의 관리 해역을 인정했으나 1970년대 잠수함 전력을 강화하면서 현상변경을 시도하였다. 서해 5도 남측으로 해상경계선(NLL)을 변경하려고 무력을 사용하였고 1995년 1차 연평해전을 시작으로 무력충돌이 발생하였다.

정전협정은 일체의 적대적 행위를 중단한다는 내용을 포함하고 있는 군사적 성격의 임시 협정이다.[9] 협정 제61, 62조에 따르면 협정을 수정하기 위해서는 서명한 군사령관의 상호 합의가 있어야 하고 '정치적 수준에서 평화적 해결'에 해당하는 평화협정에 준하는 규정이 합의되어야만 대체될 수 있다.[10] 이 조항은 유엔군이나 북한군, 중국군 중 어느 한쪽이 마음대로 협정을 고치거나 보완·폐기하지 못하도록 한 안전장치로 볼 수 있다. 이 규정을 준수하면서 그간 정전협정은 추가합의 및 일부 조항의 잠정 중지 등 수정과 보완이 계속됐다. 협정 체결 이후 현재까지 30여 개 항목의 추가합의가 있었고 1개 항목이 중지됐다. 협정에 서명한 쌍방 간에 '평화협정'으로 교체하기로 합의한다면 그때까지 정전협정에 효력이 발생한다.

한반도에서의 정전은 동서 냉전이라는 국제질서와 적대적이고 대결적인 남북한 관계에 영향을 받으면서 장기화될수록 전시도 평시도 아닌 제3의 상태로서의 독특한 성격을 갖게 되었다. 정전체제 성립 이후 크고 작은 무력충돌은 쉬지 않고 계속되어 왔고 지금도 '불안한 평화'가 지속되고 있다. 하지만 정전협정이 한미동맹 관계 및 연합방위체제의 법적 근거문서인 한미상호방위조약과 함께 한반도에서 전쟁 재발을 막는 제도적 장치로 기능해온 것은 사실이다. 국제정치가 국내정치처럼 법조문의 명문대로 움직이기는 어렵지만 실질적으로 국제법적인 효력을 발휘하였다. 우크라이나 전쟁처럼 21세기에도 독재자에 의해 국제질서를 무시하는 침공이나 침략이 발생하기 때문에 정전협정에 규정대로 한반도의 안보와 평화가 반드시 움직인다는 보장은 없다.

북한의 정전협정 무력화 시도는 1995년 이후 본격화되었다. 북한은 2013년 최고사령부 대변인 성명으로 정전협정 백지화를 주장했다. 국방백서에 따르면, 지난 70여 년간 북한이 정전협정을 위반한 사례는 최소 45만여 건이다.[11] 유엔사에 따르

---

9 박태균, 『한국전쟁』 (서울: 책과함께, 2005).

10 정전협정 제5조(부칙)의 제61조. 정전협정에 대한 수정과 증보는 반드시 적대 쌍방 사령관들의 호상(상호) 합의를 거쳐야 한다.
   62조. 정전협정의 각 조항은 쌍방의 합의에 따라 다른 협정으로 교체될 때까지 계속 효력을 가진다.

11 김신조 사건. 1968년 1월 21일 북한 무장게릴라들이 청와대 습격 목적, 1968년 11월 울진, 삼척 지역에 무장 공비 120명 침투사건, 대한항공 858편 폭파사건, 1987년 11월 29일 바그다드 국제공항을 출발한 여객기가 인도양 상공에서 폭파되어 탑승객 115명 전원이 사망, 1983년 아웅산 묘소 기습 공격 사건, 1996년 '강릉 잠

면 한미의 협정 위반 사례는 42만 건에 달한다. 정전협정 동안 제2의 6·25전쟁으로 비화될 수 있었던 고비도 몇 차례 있었다. 1994년 6월 미국의 클린턴 대통령은 북한 폭격을 계획하였으나 실행에 옮기지 않았다. 미국의 북한 '선제타격'은 2002년 조지 부시 대통령, 2017년 트럼프 대통령의 '블러디노즈(코피)' 작전으로 이어졌으나 테이블 위에서만 검토되었다. 역대 미 행정부는 선제타격이 실행될 경우 남북한의 엄청난 인적·물적 피해도 예상했지만, 중국, 러시아의 개입과 함께 '제2의 6·25전쟁'으로의 확전을 우려하여 중지하였다.

특히 2023년 이후 한미일과 북중러 대립의 신냉전 구도는 한반도가 새로운 충돌의 무대가 될 수 있다는 평가와 함께 역설적으로 한미일의 공약은 전쟁 억지력을 강화해서 평화를 유지하는 기반이 될 것이라는 이중적인 전망이 공존하고 있다. 향후 계속해서 이 정전협정으로 전쟁을 억제하고 한반도 위기를 관리할 수 있을지 의문이다. 무엇보다 북한의 정전협정 사문화(死文化) 전략으로 인해 정전협정이 상당 부분 기능을 수행하지 못하고 있고 이러한 상황이 호전될 가능성은 없다.

Ⅲ 정전협정의 미래

2023년 3월 정전협정서 사본이 70년 만에 국내로 전달되었다. 이 사본은 원래 미국에 보관되어 있었으나, 2023년 3월에 한국전쟁 참전용사 협회가 미국 국방부로부터 수여받았다. 이는 한미동맹의 강화와 한국전쟁의 기억과 평화의 상징으로 의미가 있다. 정전협정서 사본은 1953년 7월 27일 판문점에서 서명된 정전협정의 복제본이다. 이 사본은 당시 남한 대표인 장영식 장군이 서명하고, 유엔군 대표인 마크 클라크(Mark Wayne Clark) 장군이 인증하였다. 이 사본은 한국전쟁을 일시적으로 중

수함 침투사건, 1998년 6월 공작원 9명을 태운 북한 잠수정이 강원도 속초 해안으로 침투, 12월 전남 여수 앞바다에서 북한 잠수정이 격침, 1999년 1차 연평해전, 2002년 2차 연평해전, 2010년 3월 26일 천안함 폭침사건, 2010년 11월 연평도 포격사건, 2015년 8월 비무장지대 목함지뢰 사건, 서부전선 로켓포 도발사건, 2017년 11월 판문점 귀순 북한 병사 총격사건.

단시키고, 비무장지대를 설정하고, 군사파견위원회와 중립국감시위원단을 설치하고, 평화협정 체결을 위한 고위급회담을 개최하기로 한 합의서의 증거다.

정전협정은 평화협정 없이 지난 70여 년간 한반도 평화를 지켜온 '임시 협정'이다. 정전협정 이후 70여 년간 남북한 사이에는 상호 평화공존 모색을 위한 6차례의 남북한 정상회담이 열리는 등 여러 화해 협력 조치들이 시행되었지만 북한의 근본적인 무력 적화통일 야욕이 변화되지 않았으며 여전히 한반도에 준(準)전쟁이 진행중이다. 정전협정 71주년과 맥락을 같이하고 있는 한미상호방위조약은 군사적 측면을 초월하여 다차원의 가치와 실질적 효력을 보유한 한미동맹체제를 규정하는 기본토대이자 올바른 방향을 유도하는 향도 역할을 수행하고 있는 린치핀(linchpin)이라고 할 수 있다.

향후 100년 이상 지속가능한 미래 한미동맹 체제를 형성하기 위해서는 업그레이드 전략이 필수적이다. 현재 군사동맹 위주의 동맹체제를 글로벌 포괄적 전략 동맹체제로 발전시키기 위해서는 시대적 변화에 맞는 보완이 필요하다. 1953년에 체결된 '한미상호방위조약' 문서상에 2023년 4월 워싱턴선언에서 합의한 핵협의그룹(NCG) 등 미국의 확장억제 조항을 조약 개정안에 추가하는 핵위협 시대에 대비한 대책도 필요하다. 한미동맹의 가치를 공유하는 협력의 제도화가 보다 수준 높은 차원에서 이뤄져야 한다. 권위주의 국가들의 연대에 대응하기 위해서는 보다 가치를 공유하는 한미동맹이 강화되어야 정전협정 역시 평화를 수호하는 역할을 지속할 수 있을 것이다.

① 캠프 데이비드 정신, 원칙과 협의에 대한 공약

2023년 8월 한미일 3국 정상은 "캠프 데이비드 정신(Spirit of Camp David)", "캠프 데이비드 원칙(Camp David Principles)" 및 "한미일 간 협의에 대한 공약(Commitment to Consult)" 등 3개 문건 합의에 합의하였다. 민주주의를 증진하고 인권을 보호하기 위해 3국 간 공조를 강화하고 또한 한미동맹과 미일동맹 간 전략적 공조를 강화하며, 3국 안보협력을 새로운 수준으로 격상하여 공동의 이익과 안보에 영향을 미치는 지역적 도전, 도발, 그리고 위협에 대한 대응을 위해 서로 신속하게 협의한다는 3국 정부의 공약을 발표하였다.

한미일 3국은 인도-태평양 국가로서 국제법, 공동의 규범, 그리고 공동의 가치에 대한 존중을 바탕으로, 자유롭고 열린 인도-태평양을 계속해서 유지하며 힘에 의한 또는 강압에 의한 그 어떠한 일방적인 현상변경 시도도 강력히 반대하며, 역내 평화와 안정을 촉진하고 증진하는데 합의했다. 또한, △아세안 중심성 결속 지지 △태평양도서국 협력체와 협력 △북한의 완전한 비핵화 공약 견지 △대만해협에서의 평화와 안정 재확인 △개방적이고 공정한 경제관행 △접근 가능하며 안전한 기술 접근법 △기후변화 대응 △유엔헌장의 원칙(특히 주권, 영토 보전, 분쟁의 평화적 해결과 무력 사용에 관한 원칙) 수호 △핵비확산 공약 준수 등에도 합의하였다.

현행 한반도에 국한된 한미동맹의 활동 범위를 급변하고 있는 중층적 국제질서 환경과 전략적 국익을 고려한 군사동맹 이외에 다양한 영역의 지역·글로벌 차원으로의 전면적인 확대 참여가 필요한 시점이다. 이는 사이버·우주 공간 영역으로의 활동 공간 확대와 경제안보 분야의 전략적 파트너십, 양자 컴퓨팅 등 첨단과학기술 분야 및 글로벌 이슈에 관련된 한미 양국의 주도적 역할 수행과 남중국해 및 인도양 등지의 확대도 검토가 필요하다.

한미일 3국 정상은 정상회담에서 '언제든지', '어디서든지', '무엇이든지' 3국 간 협력 가능한 '핫라인 구축'을 발표했다. 바이든 대통령은 공동기자 회견에서 "역내에 위기가 발생하거나 우리 중 어느 한 나라라도 영향을 받을 때마다(whenever) 이것에 대해서 즉각적으로 협의하기로 공약하고 '핫라인'을 만들 것"이라고 발표했다. 또한, 지역도 분야도 전방위적으로 확대(wherever)하고, 세 나라의 이익이 걸린 글로벌 현안은 어떤 것이라도 협의 대상(whatever)이 될 수 있음을 명시했다. 정전협정 역시 인근 동북아의 안보 불안에 부정적 영향을 받을 수밖에 없기 때문에 주변 지역의 현상 타파 시도에 주목하여야 한다.

3국의 협력은 지역적으론 한반도 및 동북아를 넘어 인도-태평양 지역과 글로벌 영역까지 포괄하는 범지역적 협력체의 신설과 함께 내용적으론 군사안보를 넘어 외교안보, 경제금융, 첨단산업, 신흥기술, 우주분야 및 의료와 서비스까지도 총망라한 포괄적인 전방위 협력 네트워크의 출범을 의미하였다. 아울러 군사안보는 문서에 표현된 '지역적 도전, 도발, 그리고 위협(regional challenges, provocations, and threats)' 등 분야를 한정하지 않은 다양성(whatever)을 의미한다. 전례 없이 고도화되는 북핵·미사일 위협에 맞서 3국 안보협력을 새로운 수준으로 끌어올리고 대북(對北) 공조를 공고화하며 정보공유 및 허위정보 대응을 위한 조율을 강화하기로 하였다.

2023년 8월 한미일 3국 정상회담에서 합의한 캠프 데이비드의 공약(consultation)이 미래 국내정치의 영향을 최소화하면서 불가역적이고 제도적으로 이행될 수 있는 보완책이 필요하다. 합의사항 내실화를 위한 지속가능성(sustainability) 확보가 핵심이다. 현재 협력을 방해하는 △각국 국내정치 상황 △중국의 강압적 행태 △한일관계 등 도전요인들이 산적한 바 합의사항의 조기 실천을 위한 정책 추진이 긴요하다. 특히 '일회성 이벤트'가 아닌 '내실있는 협력체'로의 안착을 위해선 3국 간 신뢰나 후속조치의 속도 및 밀도도 중요하지만, 핵심 변수는 결국 한일관계로 보인다. 회담 성공의 요체는 3국 협력의 '약한 고리'였던 한일관계 복원이었다. 향후 3국 협력의 지속가능성도 한일관계가 핵심으로서 이에 지속적 관리가 필요하다. 한일 간 고질적 쟁점인 △독도 영유권 주장(19번째) △야스쿠니 신사참배 문제 △미국 인태사령부의 일본해("Sea of Japan") 표기 등이 변수가 되지 않도록 관리해야 한다.

북한의 군사도발과 중국의 '한국 흔들기'에 대한 효율적인 대응책 강구도 필요하다. 3국 협력에 반발한 북한의 핵위협이 예상된다. 이에 대응하기 위해선 워싱턴선언에서 합의한 핵협의그룹(NCG)의 실효적 가동을 통한 효율적 대응태세 구축이 필요하다. 중국도 우려와 불만을 표시하며 한미일 협력체제의 균열 시도에 나설 것이다. 특히, 한국을 겨냥한 회유·압박이 거세질 것으로 예상되는바 선제적 대응이 요망된다. 예를 들면, 한중 대화 채널을 통해 "3국 협력이 중국과 대결하려는 게 아니다"란 메시지 발신과 함께, 서울 소재 '한중일 3국 협력사무국'을 활성화해 한미일 협력에 비례한 한중일 협력도 병행·발전시키는 전략적 균형 유지가 중요하다.

② 한미상호방위조약은 캠프 데이비드 공약으로 진화 발전

한미동맹을 미일동맹 수준으로 업그레이드하는 과제도 해결해야 한다. 한미일 3각 협력의 지속가능한 유지·발전 및 높은 수준에서의 공고화를 위해선 한미동맹이 미일동맹에 준하는 수준으로 업그레이드되어야 한다. 특히 1953년 체결 이후 한 번도 개정된 적이 없는 한미상호방위조약을 현실에 맞게 재개정해 유사시 미군 개입의 확실한 담보를 확보하고 한미 원자력협정을 미일 원자력협정 수준까지 재조정해야 한다. 우리도 우라늄 농축과 사용 후 핵연료 재처리가 가능한 '미일 협정'처럼 조정이 필요하다. 이번 합의에서 3국 협력의 원칙과 방향을 합의하고 이를 실천하기 위한 제도적 틀을 갖췄지만, '국민이 체감할 수 있는 실익이 무엇인가'에 대한 의문은 여전히 존재하는 만큼 지속적으로 국익을 증진시키는 가시적인 성과가 필요하다.

정전협정 체결 및 한미상호방위조약 체결 71주년을 맞는 시점에 캠프 데이비드 공약은 미래 한미상호방위 진화 및 발전 방향을 제시하고 있다. 새로운 시대적 환경에서 새로운 지평을 여는 한미일 3국의 협력은 동북아 현실주의 국제정치에 매우 시의적절하다. 한미동맹이 한미일 공약으로 한 단계 업그레이드되는 새로운 차원의 협력은 71년 전 이승만 대통령이 미국을 간신히 설득해서 상호방위조약을 체결하던 당시와 비교하면 격세지감이다. 이제 세계 13위의 경제대국 위상 하에서 미국이 요구하여 한국이 당당히 수용하는 한미일 3국 협력은 한국이 글로벌 중추국가로 가는 상징이다.

참고문헌

리지웨이 저. 박권영 역. 『리지웨이의 한국전쟁』. 서울: 플래닛미디어, 2023.

박태균. 『한국전쟁』. 서울: 책과함께, 2005.

와다 하루키 저. 남상구·조윤수 역. 『와다 하루키의 한국전쟁 전사』. 파주: 청아출판사, 2023.

T. R. 페렌바크. 최필영·윤상용 역. 『이런 전쟁(This Kind of war)』. 서울: 플래닛미디어, 2019.

국기연. "미국, 역대 전쟁비용 계산해보니..한국전쟁 "2위"." 『세계일보』, 2006년 5월 6일, https://v.daum.net/v/20060506024512576 (검색일: 2023년 10월 17일).

김표향. "'고지전', 美 아카데미 외국어영화상 노미네이트 노린다!." 『스포츠조선』, 2011년 11월 2일, https://v.daum.net/v/20111102095519028 (검색일: 2023년 10월 17일).

통계청 북한통계포털. kosis.kr/bukhan(검색일: 2023년 10월 18일).

한미상호방위조약 체결의 외교적 함의와 평가

제성호

중앙대학교 명예교수

前) 외교부 인권대사

前) 대통령 직속 통일준비위원회

前) 통일부 남북관계발전위원회 위원

제2장

한미상호방위조약 체결의
외교적 함의와 평가

I 서언

2023년은 한미동맹 70주년이 되는 의미 있는 해였다. 한미관계를 동맹이라고 이야기할 수 있는 근거는 다름 아닌 한미상호방위조약에 있다. 이 상호방위조약은 1953년 10월 1일에 체결되었다.

지난 70여 년 동안 한미상호방위조약은 한미관계를 규정하는 기본적인 토대로 작동했다. 처음에는 군사·안보 분야의 협력으로 시작됐지만, 점차 정치·경제·사회·문화·과학기술·의료·정보·원자력·우주 등으로 협력의 폭과 수준이 확대되었다. 이제 한미관계는 떼려야 뗄 수 없는 관계라고 해도 과언은 아닐 것이다.

일찍이 한미상호방위조약이 가서명(가조인)된 1953년 8월 8일 덜레스 미 국무장관은 "이 조약은 우리 청년들의 피로 봉인되었다."며 동 조약의 역사적 중요성을 부각했다.[1] 이튿날인 8월 9일 이승만 대통령은 특별담화를 발표하면서, "1882년 조미통상조약 이래로 오늘날 미국 정부와 공동방위조약이 성립된 것은 처음되는 일이요, 또 우리나라 독립역사상에 가장 귀중한 진전이다. ⋯ 지금에 와서 ⋯ 그 영향이 자손

---

1 이철순, "한미상호방위조약과 이승만",『한국일보』, 2013년 5월 20일. https://m.hankookilbo.com/ · News/Read/201305201276602816 (검색일: 2023년 5월 7일).

만대에 영구히 미칠 것이니 우리가 잘만해서 합심합력으로 부지런히 진전시키면 …
방위조약으로써 후대에 영원한 복리를 우리에게 줄 만한 토대가 될 것이다."라고 천
명하였다.[2] 그의 발언은 장래의 한미관계를 내다본 예견이었는데, 이러한 선견지명
은 지난 70여 년간 대한민국이 다방면으로 이룩한 눈부신 발전의 역사가 여실히 증
명하고 있다.[3] 요컨대, 이승만 대통령은 한미상호방위조약을 군사동맹 이상의 다중
가치를 지닌 역사적·획기적 합의로 평가했던 것이다.[4]

이처럼 한미상호방위조약은 대한민국의 생존 및 발전과 함께하여 왔다. 이 같은
역사적 의미를 되새기며 이하에서는 먼저 한미상호방위조약의 체결 배경을 고찰하
기로 한다. 이어 이 조약의 국제법적·외교적 성격 및 함의를 검토하고 통시적인 관점
에서 종합적인 평가를 내려 보기로 하겠다.[5]

Ⅱ 한미상호방위조약의 체결 배경 및 경위

6·25전쟁이 발발한 지 1년이 지난 1951년 7월 10일 개성에서 유엔군 측과 공산
군 측 사이에 휴전을 위한 회담이 처음 열렸다.[6] 당초 한국 정부는 당시 양측 군대 사
이의 접촉선(contact line)을 그대로 둔 채 휴전을 논의하는 데 강력히 반대하였다. 휴
전은 통일에 역행한다고 보았기 때문이다.

---

2 인보길, 『이승만 현대사 위대한 3년 1952~1954』 (서울: 기파랑, 2020), pp. 227-228; 한표욱, 『이승만과
   한미외교』 (서울: 중앙일보사, 1996). pp. 174-175.

3 박승춘, "우남 이승만 대통령 서거 47주기 추모사", 2012년 7월 19일, https://www.korea.kr/briefing/
   speechView.do?newsId=132025365 (검색일: 2023년 5월 7일).

4 이철순, 앞의 글 참조.

5 모든 인간사가 그러하듯 한미상호방위조약과 한미동맹 역시 '빛'과 '그림자'의 양면을 갖는다. 그림자의 측면으
   로는 미군의 한국 주둔에 따른 불편과 고통(기지촌 여성의 인권, 미군 기지 내 환경 훼손, 방위비 분담액 계속 증
   가 등)을 들 수 있다. 하지만 필자는 그림자보다는 빛의 측면이 압도적으로 더 많다고 생각한다. 이런 인식을 바
   탕으로 본 장에서는 먼저 빛의 측면에 집중해 기술하기로 한다. 그림자 측면과 그 극복의 문제는 별도의 후속 연
   구과제로 남겨두기로 한다.

6 William H. Vatchter, *Panmmunjom* (Westport: Greenwood, 1958), p. 25.

하지만 휴전협상이 막바지로 접어들면서 한국 정부는 한반도에서 공산 세력의 재남침에 의한 전쟁을 막기 위한 대비책을 마련해야 했다. 그 일환으로 이승만 대통령은 미국의 트루먼(Harry S. Truman) 행정부에게 상호방위조약 체결을 요구했다. 트루먼 대통령은 이를 거부했다.[7] 뒤를 이은 아이젠하워(Dwight D. Eisenhower) 행정부도 상호방위조약 체결을 주저했다. 아이젠하워 대통령은 방위조약 체결이 반대동맹을 불러옴으로써 제2의 6·25전쟁을 촉발시킬 가능성이 있다고 판단했기 때문이다.[8] 이에 방위조약에 대한 대안으로 미국과 참전국들이 공동으로 공산 세력의 재남침에 대비해 '확대제재선언(greater sanctions declaration)'을 발표할 구상을 밝혔다. 또 한국 정부가 휴전협정을 준수하는 조건으로 20개 국군 사단 증강을 지원한다는 계획을 마련하였다.[9]

그에 반해 이승만 대통령은 전쟁 직전 주한미군 철수와 대한(對韓) 방위공약의 부재가 북한에 의한 남침을 유발했다고 보았다. 이 때문에 유엔과 같은 국제기구에 의한 안보 공약을 신뢰할 수 없었다. 다른 한편, 미국은 일본과 6·25전쟁 중인 1951년 9월에 이미 군사방위조약(미일안전보장조약)[10]을 체결한 상태였다. 제국주의 침략 국가였던 일본과는 동맹조약을 체결하면서 한국과는 상호방위조약을 체결하지 못하겠다는 미국의 입장을 이승만 대통령은 도저히 받아들일 수 없었다. 그는 한미 군사동맹조약과 미군의 주둔만이 한반도와 동북아 지역의 안정에 필수적이라고 판단하고 이 조약을 체결하는 데 모든 외교적 노력을 기울였다.[11]

이 같은 배경에서 한국 정부는 휴전협정 체결과 상호방위조약 체결을 연계하는 전략을 폈다. 구체적으로 1953년 5월 30일 휴전조건 3개 항목이 성취될 경우 휴전

---

7   행정안전부 국가기록원, "한미상호방위조약", 2006년 12월 1일, https://www.archives.go.kr/next/search/listSubjectDescription.do?id=002702&sitePage= (검색일: 2023년 5월 8일).

8   김열수, "대한민국 정부 수립·전쟁, 그리고 한미동맹", 조성환 외, 『대한민국의 국방사』 (서울: 대한민국역사박물관, 2017), p. 127.

9   행정안전부 국가기록원의 "한미상호방위조약" 참조.

10   미일안전보장조약의 정식명칭은 Security Treaty Between the United States and Japan('日本国とアメリカ合衆国との間の安全保障条約')이다.

11   행정안전부 국가기록원의 "한미상호방위조약" 참조.

협정 체결을 반대하지 않겠다는 입장을 미국 정부에 전달하였다.[12] 3개 휴전 조건은 첫째, 타국이 대한민국을 침략할 때 미국은 한국과 더불어 공동방위를 자동으로 수행할 것, 둘째, 미국은 한국에 대하여 상당한 군비를 제공하여 미국 군대가 한국전쟁에 참전할 필요가 없도록 할 것, 셋째, 미국은 해·공군을 계속 한국에 주둔시켜 적의 재침 의도가 불가능할 정도로 한국의 방위를 강화할 것이었다.[13]

하지만 아이젠하워 대통령은 일주일 후인 6월 6일 이승만 대통령에게 보낸 서한에서 한미상호방위조약 체결 문제는 휴전협정 서명 후에나 고려될 수 있다는 소극적인 반응을 드러냈다. 게다가 이틀 후인 6월 8일 유엔군 측과 공산군 측이 포로 교환 문제에 합의하기에 이르렀다. 그러자 미국의 태도에 실망한 한국 정부는 6월 18일 전국의 포로수용소에 수용된 3만여 명의 반공 포로를 일제히 석방해 휴전협정 체결에 제동을 걸었다. 또한, 한미 간의 방위조약 체결 문제를 다시 제기하면서, 한국의 안전보장이 법적으로 보장될 경우 휴전협정을 묵인할 수도 있다는 이중적인 태도를 보였다.[14]

이에 당황한 미국 정부는 6월 25일 로버트슨 특사(국무부 극동 담당 차관보)를 한국에 파견해 한국 정부가 제시한 휴전 조건을 검토할 수 있다는 의향을 표시했다. 그는 이승만 대통령에게 다음과 같은 내용의 메시지를 전달했다. 첫째, 미국은 평화적 수단으로 한국을 통일하는 데 계속 노력한다. 둘째, 전후 한미방위조약을 체결한다. 셋째, 미국 정부가 허용하는 한 장기적인 경제 원조를 제공한다. 이후 한미 양국은 대략 2주간의 협의를 거쳐 1953년 7월 11일 공동성명을 발표했다. 이 공동성명의 골자는 양국이 상호방위조약 체결, 경제 및 군사 분야 원조 등에 합의하는 것이었다. 이로써 대한민국 안보의 근간이 되는 한미상호방위조약의 기틀이 마련되었다.[15]

---

12 이에 앞서 이승만 대통령은 1953년 4월 하순 교착상태에 빠진 휴전회담이 재개된 직후 마크 클라크 유엔군 사령관(미군 4성 장군)에게 보낸 서한에서 휴전 수락 조건의 하나로 방위조약 체결문제를 거론한 바 있다. 박실, 『벼랑끝 외교의 승리: 이승만 외교의 힘』 (서울: 청미디어, 2010), p. 326.

13 Vatchter, *supra note 6*, pp.195-196.

14 *Ibid*., p. 197; 제성호, 『한미동맹의 법적 이해』 (서울: 한국국방연구원, 2015), pp. 17-18.

15 *Ibid*., pp.197-198; J. A. S. Grenville, *The Major International Treaties 1914~1973*, Stein and Day, 1974, p. 311; Leland M. Goodrich, *Korea: A Study of U.S. Policy in the United Nations*, Council on Foreign Relations, Inc., 1956, pp. 195-196; 양영조·남정옥, 『알아봅시다! 6·25전쟁사』 제

휴전협정 체결 후인 1953년 8월 5일 서울에서 변영태 외무부 장관과 덜레스 (John F. Dulles) 미 국무부 장관이 상호방위조약 체결을 위한 회담을 개시하였다. 사흘 후인 8월 8일 한미동맹의 법적 기초이자 제도적 장치인 한미상호방위조약에 가서명했다. 이어 변영태 외무부 장관은 워싱턴 D.C.를 방문해 동년 10월 1일 상호방위조약에 정식 서명하였다. 이 조약은 1954년 11월 18일 발효되었다.[16]

총체적으로 보면, 한미상호방위조약은 한반도, 나아가 동북아에서의 공산주의 팽창 봉쇄라는 미국의 이익과 북한 공산 세력의 재남침 억지 및 침략 시 격퇴라는 한국의 이익이 접점을 찾아 체결되었다고 평가할 수 있다.[17] 다만 미국이 휴전 막바지까지 상호방위조약 체결에 소극적이었던 점을 고려할 때 이승만 대통령이 포기하지 않고 끝까지 미국 최고위층에 상호방위조약 카드를 밀어붙이며 설득·압박하는 등 외교적 노력을 경주한 것이 주효했음을 부인하기 어렵다. 다시 말하면 노회한 정치가가 갖고 있던 대미(對美) 정치적 불신[18]을 바탕으로 구사한 휴전협정과 상호방위조약 연계전략과 강온양면전술, 특히 반공포로 석방과 같은 대미 압박책과[19] '북진통일'을 외치며 휴전에 결사반대하는 입장을 보이면서도(미 행정부 최고위층의 의사를 탐색하며) 휴전 수락 조건을 제시하는 유연한 태도가 서로 조응, 상승작용을 일으켜 빛을 발했다고 볼 수 있다.

3권, (국방부 군사편찬연구소, 2005), p. 132.

16 김명기, "한미 상호방위조약의 보완과제", 『국제문제』 제34권 10호(2003), pp. 20-24.

17 김계동, "한미 방위조약 체결과정과 개선방안", 『사상과 정책』 제23호 (1989), pp. 154-162.

18 이승만 대통령이 미국을 전적으로 믿을 수 없었던 것은 나름의 이유가 있었다. 여러 차례 미국 정부에 한국의 안보를 문서상으로 보증해 달라고 요구했지만, 매번 미국은 소극적 자세를 보였다. 1948년 8월 신생 대한민국이 탄생하자 이승만은 미국에게 상호방위조약의 체결 가능성을 타진했지만, 무초 주한 미 대사는 "미국은 토머스 제퍼슨 대통령 시대 이래 어느 국가와도 상호방위조약을 체결한 일이 없다."고 응수했던 것이다. 1949년 6월 주한미군이 철수한 후에도 이승만은 한미 간의 상호방위협정 체결을 요청했지만, 미국은 '상호방위원조협정' 및 '주한미군사고문단설치협정' 등 실익 없는 협정을 맺어주는 데 그쳤다. 미국은 6·25전쟁이 발생한 후에도 상호방위조약 체결에 소극적이었다. 미국은 조약의 체결 대신 16개 유엔 참전국들 명의로 '확대제재선언'을 발표하고, 한국군을 20개 사단으로 증강시켜 주는 것으로 무마하려 했다. 이에 이승만 대통령은 방한한 로버트슨 특사에게 한국은 미국에게 1910년의 한일합병, 1945년의 분단으로 두 번씩이나 배반당했다면서 미국을 압박했다. 이철순, 앞의 글 참조.

19 이은선, "이승만의 반공포로 석방과 한미상호방위조약 체결", 『월드뷰』 통권240호(2020), pp. 95-98.

III 한미상호방위조약 체결의 국제법적·외교적 함의와 파급영향

1 한미군사동맹의 조약화

한미상호방위조약 제4조는 미군의 한국 주둔을 명시하고 있다. 전시나 국가 위기 시가 아닌 평시(平時)에 외국군의 장기 주둔은 대한민국의 영토주권을 심대하게 제약할 가능성이 크다. 그렇기에 미군의 주둔 허용은 미국과 군사동맹을 맺지 않고서는 불가능한 일이다. 이렇게 본다면, 한미상호방위조약은 조약이라는 국제법 규범을 통해 한미군사동맹을 제도화한 것이다.

이 조약의 핵심은 동맹의 일방이 외부의 적으로부터 공격을 받을 경우 다른 일방이 원조 내지 응원할 의무를 지는 것이었다. 곧, '집단적 자위권 행사의 의무화'를 조약의 문언으로 명시한 것이다. 집단적 자위권이란 자위권의 일종으로 피침국(被侵國)과 이해관계를 같이하는 나라가 당해 무력공격을 자국의 공격으로 간주하고 공동으로 방위할 수 있는 권리를 말한다. 집단적 자위권은 유엔 헌장 제51조에 의해 도입되어 오늘날 국가의 기본적 권리(a fundamental right)로 인정되고 있다. 그 결과, 예를 들어 한국에서 전쟁이 재발할 경우 미국 등 제3국은 한국 정통정부의 요청 등에 기하여 이 같은 집단적 자위권을 행사할 수 있다.

그런데 집단적 자위권의 실현은 어디까지나 방위력을 제공하는 나라의 임의(선택)에 달려 있다. 군사적 원조는 결코 강제적인 것이 아니다. 한미상호방위조약의 효용성은 당사국 일방이 외부의 적으로부터 무력공격을 받은 경우 피침국에 대한 타방 당사국의 군사적 원조를 강제 내지 의무화하는 데 있다. 그러한 '집단적 자위권 행사의 의무화'는 2차 세계대전 후 채택된 상호원조조약이나 상호방위조약에 반영되어 당사국 간에 상호원조 의무 발생의 근거가 되고 있을 뿐 아니라 조약에 기초한, 외국에 대한 군대 제공의 법적 계기로 원용되고 있다.[20]

---

20 최재훈·정운장 외 7인, 『국제법신강』 (서울: 박영사, 1996), p. 144; 김정균·성재호, 『국제법』 (서울: 박영사, 2006), p. 181.

조약을 통한 상호원조 의무의 제도화, 특히 주한미군의 한반도 배치 약속이 북한의 남침 억제를 통해 한반도 안보와 평화를 증진하는 데 이바지하였음은 두말할 것도 없다.[21] 곧 한국이 혼자만으론 북한의 침공을 저지하거나 방어할 수 없고 북한-중국-소련의 긴밀한 관계에 대응할 힘이 없었던 상황에서 상호방위조약의 체결을 통해 강대국 미국과의 동맹을 결성한 것은 국가안보를 지키는데 유용한 장치로 기능했던 것이다.[22]

다만 한미상호방위조약의 경우 집단적 자위권 행사의 '의무화'가 약화된 측면이 있다.[23] 이와 관련, NATO조약 제5조에는 "하나의 회원국이 공격을 받을 경우 모든 회원국이 공격을 받은 것으로 간주하여 함께 대응한다(all for one, one for all)."는 자동개입(自動介入) 조항이 명시되어 있다. 반면에 한미상호방위조약에는 유사 시(有事時) 자동개입 조항이 없다.[24] 동 조약 제3조는 "… 타 당사국에 대한 태평양 지역에 있어서의 무력공격을 자국의 평화와 안전을 위태롭게 하는 것이라고 인정하고 '공통한 위험'에 대처하기 위하여 각자의 헌법상의 수속(手續)에 따라(in accordances with its constitutional processes) 행동할 것을 선언한다."고 명시하고 있을 뿐이다. 미국이 '헌법상의 절차'를 이유로 들어 개입하지 않을 가능성을 열어둔 것이다.[25] 이와 관련해서 이 조항은 북진 통일을 외치던 이승만 정부의 '단독 북진'을 견제하기 위한 의도가 반영된 규정[26]이라는 유력한 해석이 있다.

한미상호방위조약이 유사 시 미군의 자동개입을 보장하지 못하였기 때문에 이후 한국의 대미 군사외교는 이를 보완하기 위한 장치 마련에 집중되었다. 그러한 노력

---

21 김열수, 앞의 논문, p. 128.

22 육중관, "한미동맹관계 변화가 한국군의 군사력 건설에 미치는 영향에 관한 연구(1960년대-2017년까지)", (박사학위 논문: 한남대학교, 2021), p. 61.

23 제성호, 앞의 책, p. 29.

24 이승만 대통령도 한국이 공격 받을 경우 미국이 자동 참전할 것을 주장해 왔지만, 한국에 대한 안보 공약에 소극적이었던 미국 상원으로부터 한미상호방위조약의 승인을 얻어내기 위해서는 그러한 주장을 포기할 수밖에 없었다. 김남수, "한미상호방위조약 체결 과정 연구: 동맹의 제도화를 통한 동맹 딜레마의 관리", (석사학위 논문: 서울대학교, 2009), pp. 49-50.

25 김열수, 앞의 논문, pp. 127-128.

26 김남수, 앞의 논문, pp. 61-62; 차상철, 『한미동맹 50년』 (서울: 생각의나무, 2004), p. 68.

의 결실은 1단계로 주한미군의 인계철선 배치(Tripwire Deployment), 즉 문산 축선과 의정부 축선 상에 각각 3개의 미군 기지를 배치함으로써 북한군이 전면 남침을 재개할 경우 반드시 이들 미군 기지를 공격하여 미군과 교전상태에 들어갈 수밖에 없도록 만들어 놓은 것이다.[27] 다른 하나는 1968년부터 시작되어 연례적으로 개최되는 한미 국방장관 회담 때마다 발표하는 공동성명에 "미국은 대한민국에 대한 무력 침공이 발생할 경우 상호방위조약에 의거하여 즉각적이며 효과적인 원조를 제공할 것을 확약한다."는 문구를 삽입한 것이었다.[28] 이 같은 방위공약이 상호방위조약의 취약점을 보완하고 집단적 자위권의 실효성을 제고하기 위한 일종의 고육지계였다고 볼 수 있다.[29]

② 냉전시대 자유진영에의 편입: '자유와 시장'이란 '가치의 공유'

한미상호방위조약이란 국제법적 뒷받침을 갖게 된 한미동맹은 상호 방위, 곧 안보협력에 관한 조약이긴 했지만, 그 효력 및 범위가 안보·군사 분야에만 국한될 수는 없었다. 이는 6·25전쟁의 발발과 휴전, 그리고 냉전 시대 국제사회를 압도하던 외교적 환경과 맞물려 있었던 까닭이다.

냉전(冷戰, cold war)이란 열전(熱戰)의 반대로서 2차 세계대전 후 미국을 위시한 서구 자유 진영과 소련을 위시한 동구 공산 진영 간의 이념적 대결전을 일컫는다. 냉전 시대의 지배적인 특징은 이념이 동일하면 친구가 되고 이념이 다르면 불신과 적대의 대상으로 삼는 것이었다. 곧, 자유민주주의를 채택하는 나라는 아무리 민족이 다르고 이질적이라도 쉽게 우방국이 되지만, 공산주의를 채택하는 나라는 아무리 민족이 같고 역사적인 동질성을 공유하더라도 적성국으로 취급하는 것이다.[30]

27　이동복, 『한미동맹』 (파주: 백년동안, 2014), pp. 122-123; 행정안전부 국가기록원의 "한미상호방위조약" 참조.

28　위의 책, p. 123.

29　위의 책, p. 123; 제성호, 앞의 책, p. 29.

30　냉전질서는 구조적으로 양극체제를 가졌다. 비동맹국가를 제외한 세계 모든 나라들은 미국과 소련을 '극(極) 국가(pole state)'로 하는 2개의 조직화 된 진영의 어느 하나 속에 편입되었다. 그리고 진영과 진영 간에는 집단적인 적대관계(inter-bloc hostility)가 형성되어 있었다. 이상우, "탈냉전시대의 남북한관계와 민족공동체 형성의 과제", 『21세기를 맞는 민족의 진로』, 한반도통일연구회 '95 L.A. 학술토론회 준비위원회(1996), p. 44.

이러한 냉전 시대에 한국이 미국과 상호방위조약을 체결한 것은 곧 서구 자유 진영에 편입하겠다는 국가 정책적 의지와 국제정치적 결단을 반영하는 것이었다. '자유'의 편은 사회주의적 계획 위주 및 폐쇄적 자립 노선이 아닌 '시장'의 편, '개방'의 편과 통한다. 즉, 한국은 미국과 가치를 공유하는 나라가 되기로 방침을 정한 것이다. 오늘날 양국 국민들 사이에서 회자되는 '가치동맹'은 한미상호방위조약의 체결을 계기로 시작됐다고 해도 과언은 아닐 것이다. 대한민국 건국 및 호국, 그리고 뒤이은 산업화와 민주화의 시기에 한국의 외교가 한미동맹의 정신, 곧 자유와 시장, 민주와 법치를 기초로 하여 서방 세계 국가(자유 진영의 우방국)들과의 우호 관계 증진 및 국제 협력 확대에 방점을 둔 것은 자연스러운 현상이었다. 그리고 구미(歐美) 중심의 외교무대에서 한국은 국익 외교를 착실하게 진행하기 시작했다. 냉전 시대의 이분법적 양극 체제 하에서 한반도의 국제질서는 '정치적 힘(군사력을 포함한)'의 체제였으며 동서(東西) 간 이념 대결의 최전방에 위치한 한국으로서는 미국과의 동맹 관계를 순탄하게 관리하여 국가안보를 튼튼히 하는 것만으로도 우리 외교의 소임을 대부분 달성할 수 있었다.[31]

③ 공산권과의 관계에서 할슈타인 원칙의 수용·실천

냉전 시대 한미상호방위조약을 통한 자유 진영에의 편입은 '할슈타인 정책(Hallstein-Doktrin)'의 채용으로 이어졌다. 할슈타인 정책이란 한마디로 동독 불승인 정책을 의미한다. 1954년 동독은 소련으로부터 국가로 인정받았다. 흐루시초프 소련 공산당 서기장은 서방세계를 향해 '두 개의 독일' 인정을 요구하는 외교 공세를 전개하였다. 여기에다 서독과 수교한 제3세계 일부 국가들이 친 동독 정책을 펴고 있었다. 이는 전(全) 독일의 유일 합법 정부임을 주장하는 서독의 단독 대표권을 위협하였다. 이러한 위협에 대항해 서독 정부는 제3국들에게 동독이 국가가 아니라는 점을

---

31 한승수, "탈냉전시대의 우리 외교의 과제", 『2001 관훈토론회·세미나』, 한승수 외교통상부 장관 초청 관훈토론회(2001), p. 4, http://www.kwanhun.com/page/brd_view.php?idx=40106&startPage=135&listNo=106&table=cs_bbs_data&code=talk3 (검색일: 2023년 5월 26일).

강조하며, 동독 승인을 자제해 줄 것을 요청하기에 이르렀다.[32]

동독 불승인 정책에 따라 서독 정부는 자신들과 수교한 제3국들 중에 어느 한 국가가 동독을 승인할 경우, 이를 '비우호적 행위'로 간주하고 이에 상응하는 제재 조치를 취하기로 결정했다. 제재의 내용과 방식은 해당 국가의 대사 소환, 재외공관 축소에서부터 외교 관계 단절이라는 최종적 단계까지 상정해 상황에 맞게 실행하는 것으로 계획되었다. 그리고 이미 동독을 승인한 동유럽 국가들과는 공식적인 외교 관계를 맺지 않을 것이며, 전승국에 해당하는 소련만을 제재의 대상에서 제외한다는 것이 동독 불승인 정책의 구체적 내용이었다.[33]

냉전 시대에 한국은 줄곧 위와 같은 할슈타인 원칙을 채용하였다. 여기엔 한미상호방위조약에 의한 한미동맹 성립이 영향을 미쳤다고 해도 과언이 아니다. 그리하여 북한을 국가로 승인한 중국이나 소련 및 동구권 위성국가들과 외교 관계를 맺지 않는 것은 물론, 이들 나라들을 '적성국'으로 취급하였다. 이에 따라 한국 정부는 적성국들과의 외교적 접촉은 물론, 해당 국가 국민들과의 인적·물적 교류도 제한하였다.

한국 외교 정책사에서 할슈타인 원칙에 대해 일부 수정 시도가 있었던 것은 1973년 6월 23일 박정희 대통령이 발표한 「평화통일 외교정책에 관한 특별선언(일명 6·23선언)」에서였다. 동 선언의 제6항에서 대한민국이 '모든 국가들에 문호를 개방'하는 동시에, 이념과 체제를 달리하는 국가(적성국가: 필자 주)들도 우리에게 문호를 개방할 것을 촉구한 것[34]은 그간 한국 정부가 견지하여 온 '할슈타인 원칙'을 공식적으로 포기할 수도 있음을 시사한 것으로 평가된다.[35] 박 대통령은 이 6·23선언에 대해 "남북대화의 경험과 국제정세의 추이에 비추어 민족의 숙원인 조국 통일의 여건을 실질적으로 개선하기 위한 우리의 평화 통일 외교정책" 발표라고 규정하였다.[36]

---

32 신정훈, "독일연방공화국의 외교·통일정책(1955~1972) -'할슈타인 독트린'을 중심으로-", (석사학위 논문: 건국대학교, 2023), p. 46.

33 위의 논문, p. 46.

34 6·23선언의 제6항은 "대한민국은 호혜평등의 원칙 하에 모든 국가에 문호를 개방할 것이며, 우리와 이념과 체제를 달리하는 국가들도 우리에게 문호를 개방할 것을 촉구한다."고 밝히고 있다.

35 제성호, "1970년대 박정희 정부의 통일정책 재조명", 『북한학보』 제47집 1호(2022), p. 26.

36 외무부, 『우리의 평화통일외교』 (서울: 외무부, 1977), p. 28; 6·23선언의 제7항은 "대한민국의 대외정책은 평화실현에 그 기본을 두고 있으며, 우방들과의 기존 유대관계는 이를 더욱 공고히 해나갈 것임을 재천명한다."

6·23선언에 표시된 대공산권 문호개방(할슈타인 원칙 포기) 의사는 1973년에 현실의 구체적인 정책으로 가시화될 수는 없었다. 냉전의 벽이 너무 높았고, 당시의 한반도 상황이 엄중했기 때문이다. 하나의 외교적 제스처로 그쳤던 박정희 대통령의 대공산권 문호개방 입장은 1988년 노태우 대통령이 발표한 「7·7 특별선언」에서 재천명되었고, 이는 1989년 2월 1일 한·헝가리 외교관계 수립을 필두로 한, 동구권 국가들과의 관계 개선으로 가시화되기에 이른다.[37]

④ 북중 동맹관계를 견제하는 외교·군사적 대응 메커니즘

북한과 중국이 군사동맹 관계를 조약으로 공식화한 것은 1961년 7월 11일 「조중우호, 협조 및 호상원조에 관한 조약(이하에서는 '조중동맹조약'으로 약칭)」[38]의 체결이었다. 조중동맹조약 제2조는 "체약 쌍방은 쌍방 중 어느 일방에 대한 어떠한 국가로부터의 침략이라도 이를 방지하기 위하여 모든 조치를 공동으로 취할 의무를 지닌다. 체약 일방이 어떠한 한 개의 국가 또는 몇 개 국가들의 연합으로부터 무력 침공을 당함으로써 전쟁상태에 처하게 되는 경우 체약 상대방은 모든 힘을 다하여 지체없이 군사적 및 기타 원조를 제공한다."고 규정하고 있다. 이는 동맹국의 어느 일방이 외부로부터 침략을 받은 경우 군사 및 비군사 원조 의무를 명기한 것이다.

하지만 양국의 '실질적 동맹 관계'는 이미 한국전쟁 시기에 형성되기 시작했다고 보는 것이 적절하다. 1949년 10월 1일 중화인민공화국이 성립된 지 1년밖에 되지 않은 1950년 10월 19일부터 중국이 '인민지원군(人民志願軍)'[39]을 파견하는 형식으로

고 명기함으로써 한국의 대공산권 외교 방향 변화에 따른 우방국들의 우려를 불식시키려 하였다.

37 제성호, 『남북한관계론』(파주: 집문당, 2010), p. 89; 제성호, 앞의 논문, p. 27.

38 조중 동맹조약의 중국어 명칭은 '中朝友好合作互助条约'이다.

39 중국은 유엔군의 인천상륙작전으로 전세가 역전된 후인 1950년 10월 1일 소련과 북한으로부터 공식적인 지원 요청을 접수했다. 이에 모택동은 동년 10월 8일 '항미원조 보가위국(抗美援朝 保家衛國)'이라는 명분을 내세워 그동안 출전태세를 갖추어 온 '동북변방군'을 '인민지원군'으로 개칭하고 출병 명령을 하달함과 아울러 그 사실을 스탈린과 김일성에게 통보하였다. 행정안전부 국가기록원, "중공군 개입", 2007년 12월 1일, https://www.archives.go.kr/next/search/listSubjectDescription.do?id=006344&pageFlag=&sitePage= (검색일: 2023년 5월 28일).

6·25전쟁에 참전해 북한을 적극 지원하였고,[40] 휴전협정 체결 후에도 중국 인민지원군은 1958년까지 북한 지역에 계속 잔류해 한반도 안보 균형을 유지하였기 때문이다. 북중 양국은 1958년 중국 인민지원군이 북한에서 완전히 철수한 이후에는 과학기술 협력을 강화하였고, 중국은 북한에 군사적 지원을 제공하는 안보협력 관계를 지속하였다.[41]

조중동맹조약 제3조는 상호 동맹의 규제와 대외정책의 제약에 관한 내용을 명시하고 있다. 즉, '체약 상대방을 반대하는 어떠한 동맹'을 체결하지 않으며 '체약 상대방을 반대하는 어떠한 집단과 어떠한 행동 또는 조치'에도 참가하지 않는다고 규정함으로써 당사국의 어느 일방을 반대하는 동맹과 집단에의 참여를 금지하고 있다. 이는 상호 외교 및 군사 행위를 제한하는 기능, 특히 양국이 자본주의 진영과의 협력을 제어하는 의미가 있다.[42] 이러한 조중 관계의 성격은 1961년에 들어서 타당해진 것은 아니었다. 이미 6·25전쟁 시기부터 양국 간에 적용되기 시작했고, 1960년대를 거쳐 냉전 시대 내내 북한과 중국 사이에 이른바 순치관계(脣齒關係)를 형성하는 기반으로 작용하였다.[43] 이런 견지에서 볼 때 1953년 10월에 체결된 한미상호방위조약은 북중 간의 '실질적' 동맹관계 및 외교·군사적 협력 메커니즘을 견제하는 장치 내지 대응 수단이라는 국제정치적 함의를 갖는다고 풀이할 수 있다.

---

40 이상숙, "북중우호조약의 현대적 함의와 양국관계", 『주요국제문제분석』 2011년 31호(2011), p. 4.

41 위의 글, p. 4.

42 위의 글, p. 6. 한편, 박병광은 조중동맹조약 제3조와 제4조가 상호 군사지원에 관한 북한의 의무를 명문화한 것으로 해석한다. 즉 제3조는 "체약 상대방을 반대하는 어떠한 동맹도 체결하지 않으며 체약 상대방을 반대하는 어떠한 집단과 행동 또는 조직에도 참가하지 않는다."고 명시함으로써 중국의 입장에서 북한이 중국을 배신하고 소련이나 여타의 세력에 편입하는 것을 방지하려 했다는 것이다. 이어 제4조는 "체약 쌍방은 양국의 공동 이익과 관련되는 일체의 중요한 국제문제들에 대해 협의한다."고 규정함으로써 '상호 결박(mutual tethering)'을 시도하였다고 풀이한다. 특히 중국으로서는 북한이 전쟁을 재발하거나 일방적 군사적 모험주의를 자행함으로써 의도하지 않은 분쟁에 개입되는 것, 즉 원치 않는 '연루(entrapment)'의 가능성을 최대한 축소하려 했다고 주장한다. 박병광, "북중동맹조약의 지속과 변화에 관한 소고: 한미동맹조약에 대한 비교를 중심으로", 『KDI 북한경제리뷰』 2012년 6월호(2012), p. 37.

43 북중 간의 이념과 체제의 동질성, 국경을 맞대고 인접한 지리적 조건은 양국을 하나의 '운명공동체'로 결집하게 만들었다. 말하자면 북중의 생존과 안전을 위협하는 외부의 강력한 적이 존재하고 그로부터 양국이 공통의 위협을 느끼는 한 양국의 이해관계는 근본적으로 일치할 수밖에 없다. 그런 측면에서 국공내전과 한국전쟁 시기 북중이 순치상의(脣齒相依) 관계를 형성한 것은 당연한 현상이었다. 한상준, "안보위협에 대한 공동인식과 북중관계의 '탄성'", 『대구사학』 제129집(2017), p. 6.

⑤ 한미상호방위조약과 한미동맹관계의 외교적 파급영향

가. 1957년 한미우호통상항해조약 체결의 견인차

한미상호방위조약은 북한의 재남침을 억제하기 위한 방위조약, 군사협력조약이었다. 하지만 안보는 미군의 한국 주둔과 군사 물자·장비의 지원 등 군사적 하드웨어만으로는 지켜질 수 없다. 국가 안보는 대한민국이 국민에게 인간다운 생존과 경제적 필요를 충족시킬 때, 또한 한국 사회가 '체제' 차원에서 건강하고 안정적일 때 공고해질 수 있는 것이다.

그런데 3년여에 걸친 동족상잔의 전쟁을 치른 한국으로서는 한반도 안보를 제대로 확보하기도 버거운 상황에서 스스로의 힘만으로는 극도로 피폐해진 경제를 일으킬 수 없었다. 그렇기에 동맹국 미국에 기대하는 것은 자연스러웠다. 이런 배경에서 경제·사회·문화 등을 아우르는 포괄적인 우호협력 조약을 미국과 체결하는 것이 급선무였다. 이에 한국 정부는 양국 간에 전통적으로 존재하는 평화 및 우호의 관계를 강화하고 아울러 양국 국민 간의 한층 더 긴밀한 경제적 및 문화적 관계를 촉진하기로 결정하였다. 이 같은 정치적 결단은 당시 한국의 수뇌부가 안보협력만으로는 한미관계가 절름발이식의 제한적 관계에 그칠 수밖에 없음을 직시하였기 때문인 것으로 풀이된다. 안보협력과 경제협력을 병행 추진하는 전략은 당시 상황에서 불가피한 선택이었고, 또한 외교적 혜안이었다고 하겠다. 이런 맥락에서 볼 때 한미상호방위조약은 한미우호통상항해조약[44]이란 우호협력 조약의 체결을 견인하고 한미관계를 다층화하는 계기가 됐다고 볼 수 있다.

한미우호통상항해조약은 체약국 쌍방이 상호 유익한 투자를 촉진하며 상호 유리한 통상관계를 조장하고 기타 상호의 권리와 특권을 정하는 협정이 이들 목적의 달성에 기여할 수 있음을 인식하면서 무조건으로 부여되는 내국민대우와 최혜국민대우의 원칙을 일반적 기초로 하여 채택된 것임을 밝히고 있다.[45] 이 조약은 전문과 25

---

44 정식 명칭은 대한민국과 미합중국 간의 우호·통상 및 항해조약(Treaty of Friendship, Commerce and Navigation between the Republic of Korea and the United States of America)으로 1957년 11월 7일 발효하였다.

45 한미우호통상항해조약 전문.

개 조문으로 구성되며, 이 밖에 이 조약과 불가분의 일체로 인정되는 하나의 의정서가 체결되어 있다. 제1조에서는 "체약국은 타방 체약국의 국민과 사회의 신체, 재산, 기업 및 기타 이익에 대하여 항상 공평한 대우"를 한다고 규정하고 있다. 이 조약은 양국 간의 통상·출입국·거주·영업·항해 등에 관하여 서로 최혜국대우 또는 내국민대우를 부여하기로 하되, 다만 이 조약상의 최혜국민대우 규정은 관세와 무역에 관한 일반협정(GATT)에 의거하여 부여되는 특별 편익에는 적용하지 않기로 하였다. 또 동 조약 제19조에서는 통상 및 항해의 자유, 그리고 제20조에서는 체약국 국민과 물건의 타방 체약국 영역 통과권을 명시하고 있다.

나. 동북아 안보 차원에서 한일 국교정상화 촉진

한미상호방위조약의 체결은 '샌프란시스코 대일 평화조약체제'에 '실질적으로 가담(간접 참여)[46]하는 것을 의미하기도 했다. 미국을 위시한 연합국들은 1951년 9월 8일 일본과 함께 태평양전쟁을 국제법적으로 종결·정리하는 '대일 평화조약(Treaty of Peace with Japan)'을 샌프란시스코에서 체결하였다. 또 같은 날 미국은 전술한 바와 같이 일본과 미일안전보장조약에 서명하였다. 후자는 미국과 일본 간 동맹조약의 성격을 가진다. 이는 범세계적 냉전 체제의 진입과 6·25전쟁의 발발 등 요동치는 동북아의 국제환경에서 패전국 일본을 공산권의 영향으로부터 배제하고 미국의 세력권에 묶어두려는 워싱턴의 동아시아·태평양 전략이 투영된 작품이었다.

필자는 2006년 2월 주한미국문화원의 초청으로 하와이에 있는 미 태평양사령부(USPACOM)를 방문한 일이 있었다. 방문 기간 중에 미 국무부가 태평양사령부에 파견한 수석대외정책고문(Senior Foreign Policy Advisor)이란 직책의 대사[47]와 면담한 일이 있었다. 그는 샌프란시스코 평화조약체제가 50여 년 동안 동북아 지역의 평화와 안전을 유지하는 데 이바지했다고 평가하면서, 당면한 북한 핵 문제가 샌프란시

---

46 대한민국은 대일 평화조약 체결을 위한 샌프란시스코 강화회의에 초청되지 못하였다. 태평양전쟁 당시 대한민국은 아직 독립국가로 성립하지 않은 상태였고, 전 한반도는 일본의 지배하에 있는 식민지로서 존속하였던바, 대한민국이 연합국의 일원으로 인정될 수 없었기 때문이다.

47 2006년 2월 미 태평양사령관은 4성의 해군 제독인 William J. Fallon이었다. 그러나 필자가 일행들과 함께 면담했던 수석대외정책고문의 성명은 정확히 기억나지 않는다.

스코 평화조약체제를 위협하는 가장 핵심적인 요인으로 부상하고 있다고 지적했다. 당시 필자는 이러한 언급에 대해 적절한 국제정치적 관견(管見)이라고 생각했다.

한국이 한미상호방위조약의 체결과 한미동맹의 결성으로 샌프란시스코 평화조약체제에 가담하긴 했지만, 일본과는 식민지배의 청산이 이루어지지 않음에 따라 1945년 8·15해방 이후 계속 국교 부재(미수교)의 상태로 남아 있었다. 따라서 안정적인 동북아 협력 체제의 수립, 곧 공산 세력의 침투를 저지하는 외교적 그물망 형성에는 한계가 있었다. 그래서 미국은 각기 동맹국이었던 한일 양국에 대해 수교를 통해 다방면의 협력을 강화할 것을 적극 권유하기에 이르렀다. 이에 한국과 일본은 10여 년의 국교 정상화 협상을 거쳐 1965년 국교를 맺는 내용의 기본관계에 관한 조약을 타결했다. 이렇게 볼 때 한미상호방위조약은 한일 국교 정상화를 직·간접으로 견인·촉진했다고 볼 수 있다.

이후 한국은 자유와 시장과 개방의 편에 같이 선 일본과 '가깝고도 먼 이웃'이라는 숙명적인 관계를 이어오고 있다. 지난 60년 가까이 일본과는 안보와 경제 등의 분야에서 공동이익을 추구하면서도 이따금 불거진 과거사와 역사 왜곡, 영토 문제(주로 독도 영유권 사안) 등이 양국 관계의 발전에 발목을 잡는 요인으로 작용해 왔음은 주지하는 바와 같다.

▼ Ⅳ 한미상호방위조약의 종합 평가: 생동하는 기능과 미래 역할

① 미국을 지구상에서 유일한 동맹국으로 수용

전술한 바와 같이 한미상호방위조약은 한미(군사)동맹을 구속력 있는 국제법규범으로 뒷받침한 것이다. 다시 말하면 한미동맹을 담은 법규범적 그릇이다. 한미동맹은 성질상 ① 조약동맹, ② 양자동맹, ③ 방위동맹이라 할 수 있다.[48]

---

48 제성호, 앞의 책, pp. 20-21.

일반적으로 전문가들은 동맹의 성립요건으로 외부의 적에 대한 공통의 위협 인식과 공동방위의 필요성을 제시한다.[49] 한미상호방위조약은 이러한 조건을 완전히 충족한다. 북한·중국에 의한 재남침 위협과 같은 군사적 위협 인식의 공유와 더불어 공동방위의 필요성, 특히 세계 최강인 미국과의 안보협력 요구가 존재하였던 것이다. 하지만 이들은 동맹이론에 기초한 군사적·물리적 요건에 지나지 않는다.

실제에 있어서 역사적 조건, 정치적 및 심리적 조건도 무시할 수 없다. 미국을 제외한 우리나라 주변의 3대 강국, 곧 중국, 일본과 러시아는 역사적으로 한반도에 대해 영토적 야욕을 드러낸 일이 많았다. 실제로도 침략전쟁이나 무력 강점(强占), 국권 상실 등의 아픈 상처와 어두운 기억을 우리 민족에게 안겨주었다. 그에 비해 미국은 역사적으로 한민족의 강토에 야심을 드러낸 적이 없다. 대한민국의 건국 과정과 1948년 12월 유엔 총회 결의 제195호(III) 채택에서 보듯이 필요할 때 미국의 도움이 가장 컸다. 또한 6·25전쟁으로 국가가 사라질 수도 있는 누란지위(累卵之危)의 상황에서 한국에 대한 지원을 아끼지 않았다. 특히 37,000여 명의 미군이 한국 땅에서 전사하기도 했다. 역사적으로 우리나라를 위해 이처럼 많은 숫자의 고귀한 생명을 바친 나라가 또 어디 있는가? 이 점에서 미국은 우리가 주변 4국 중 가장 신뢰할 만한 나라이다.[50]

이런 역사적 배경과 정치적 경험을 고려할 때 한미상호방위조약의 체결은 한국 정부와 국민들이 미국을 기꺼이 동맹국으로 받아들인 정치적·외교적·군사적 결단이라고 할 만하다. 이는 기본적으로 미국 정부와 미국 국민들의 경우도 마찬가지이다. 게다가 지난 70년이 지나도록 대한민국은 다른 어느 나라와도 추가로 동맹조약을 체결한 바 없다. 곧, 미국은 대한민국의 입장에서 유일무이한 동맹국이다.

한국이 1953년 10월 미국을 동맹국으로 선택한 국가적·국민적 의사결정은 대미관계에서 일정한 권리·이익뿐만 아니라 책임과 의무를 수반한다. 하나밖에 없는 동

---

49 윤덕민, "새로운 한미동맹의 비전", 『군사논단』 제41호(2005), p. 40-41.; 김강녕, "한미동맹의 발전과 향후 과제", 『군사연구』 제121집(2005), p. 277.; 차상철, 앞의 책, p. 19.

50 물론 우리가 힘이 없었을 때 미국이 1905년의 가스라-태프트 밀약에서 보듯이 우리 민족에게 서운하게 대한 적은 있었다. 하지만 이런 외교적 처신은 영토적 야욕과는 거리가 있다. 우리 국민들은 미·일 간의 가스라-태프트 밀약을 거울삼아 국력 배양을 통한 자강(自强) 노력과 대미 외교의 중요성을 새삼 인식할 필요가 있다.

맹국을, 동맹국의 격과 위상에 훨씬 못 미치는 우방국(우호국) 혹은 선린국 정도로 취급하면, 미국 정부와 국민들에게 심각한 오해와 불신을 불러일으킬 수 있다. 과거 우리나라가 그렇게 한 적은 없었는지 곰곰이 곱씹어 보아야 한다. 동맹국을 동맹국으로 대접할 때 우리는 그에 상응하는 정당한 권리 내지 요구를 할 수 있고, 한미관계가 안정적으로 발전하며 그 내용과 폭이 심화된다는 점을 명심해야 한다.

② 동북아 평화의 안전판이자 한국 외교의 기본 축 형성

한미상호방위조약과 이에 따라 성립된 한미동맹은 지난 70여 년 동안 동북아 평화의 안전판이 되어 왔고, 지금도 그러하다. 무엇보다도 한미상호방위조약 제4조에 근거해 주둔하는 주한미군은 미국의 '전진배치전략'을 뒷받침하면서 한국 휴전체제(the Korean Armistice Regime)의 유지 및 한반도의 안정에 기여하고 있다. 나아가 주한미군과 한미동맹은 미·일·중·러 및 남북한 간의 안정자(stabilizer) 내지 균형자(balancer)로 기능하고 있다. 곧 한반도에서의 전쟁 재발을 억제함은 물론, 일·중의 군사력 확대 및 예기치 않은 우발적 충돌을 제어하는 역할을 하고 있다. 이 밖에도 한미상호방위조약은 북중동맹조약을 적절히 견제하는 균형추가 되고 있음은 전술한 바와 같다.

주한미군과 한미동맹은 동북아 지역에서 미국이 추진하는 대외정책을 직·간접으로 지원하는 동력으로 작용하고 있다. 반면 우리에게 있어 한미동맹은 한국 외교의 '기본 축'이자 유엔 등 국제무대에서 다자외교를 수행하는 버팀목이 되고 있다. 한국이 국제사회 및 국제기구에 진출하는데 든든한 우군이 되어 주었고, 한미 간에 협력과 지원의 통로가 되기도 했다. 그렇기에 70여 년의 역사성을 갖는 한미상호방위조약과 견고한 한미동맹의 존재는 일본, 중국과 러시아 등 주변 강대국은 물론, 제3국들이 한국을 무시하지 못하는 강력한 외교적 지원 세력으로 작동하고 있다고 평가할 수 있다.

③ 전방위적 협력의 단초 제공 및 21세기 글로벌 전략동맹으로 진화 촉진

오늘날 한국이 외국과 맺고 있는 관계는 크게 6단계로 구분된다. 우호관계가 강한 순서로 정리하면, 포괄적·전략적 동맹관계＞전략적 협력 동반자관계＞전략적 동반자관계＞전면적 협력 동반자관계＞상호 신뢰하는 포괄적 동반자관계＞포괄적 동반자 관계가 그것이다.[51] 이 중 '포괄적·전략적 동맹관계'는 동맹을 형성하고 있는 한미관계뿐이다.[52]

1950년대부터 시작해 냉전 시기 내내 한미관계는 주로 '공동의 적'에 대항하는 관계(against something)였다. 당시의 한미관계는 공통의 적인 북한의 예상 가능한 남침을 억제하고 그에 대항하는 동맹의 성격이 강했다. 그렇기에 공산 세력의 확산 및 전쟁 억지의 역할에 머물렀다. 특히 1950년대에는 전쟁으로 폐허가 된 한국의 경제 재건을 위한 미국의 무상 경제·식량 원조 등 일방적 지원의 관계였다.

하지만 점차 한국의 국력이 신장하고 탈냉전 시대가 도래함에 따라 한미관계는 종래의 수직적·일방적 관계에서 수평적·대등적 관계로 바뀌어 나갔다. 또한 한미관계는 공동의 목표를 위한 관계(for something), 곧 공통의 가치 실현을 위해 함께 행동하는 협력체로 변모하기 시작했다.[53] 이에 따라 탈냉전 시대 이후 한미 양국은 자유민주주의와 시장경제라는 가치를 공유하면서 이의 확산을 위해 노력해 왔다. 양국 관계는 군사·외교·정치·정보분만 아니라 경제·사회·문화 교류 및 민간협력 분야

---

51 김정은, "전략적 동반자 관계란", 『서울신문』, 2010년 1월 27일, http://www.seoul.co.kr/news/politics/diplomacy/2010/0127/20100127005009 (검색일: 2023년 5월 26일)

52 김정은 기자는 다음과 같이 언급한다. 전략적 협력 동반자 관계는 정치·안보·외교·경제·문화 교류 등 다양한 분야에서 동맹 다음으로 공고한 협력과 파트너십을 유지한다. 중국·베트남 등이 이에 해당한다. 포괄적·전략적 동맹관계와 전략적 협력 동반자관계 모두 양국 간 긴밀한 협력 강화를 의미하는 공통점이 있지만, 군사동맹 여부에 따라 구분된다. 전략적 동반자 관계 국가들은 대개 양국 간 평화 모색, 역내 문제는 물론, 국제 현안과 대외적 전략까지 함께 논의하며 협력한다. 한국의 경우 인도·멕시코·러시아·유럽연합(EU) 등 10여 개의 국가와 전략적 동반자 관계를 맺고 있다. '가깝고도 먼 나라'인 일본과의 관계는 이 6단계가 적용되지 않는다. 보통 '미래지향적 성숙한 동반자 관계'로 표현한다. 한일관계는 실질적으로 '전략적 동반자관계'에 가깝지만, 과거 식민지 지배 역사로 인한 국민감정 때문에 양국은 관계 설정에 있어 전략적이란 표현을 삼가고 있다. 위의 글, p. 5.

53 이상우, 앞의 글, pp. 52-53 참조. 냉전시대의 '공동으로 대항하는 관계'나 탈냉전시대의 '공동으로 가치를 추구하는 관계' 모두 1953년의 한미상호방위조약에 터 잡은 것이었음은 두말할 것도 없다.

까지 확대하고 있다. 나아가 인권, 환경(특히 기후 변화), 비확산, 반테러, 해적 행위 진압, 유엔 평화유지활동(PKO) 등 '보편적 가치(universal value)'를 추구하는 가운데, 양자·지역·범세계적 차원을 아우르는 '글로벌 포괄적·전략적 동맹관계'로 발전하고 있다.[54]

더욱이 2020년 초에 전 지구적으로 불어닥친 코로나 팬데믹을 거치면서 최근 한미관계는 공급망, 반도체, 바이오, 인공지능, 퀀텀, 오픈랜, 우주, 사이버 분야 등 협력의 새로운 지평을 계속 확장하는 추세에 있다.[55] 이는 2023년 4월 26일 미국 워싱턴에서 열린 한미정상회담을 통해 채택된 「한미동맹 70주년 기념 한미 정상 공동성명」에서 재확인되었다.[56] 윤석열 정부의 대통령실은 한미정상회담을 계기로 한미동맹은 가치동맹의 주춧돌 위에 안보·경제·기술·문화·정보동맹의 다섯 가지 기둥을 마련했다고 평가했다.[57]

④ 통일과정에서 북한의 변화 견인 가능성

한미상호방위조약과 한미동맹의 역할은 공산 세력의 침투 확산 및 북한의 남침·도발 억제를 통한 한반도 평화유지와 같은 소극적인 것에만 그치지 않는다. 여러 분야에 걸쳐서 북한의 긍정적 변화를 유도하는 보다 적극적인 역할을 수행할 수 있다. 이와 관련해 당면하게는 한미 양국이 추구하는 보편적 가치들, 예컨대, 핵·미사일 비확산, 인권, 반테러, 마약 퇴치, 감염병 대응 등의 의제들이 채택될 수 있다. 또

---

54 제성호, 앞의 책, pp. 164-165.

55 김효정, "자유! 동맹! 연대!", 『K-공감』 제703호(2023), p. 6; 윤세리, "'한미연합연습·훈련' 70년… 공고한 한미동맹의 상징으로", 『대한민국 정책브리핑』, 2023년 4월 28일.

56 대통령실, "한미동맹 70주년 기념 한미 정상 공동성명", 2023년 4월 27일, https://www.korea.kr/news/policyNewsView.do?newsId=148914326 (검색일: 2023년 6월 5일).

57 김효정, 앞의 글, p. 9.; 윤세리, "새로운 70년을 향해"… 협력의 지평 확장하는 한미동맹", 『대한민국 정책브리핑』, 2023년 5월 19일. 윤석열 대통령은 2023년 5월 2일 국무회의에서 국빈 방문 성과를 이야기하며 "한미동맹은 가치동맹의 주춧돌 위에 안보동맹, 산업동맹, 과학기술동맹, 문화동맹, 정보동맹이라는 5개 기둥을 세웠다."며 이들 5개 분야의 협력이 확대되고 시너지를 발휘하면서 '미래로 전진하는 행동하는 한미동맹'이 구현될 것"이라고 말했다. 김효정, "'자유 확장의 필수요건은 문화' K-콘텐츠 외교사절 맹활약", 『K-공감』 제703호(2023), p. 12.

한, 가치동맹, 곧 자유, 인권, 민주, 법치의 가치와 이념 실현을 위한 협력이 남북통일의 과정에서 중요한 영향을 미칠 수 있다.

우선 한미상호방위조약과 한미동맹은 안보적 차원에서 북한 핵·미사일 문제 해결의 추동력이 될 수 있다. 즉, 한미 공조를 주된 동력으로 활용해서, 북한 핵·미사일 억지를 위한 공조체제를 일본, 중국, EU 국가 등으로 확대하고 점차로 전 지구적 차원으로 확산시켜 나갈 수 있다.

둘째, 한미상호방위조약과 한미동맹은 북한을 개혁과 개방으로 이끄는 국제협력체제 구축의 핵심 동인(動因)이자 출발점이 될 수 있다. 곧 북한 체제 변화 촉진의 기제(機制)가 될 수 있다.

셋째, 한미상호방위조약과 한미동맹은 자유·민주·시장·법치의 가치를 추구한다. 이 점에서 북한 인권 개선을 위한 양자 및 다자 외교와 국내외의 비정부기구들 간의 협력 및 연대 활동을 자극할 수 있다.

넷째, 한미상호방위조약과 한미동맹은 남북통일의 과정에서 북한의 대미·대일관계 개선 및 국제사회의 진출을 지원함으로써 북한의 안정적 변화를 지원하는 긍정적 역할을 할 수도 있다.[58]

Ⅴ 결론

무릇 외교는 국가이익을 극대화하기 위한 공식·비공식적 행위이며, 외교정책은 그것을 극대화하기 위한 전략적 수단이다. 외교정책은 기본적으로 주어진 현실의 환경을 철저하고도 냉철하게 고려·이용하는 바탕 위에서 실리를 최대한 확보할 수 있는 최선의 수단이 되어야 한다.[59] 그렇기에 외교는 무엇보다도 타이밍이 중요하다.

---

58 제성호, "평화·통일과 한미동맹", 『2022 평화와 통일을 위한 사회적 대화: 춘천지역 시민대화 발제문』, 2022년 9월 3일, p. 7 참조.

59 차상철, "한미동맹의 역사적 의의", 『코나스넷』, 2005년 10월 20일, https://konas.net/article/article.asp?idx=7440&rep_idx=13570 (검색일: 2023년 6월 12일).

실기(失機)하면 아무리 좋은 정책도 빛을 발할 수 없다.

한미상호방위조약은 1948년 건국 후 2년도 채 되지 못한 상황에서 북한이 일으킨 6·25전쟁이란 국가적 위난을 겪으면서 공산 세력의 재남침을 억지하고 국민의 생존권을 확보하기 위한 대한민국의 외교적·군사적 선택이었다. 그것은 전쟁이 끝난 후 미군의 철수로 힘의 공백이 발생하는 것을 막기 위한 이승만 정부의 고육지책이었지만, 현시점에서 되돌아볼 때 결과적으로 '신의 한 수'였다고 할 만하다. 이후 한미상호방위조약은 한미협력을 선도하고 동맹을 심화·발전시키는 향도적 역할을 해 왔다. 한미상호방위조약으로 상징되는 한미동맹은 오늘날 세계의 어떤 동맹보다도 성공적인 '작품'으로 평가되고 있다.

한미상호방위조약은 문언상으론 이 조약의 적용 지역이 태평양 지역이라고 밝히고 있다.[60] 하지만 상호방위조약에 의해 설정된 동맹 관계의 실제 운영을 들여다보면, 태평양 지역 내지 동북아 지역에서의 군사협력에 국한되지 않은 경우가 많다.[61] 즉, 상호방위조약에 뿌리를 둔 한미동맹은 세계의 다른 나라나 지역에서 한미 양국 간에 다양한 형태의 교류와 협력을 뒷받침하는 기제로 작동하고 있으며, 살아 있는 생물처럼 '외교적 가치'를 발휘하고 있다고 하겠다.

국제정치에서 동맹관계가 반세기를 넘어 70년 이상 지속되는 경우는 흔치 않다. 냉철한 국익이 정책 결정의 기준이 되는 국제관계에서 한미동맹 70년의 성과와 의미는 지대하다. 향후의 과제는 동맹의 관리를 통해 지속가능한 동맹을 만드는 것이다.

---

60 한미상호방위조약의 전문은 "본 조약의 당사국은 … 태평양 지역에 있어서의 평화기구를 공고히 할 것을 희망하고, 당사국 중 어느 일국이 태평양 지역에 있어서 고립하여 있다는 환각을 어떠한 잠재적 침략자도 가지지 않도록 외부로부터의 무력공격에 대하여 자신을 방위하고저 하는 공통의 결의를 공공연히 또한 정식으로 선언할 것을 희망하고, 또한 태평양 지역에 있어서 더욱 포괄적이고 효과적인 지역적 안전보장조직이 발달될 때까지 평화와 안전을 유지하고저 집단적 방위를 위한 노력을 공고히 할 것을 희망하여 다음과 같이 동의한다."고 천명하고 있다. 이어 제3조에서는 "각 당사국은 타 당사국의 행정지배 하에 있는 영토와 각 당사국이 타 당사국의 행정지배 하에 합법적으로 들어갔다고 인정하는 금후의 영토에 있어서 타 당사국에 대한 태평양 지역에 있어서의 무력공격을 자국의 평화와 안전을 위태롭게 하는 것이라고 인정하고 공통한 위험에 대처하기 위해 …"라고 규정하고 있다.

61 2003년에 발발한 이라크 전쟁 시에 미국의 요청으로 한국이 2004년부터 2008년까지 이라크의 북부 지역 아르빌에 자이툰 부대를 파병한 것은 그런 대표적인 예라 할 수 있다. 이는 군사 분야의 대표적인 협력 사례일 뿐이다. 전 세계 여러 나라에서 한미 양국은 외교적·경제적 협력은 물론 다양한 형태의 정보 교류를 실시하고 있다.

그러려면 앞으로도 한미 양국이 긴밀한 협의와 정책 조율을 통해 미래지향석으로 진화하는 동맹을 만들어가는 데 지혜를 모으고 가능한 모든 노력을 경주해야 한다. 특히 한미동맹을 이익에 기반한 협력관계에서 '가치와 신뢰'에 기반한 포괄적·전략적 동맹으로 발전시켜 나가는 것이 필요하다. 이와 관련해서 윤석열 대통령이 2023년 4월 워싱턴에서 열린 한미정상회담 기간 중 "한미동맹은 이익에 따라 만나고 헤어지는 거래 관계가 아니다. 자유라는 보편적 가치를 수호하기 위한 가치동맹이다."라고 말한 것은 적절한 지적이었다고 생각된다.[62]

동맹관계가 공동의 이익과 필요성을 기반으로 해서 생겨나는 것이긴 하지만, 그렇다고 언제나 당연히 유지된다는 보장은 없다. 동맹의 유지·발전을 위해서는 양국 정부와 의회, 그리고 국민과 언론의 지지와 성원이 계속 뒷받침되어야 한다. 장래에 있어 한미 정상외교와 함께 다양한 형태의 한미동맹 강화를 위한 공공외교가 지속적으로 진행되어야 하는 이유다.

---

62   정아란·이준서·이동환, "백악관 국빈 환영식… 윤 "행동하는 동맹" 바이든 "거룩한 혈맹"", 『연합뉴스』, 2023년 4월 27일, https://www.yna.co.kr/view/AKR20230426181451001 (검색일: 2023년 8월 5일).
     김명진, "바이든 "한미, 피로 맺은 관계" 윤 "자유 위한 정의로운 동맹"", 『조선일보』, 2023년 4월 27일, https://www.chosun.com/politics/politics_general/2023/04/26/IQTY5TAJGFAYDLTIUODUFA6PIY(검색일: 2023년 8월 5일).

참고문헌

1. 국내문헌

김강녕. "한미동맹의 발전과 향후과제." 『군사연구』. 제121집, 2005.

김계동. "한미 방위조약 체결과정과 개선방안." 『사상과 정책』. 제23호, 1989.

김정균·성재호. 『국제법』. 서울: 박영사, 2006.

박실. 『벼랑끝 외교의 승리: 이승만 외교의 힘』. 서울: 청미디어, 2010.

양영조·남정옥. 『알아봅시다! 6·25전쟁사』. 서울: 국방부 군사편찬연구소, 2005.

외무부. 『우리의 평화통일외교』. 서울: 대한민국 외무부, 1977.

이동복. 『한미동맹』. 파주: 백년동안, 2015.

인보길. 『이승만 현대사 위대한 3년 1952~1954』. 서울: 기파랑, 2020.

제성호. 『남북한관계론』. 파주: 집문당, 2010.

_____. 『한미동맹의 법적 이해』. 서울: 한국국방연구원, 2015.

조성환 외. 『대한민국의 국방사』. 서울: 대한민국역사박물관, 2017.

최재훈·정운장 외 7인. 『국제법신강』. 서울: 박영사, 1996.

한표욱. 『이승만과 한미외교』. 서울: 중앙일보사, 1996.

김남수. "한미상호방위조약 체결 과정 연구: 동맹의 제도화를 통한 동맹 딜레마의 관리." 서울 대학교 석사 학위논문, 2009.

김명기. "한·미 상호방위조약의 보완과제." 『국제문제』. 제34권 제10호, 2003.

김명진. "바이든 "한미, 피로 맺은 관계" 윤 "자유 위한 정의로운 동맹"." 『조선일보』, 2023년 4월 27일.

김정은. "전략적 동반자 관계란." 『서울신문』, 2010년 1월 27일.

김효정. "자유! 동맹! 연대!". 『K-공감』. 제703호, 2023.

_____. "'자유 확장의 필수요건은 문화' K-콘텐츠 외교사절 맹활약." 『K-공감』. 제703호, 2023.

박병광. "북중동맹조약의 지속과 변화에 관한 소고: 한미동맹조약에 대한 비교를 중심으로." 『KDI 북한경제리뷰』. 2012년 6월호.

신정훈. "독일연방공화국의 외교·통일정책(1955-1972) -'할슈타인 독트린'을 중심으로-." 건 국대학교 석사 학위논문, 2023.

육중관. "한미동맹관계 변화가 한국군의 군사력 건설에 미치는 영향에 관한 연구(1960년대~

2017년까지)." 한남대학교 박사 학위논문, 2021.

윤덕민. "새로운 한미동맹의 비전."『군사논단』. 제41호, 2005.

윤세리. "'한미연합연습·훈련' 70년… 공고한 한미동맹의 상징으로."『대한민국 정책브리핑』.
    2023년 4월 28일.

_____. "'새로운 70년을 향해'… 협력의 지평 확장하는 한미동맹."『대한민국 정책브리핑』.
    2023년 5월 19일.

이상숙. "북중우호조약의 현대적 함의와 양국관계."『주요국제문제분석』. No. 2011-31,
    2011.

이상우. "탈냉전시대의 남북한관계와 민족공동체 형성의 과제." 21세기를 맞는 민족의 진로.
    한반도통일연구회 '95 L.A. 학술토론회 준비위원회, 1996.

이은선. "이승만의 반공포로 석방과 한미상호방위조약 체결."『월드뷰』. 제240호, 2020.

이철순. "한미상호방위조약과 이승만."『한국일보』, 2013년 5월 20일.

정아란·이준서·이동환. "백악관 국빈 환영식… 윤 '행동하는 동맹' 바이든 '거룩한 혈맹'."
    『연합뉴스』, 2023년 4월 27일.

제성호. "1970년대 박정희 정부의 통일정책 재조명."『북한학보』. 제47집 제1호, 2022.

_____. "평화·통일과 한미동맹." 2022 평화와 통일을 위한 사회적 대화: 춘천지역 시민대화
    발제문, 2022.

한상준. "안보위협에 대한 공동인식과 북중관계의 '탄성'."『대구사학』. 제129집, 2017.

대통령실. "한미동맹 70주년 기념 한미 정상 공동성명." 2023년 4월 27일. https://www.
    korea.kr/news/policyNewsView.do?newsId=148914326 (검색일: 2023년 6월 5일).

박승춘. "우남 이승만 대통령 서거 47주기 추모사." 2012년 7월 19일. https://www.korea.
    kr/briefing/speechView.do?newsId=132025365 (검색일: 2023년 6월 5일).

차상철. "한미동맹의 역사적 의의."『코나스넷』. 2005년 10월 20일. https://konas.net/
    article/article.asp?idx=7440&rep_idx=13570 (검색일: 2023년 6월 12일).

한승수. "탈냉전시대의 우리 외교의 과제." 한승수 외교통상부 장관 초청 관훈토론회, 2001.
    http://www.kwanhun.com/page/brd_view.php?idx=40106&startPage=135&list
    No=106&table=cs_bbs_data&code=talk3 (검색일: 2023년 5월 26일).

행정안전부 국가기록원. "중공군 개입." 2007년 12월 1일. https://www.archives.go.kr/
    next/search/listSubjectDescription.do?id=006344&pageFlag=&sitePage= (검색일:
    2023년 5월 28일).

_____. "한미상호방위조약." https://www.archives.go.kr/next/search/listSubject Description.do?id=002702&sitePage= (검색일: 2023년 5월 8일).

2. 해외문헌

J. A. S. Grenville. *The Major International Treaties 1914~1973*. London: Methuen, 1974.

Leland M. Goodrich, *Korea: A Study of U.S. Policy in the United Nations*. New York: Council on Foreign Relations, 1956.

William H. Vatchter, *Panmmunjom*, Greenwood, 1958.

제3장

한미상호방위조약 체결 이후 한반도 안보

정연봉

한국국가전략연구원 부원장
대통령 직속 국방혁신위원회 위원
前) 육군본부 참모차장

제3장

한미상호방위조약 체결 이후
한반도 안보

Ⅰ 서론

2024년은 1953년 10월 1일 한미상호방위조약이 체결된 지 71년이 되는 해이다. 한미동맹 체제가 유지되어 온 지난 70여 년 동안 한국은 많은 분야에서 급속한 성장을 이루었다. 한국은 세계 10대 경제 부국으로 발전했고 6대 군사 강국으로 성장했다. 하드 파워뿐만 아니라 소프트 파워도 괄목할 만큼 성장했다. 민주화에 성공했고 문화강국으로도 성장했다. K-팝, K-드라마, K-푸드로 상징되는 한류는 세계인의 마음을 사로잡고 있다. 글로벌 마케팅 커뮤니케이션 기업 VMLY&R의 계열사인 BAV 그룹과 펜실베이니아 대 와튼스쿨은 '2022 최고의 국가(2022 Best Countries)' 조사에서 한국이 '전 세계 국력 랭킹(World Power Rankings)' 6위에 올랐다고 발표했다.

6·25전쟁의 폐허 속에서 출발한 한국이 일구어 낸 변화의 근저에는 근면하고 창의적인 우리 국민의 우수성과 훌륭한 지도자들의 리더십이 자리하고 있지만, 한미동맹의 안보적 뒷받침도 중요한 역할을 했다는 주장이 설득력을 얻고 있다. 한미동맹 출범 이후부터 1970년대까지 한미동맹 관계는 후견인-피후견인 관계였다. 한국은 국방, 외교, 경제 등 거의 모든 면에서 미국에 의존적이었다. 그러나 1980년대 이후부터 한국이 경제적 압축성장을 바탕으로 민주화를 이룩하고 자주국방의 기틀을 갖

추어 감에 따라 동맹관계는 점차 수평적 관계로 변모되었고, 제도화의 수준도 높아져 오늘날 가장 성공한 동맹으로 인정받고 있다.

본 장의 목적은 한미상호방위조약이 한반도 안보에 미친 영향을 분석하고 교훈을 도출하는 데 있다. 이를 위해 먼저 한미상호방위조약의 체결과정을 개관하고 한미상호방위조약의 핵심 내용을 분석한다. 이어서 한미동맹의 제도화 내용을 미군 주둔의 제도화, 연합지휘체제의 제도화, 연합방위태세의 제도화, 대북 핵 억제력의 제도화 등으로 구분하여 제시한다. 마지막으로 한미동맹이 한반도 안보에 미친 영향을 한국 방위, 한반도 상황의 안정적 관리, 한국군 전력증강 및 현대화, 한국군의 편성·교리·교육 훈련 발전, 역내 다자안보협력 기여 등으로 구분하여 제시한다.

Ⅱ 한미상호방위조약 체결

1 정전협정과 한미상호방위조약 체결

정전 또는 휴전 논의는 통상적으로 쌍방의 힘이 균형을 이룬 가운데 전쟁의 피해가 급속도로 증가할 때 이루어진다. 6·25전쟁에서도 유사한 양상을 보였다. 북한의 불법 남침으로 유엔군은 낙동강 방어선까지 밀렸다가 인천 상륙작전으로 압록강까지 진출했다. 중공군의 개입으로 유엔군은 다시 37도선까지 후퇴했다가 재반격으로 38도선을 회복했다. 그 후 전선은 38도선 일대에서 고착되었고 쌍방의 피해가 급속히 증가하자 휴전회담 논의가 급부상했다.

1950년 12월부터 휴전을 검토해온 유엔 총회는 리(Trygve Lie) 사무총장을 통해 1951년 6월 1일 유엔군이 침략자들을 38도선 북쪽으로 물리친 사실을 상기시키면서 한국전쟁을 끝낼 시기임을 강조했다. 38도선 부근에서 휴전이 성립되어 평화와 안정이 회복된다면 유엔의 목표는 달성되는 것이라고 주장했다. 미국의 트루먼 대통령도 유엔군 사령부가 휴전협상을 시작할 용의가 있음을 유엔 참전국에 전달했고,

유엔 참전국들은 이에 적극 호응했다. 이에 따라 미 국무부가 유엔 주재 소련 대사인 말리크(Yakov A. Malik)와 접촉했고, 소련의 훈령을 받은 말리크는 1951년 6월 23일 라디오 방송을 통해 휴전협상을 정식으로 제의했다. 이에 유엔군 측은 6월 30일 방송을 통해 공산군 측이 정전회담을 희망하는 통지를 한다면 회담 대표 및 회담 일시를 제의할 용의가 있음을 밝히면서 회담 장소로 원산항에 정박 중이던 덴마크 병원선(Justlandia)을 제시했다. 공산군 측은 7월 1일 북경방송을 통해 7월 7~15일에 개성에서 회담 개최를 제안했고, 유엔군 측이 이를 수용함으로써 1951년 7월 10일 본회담이 개최되었다.[1]

한국 정부와 국회는 '통일 없는 휴전'을 반대하며 정전 협상 움직임에 강력히 반발했다. 한국 국회는 6월 5일 "침략자 중공군의 침략행위 중지와 한반도에서의 철수, 한국의 완전한 자주통일, 그리고 어떠한 정전에도 반대한다."는 정전반대결의안을 채택했다. 6월 11일에는 정전반대 국민총궐기대회를 개최하고 "3천만의 총의로써 공산침략자들에게 시간과 기회를 다시 주게 되는 정전에 결사반대한다."는 결의문을 트루먼 대통령에게 전달했다. 6월 30일 한국 정부는 휴전회담에 대해 ① 중공군의 전면 철수, ② 북한군의 무장해제, ③ 북한에 대한 모든 원조 방지, ④ 한국 문제를 토의하는 국제회담에 한국 대표 참가, ⑤ 한국의 주권 및 영토 보존에 분쟁을 야기할 결정 반대 등 5개 항의 입장을 발표했다.[2]

한국의 반대에도 불구하고 휴전회담은 개최되었다. 양측은 7월 26일 ① 회의 의제의 채택, ② 군사분계선의 설정, ③ 정전감시기구의 구성과 권한 및 기능, ④ 포로의 송환, ⑤ 외국군 철수 및 한반도 문제의 평화적 해결에 관해 雙方의 당사국 정부에 대한 권고 등 5가지 의제에 합의했다. 雙方 간의 공방 속에서 1952년 5월까지 군사분계선 설정, 정전감시기구 구성, 당사국 정부에 대한 권고사항 등 3가지 쟁점에 대해서는 합의가 이루어졌지만, 포로 송환에 대한 입장 차이로 회담은 교착상태에 빠졌다. 유엔군 측은 포로 개인의 자유의사에 따라 국가를 선택하는 '자유 송환 방식'을 주장했다. 반면 공산군 측은 모든 중공군과 북한군 포로는 무조건 자신의 조국으

---

1 김열수, 『한미동맹 70년 한미역사 140년』 (파주: 법문사, 2023), pp. 66-68.
2 이상철, 『안보와 자주성의 딜레마』 (서울: 연경문화사, 2004), pp. 102-104.

로 송환되어야 한다는 '강제 송환 방식'을 고집했다.[3]

　1953년 1월 한국전쟁의 조기 종전을 공약한 아이젠하워가 대통령으로 취임하고, 3월에는 포로의 강제 소환 방식을 주장했던 소련의 스탈린 수상이 사망하자 조기 종전의 분위기가 다시 형성되었다. 1953년 5월 25일 회담에서 유엔군 측은 송환을 거부하는 북한 포로는 휴전 즉시 석방한다는 기존 입장을 철회하고, 송환을 거부하는 48,500명의 중공군 및 북한군 포로는 중립국송환위원회에 인도하여 이의 관리 기간을 휴전 성립 이후 90일로 한다는 제안을 내놓았다. 공산 측이 여기에 일부 수정을 가해 6월 8일 포로교환 협정이 체결되었다. 이는 한국 정부의 휴전 즉시 반공포로 석방 원칙과 상치되는 것으로서 이승만 정부는 이에 대해 불만을 품고 6월 18일 27,388명의 반공포로를 일방적으로 석방했다.[4]

　이처럼 한국이 강력하게 반발하자 미국은 6월 25일 로버트슨(Walter S. Robertson) 국무부 차관보를 한국에 보내 협상토록 하는 한편, 7월 11일 정치·경제·군사적 지지를 확약하는 아이젠하워 대통령의 각서를 한국 정부에 전달했다. 또한, 한국 정부와 로버트슨 차관보 간의 협의 결과로 7월 12일 한미상호방위조약 체결에 대한 공동성명이 발표되었다.[5] 이로써 한국 정부는 휴전을 방해하지 않을 것에 동의하였고, 1953년 7월 27일 정전협정이 체결되었다.[6]

　정전협정 체결 1주일 만인 1953년 8월 4일, 덜레스(John Foster Dulles) 국무장관이 로버트슨 등 8명의 고위관료들을 대동하고 상호방위조약 체결을 위해 방한했다.

3　김열수, 『한미동맹 70년 한미역사 140년』, pp. 70-72.

4　이상철, 『안보와 자주성의 딜레마』, p. 105.

5　상호방위조약 체결에 대한 양국 정부의 논의는 그 이전부터 계속 있어 왔다. 한국 정부의 휴전 반대 5대 조건 제시에도 휴전회담이 계속되자 이승만 대통령은 1952년 3월 21일 트루먼 대통령에게 서신을 보내 상호안보조약 체결과 한국군 확장계획의 속도를 높여줄 것을 요구했다. 또한 포로교환협정 체결 분위기가 무르익자 이승만 대통령은 1953년 5월 30일 아이젠하워 대통령에게 다시 서신을 보내 첫째, 한미상호방위조약 체결이 선행되는 조건 하에서 중공군과 유엔군의 동시 철수, 둘째, 상호방위조약에 만일 한국이 침략을 받을 경우 미국은 즉각 개입 및 지원한다는 내용을 포함, 셋째, 한국군 방위역량 제공 등 3가지를 제안했다. 아이젠하워 대통령은 6월 6일 답신을 통해 정전협정 체결 이후 미국은 미-필리핀, 미-호-뉴 간에 체결한 상호방위협정 방식에 따라 한국과 상호방위조약 체결을 위해 교섭할 용의가 있으며, 상원의 동의를 받도록 노력하겠다고 응답했다. 김열수, 『한미동맹 70년 한미역사 140년』, pp. 81-84.

6　이상철, 『안보와 자주성의 딜레마』, p. 106.

8월 5일부터 4차례에 걸친 이승만-덜레스 회담과 수차례에 걸친 변영태-로버트슨의 실무회담 끝에 8월 8일 경무대에서 변영태 외무부 장관과 덜레스 국무부 장관이 전문과 6개 조항으로 구성된 조약에 서명함으로써 가조인식이 완료되었다. 정식조인은 10월 1일 워싱턴에서 이루어졌고, 한국 국회는 1954년 1월 15일, 미 상원은 1월 26일 각각 한미상호방위조약을 비준했다.

한미상호방위조약의 효력 발생을 위한 마지막 단계인 비준서 교환은 3월 18일로 계획되었다. 그러나 이승만 대통령이 다시 북진통일과 이를 위한 한국군의 대폭적인 증강을 주장하면서 비준서 교환이 연기되었다. 당시 한국은 한미상호방위조약의 체결로 미국으로부터 한국의 안보를 보장받고 최대의 경제·군사적 지원을 받기를 희망했다. 반면 미국은 한국으로부터 북진통일이 아닌 평화적 방법에 의한 통일 약속과 한국 군의 독자적인 행동을 제약할 수 있는 제도적 장치를 요구했다. 이러한 내용을 담은 한미합의의사록이 1954년 11월 17일 체결됨에 따라 같은 날 한미상호방위조약 비준서 교환이 이루어져 마침내 한미동맹이 정식으로 출범하게 되었다.[7]

② 한미상호방위조약의 주요 내용

한미동맹체제의 법적 근거가 되고 있는 한미상호방위조약은 전문과 6개 조항으로 이루어져 있다. 한미상호방위조약의 조항별 내용과 체결과정에서 핵심적으로 쟁점이 되었던 사항이 조약에 어떻게 반영되었는지를 검토해보면 다음과 같다.

「제1조」는 모든 분쟁을 평화적으로 해결한다는 국제연합헌장을 지지하고 무력의 위협이나 행사를 삼갈 것을 규정하고 있다. 이는 국제평화의 보편타당한 원칙을 재확인한 것이다. 그러나 당시의 상황을 고려하면 제1조는 이승만 정부의 단독 북진을 견제하기 위한 조항으로도 해석할 수 있다. 당시 이승만 정부는 북진통일과 한국군의 대폭 증강을 지속적으로 주장했고, 미국은 이를 가장 우려했다.

「제2조」는 어느 일방이 외부로부터 정치적 독립 또는 안정이 위협받고 있다고 인정될 경우 적절한 조치를 협의와 합의하에 취할 것을 규정하고 있다. 이는 조약 당사

---

7   김열수, 『한미동맹 70년 한미역사 140년』, pp. 92-101.

자에게 즉각적인 군사행동을 취할 의무를 부과한 것이 아니라 협의와 합의하에 군사행동을 취할 의무를 부과하고 있다. 따라서 어느 일방이든 원하지 않는 분쟁에 연루되는 것을 방지할 수 있지만, 외부로부터의 무력 공격에 즉각적이고 자동적인 군사행동을 취할 수 없는 문제점을 내포하고 있다. 당시 미국의 우려를 고려하면 제2조도 이승만 정부의 단독 행동을 견제하기 위한 목적에서 포함된 조항으로 해석할 수 있다.

「제3조」는 당사국의 영토에 대한 무력 공격을 자국의 평화와 안전을 위태롭게 하는 것으로 인정하고 공동 대처할 것을 명시하고 있다. 이 조항은 공동방위의 근거를 제공하는 가장 핵심적인 조항이지만, 영토의 범위를 "당사국의 행정관리 하에 있는 영토"로 한정하고, 공동대처를 "각자의 헌법상의 수속에 따라 행동할 것"으로 규정함으로써 조약의 실제 적용이 제한적일 수 있다는 비판이 존재했다. 한국은 영토의 범위를 한반도 전체로 주장했지만, 미국은 한반도 전체로 규정할 경우, 한국의 북진을 규제할 방법이 없었기 때문에 "행정관리 하에 있는 영토"로 규정했다. 또한, 한국은 NATO 조약처럼 미국의 자동개입 보장을 요구했지만, 미국은 전쟁 선포권이 의회의 권한임을 이유로 이에 반대했다.[8]

「제4조」는 미군의 한국 주둔에 대해, 「제5조」는 조약의 비준과 효력 발생에 대해, 「제6조」는 조약의 유효기간과 효력 중지에 대해 각각 규정하고 있다. 이 중에서 쟁점이 된 것은 조약의 유효기간이었다. 한국은 조약의 유효기간을 '무기한 유효'를 주장했다. 미국은 이를 받아들이는 대신 어느 당사국이든 '타 당사국에 통고한 1년 후에 조약을 중지'토록 하는 안을 제안하여 양국의 주장이 모두 제6조에 포함되었다.

정전협정 체결 저지가 불가능하다고 판단한 이승만 대통령은 벼랑끝 전술을 구사하며 정전의 반대급부로 상호방위조약 체결, 경제원조, 한국군의 군사력 증강을 미국에 집요하게 요구했다. 이러한 노력의 결과로 한국은 미국과 한미상호방위조약을 체결하고, 이어서 한미합의의사록을 체결함으로써 미국으로부터 안보를 보장받고 경제·군사적 지원을 제공받는 기초를 마련했다. 6·25전쟁을 계기로 한국과 미국은 동맹관계로 발전했고, 한미동맹의 새로운 역사가 시작되었다.

---

8   김열수, 『한미동맹 70년 한미역사 140년』, p. 91.

Ⅲ 한미동맹의 제도화

1953년 10월 1일 한미상호방위조약이 정식으로 조인된 후 70여 년 동안 한미동맹은 변화와 발전을 거듭해왔다. 1953년 당시 325,000명에 이르렀던 주한미군은 5차례의 규모 조정을 거쳐 28,500명이 한국에 주둔하고 있다. 미국의 한반도 방위공약의 상징인 28,500명의 주한미군은 평시 북한의 침략과 도발을 억제하고 유사 시 증원전력을 인수하여 한반도 방위 임무를 수행할 핵심조직으로 기능하고 있다.

한미동맹이 오늘날처럼 제도화되기까지는 많은 시행착오가 있었다. 월트(Stephen M. Walt)는 동맹의 제도화 수준이 높을수록 동맹이 지속될 가능성이 크다고 했다. 여기서 제도화란 동맹과 관련된 공식 및 비공식 규범이 존재하고 이러한 규범을 수행하기 위한 기구들이 존재하는 것을 의미한다.[9] 한미는 상호방위조약 체결 이후 지금까지 한미동맹의 제도화 수준을 크게 높여 왔다. 본 장에서는 동맹의 제도화 과정을 미군 주둔, 연합지휘체제, 연합방위태세, 북핵 억제력 구축 순으로 기술한다.

1 미군 주둔의 제도화

가. 주한미군 변천

미군의 한반도 주둔은 1945년 9월 8일 일본군 무장해제를 위해 미 제24군단 72,000명이 인천항에 상륙하면서 시작되었다. 1948년 한국 정부가 수립되자 미군은 500명 규모의 군사고문단만 남기고 철수했다.

6·25전쟁이 발발하자 미국은 유엔군사령부를 구성하여 한국전에 참전했다. 전쟁기간 중 미군은 최고 325,000명에 달했다. 정전협정이 체결되자 미국은 2개 보병사단, 1개 비행사단, 그리고 소수의 해군을 한국에 주둔시키고 나머지 부대들을 철수시켰다. 1957년 10월 철수가 완료되었을 당시 주한미군은 유엔군사령부, 8군사령

---

9   Stephen M. Walt, "Why Alliances Endure or Collapse," *Survival*, Vol.39, No.1(1997), pp. 158-170.

부, 1군단사령부, 1기병사단, 7보병사단, 7공군 등 71,045명이 남게 되었다.[10]

1969년 대통령에 취임한 닉슨은 7월 괌에서 "아시아의 방위는 아시아인의 힘으로"로 대표되는 닉슨 독트린을 발표했다. 아시아 각국에 주둔해온 미군을 축소하고 해당국의 군사력을 증강시켜 안전을 보장하는 방향으로 전략을 수정한 것이다. 이에 따라 1971년 3월 7보병사단과 3개 비행대대 20,000여 명이 철수했다. 박정희 대통령은 미국의 단독 철군 결정은 상호방위조약 위약이고, 5만 명의 한국군이 월남에 파병 중임을 강조하며 철군에 반대했다. 한국의 강력한 반대에 부딪치자 닉슨은 특사를 보내 한국군 현대화를 위해 향후 5년간 15억 달러의 원조를 제공하겠다는 약속을 했고, 「한국군 현대화 5개년계획」을 추진하는 계기가 되었다.[11]

미국은 1971년 철수 이후 1973년 추가 철수를 구상했다. 그러나 월남 공산화로 지연되었고, 이를 선거공약으로 내건, 카터 대통령의 당선으로 1977년 3단계 철수계획이 수립되었다. 제1단계(1978~1979년)는 2사단 1개 여단과 지원병력 6,000명, 제2단계는 보급·지원병력 등 9,000명, 제3단계(1981~1982년)는 잔여 2개 여단과 사단본부를 단계별로 철수시키되, 공군과 정보 및 통신부대는 잔류시키는 계획이었다. 계획이 현실화되자 미 8군 참모장 싱글러브(John Singlaub) 소장이 이를 정면 비판하는 등 미 군부와 의회가 소련의 군사력 증강과 팽창을 이유로 강력히 반대했다. 미 정보기관의 전략상황 재평가에 따라 1978년 말까지 1개 여단 규모 3,400명을 철수시킨 상태에서 철수계획은 중단되었다.

1980년대 말 탈냉전 환경의 조성과 더불어 주한미군 철수에 대한 논의가 제기되었다. 1989년 7월 민주당의 넌(Sam Nunn) 상원의원과 공화당의 워너(John W. Warner) 상원의원이 공동으로 제출한 FY90 예산수정법안이 통과되었다. 동 법안은 동아시아 주둔 미군의 전력구조 및 임무 재평가, 동맹국들의 자국 안보 책임 증대, 주한·주일미군의 점진적 감축 등에 대에 협의할 것을 규정했다. 이에 따라 미 국방부는 1990년 4월 「동아시아 전략구상」(EASI: East Asia Strategic Initiative) 보고서를 의회에 제출했다. 보고서에는 한국에서 지휘통제구조를 변화시켜 미군의 역할을 '주도'

---

10 김열수, 『한미동맹 70년 한미역사 140년』, pp. 149-150.
11 이상철, 『안보와 자주성의 딜레마』, pp. 240-242.

에서 '지원' 역할로 전환하고, 10년간 3단계에 걸쳐 병력을 감축하는 계획을 담고 있었다. 제1단계(향후 1~3년)는 지상군 5,000명과 공군 2,000명 등 7,000명을 감축하고, 제2단계(향후 3~5년)는 미2사단 재편성 등을 통해 6,500명을 감축하고 작전통제권을 한국으로 전환하며, 제3단계(향후 5~10년)는 한국 방위에 있어서 한국이 주도적 역할을 담당하고 미군은 지원적 역할과 함께 동북아 전체에 대한 균형자 역할을 담당하며, 이를 위해 최소규모의 미군을 유지하는 것이었다.[12]

이러한 계획에 따라 1990년부터 1992년까지 제1단계에 해당하는 7,000명이 철수했고, 한국 방위의 한국화도 부분적으로 추진되었다. 지상구성군 사령관이 한국군 장성으로 보임되었고, 한미야전군 사령부가 해체되었으며, 유엔사 군사정전위 수석대표를 한국군 장성으로 임명함과 더불어 판문점 공동경비구역에 대한 한국군의 경비책임이 증대되었다. 그러나 제2단계 이후 미군 철수계획은 북한의 핵개발 의혹으로 중단되었다.

9·11 이후 범세계적 테러와의 전쟁이 미국 국가안보의 최우선 과업이 됨에 따라 주한미군의 규모와 역할에도 변화가 있었다. 미 국방부는 2003년 11월 해외 주둔 미군 재배치 계획(GPR: Global Posture Review)을 발표했다. 미군의 재배치 및 재정비를 통해 냉전 시대의 경직성에서 벗어나 유연성을 확보하겠다는 것이 핵심이었다. 한미는 2003년 4월부터 2004년 9월까지 「미래 한미동맹 정책구상」(FOTA: Future of the ROK-US Alliance Policy Initiative)을 출범시켜 주한미군 감축, 용산기지 이전, 미2사단 재배치 등을 논의했다.

2004년 10월 발표된 주한미군 감축안은 이라크전쟁 지원을 위해 차출된 2전투여단을 포함하여 주한미군 12,500명을 2008년까지 3단계에 걸쳐 감축하는 것이었다. 제1단계로 2전투여단과 군사임무전환부대 등 5,000명을 2004년까지 감축하고, 제2단계로 일부 전투부대와 군사임무전환부대 등 5,000명을 2006년까지 감축하며, 제3단계로 기타 지원부대 2,500명을 2008년까지 감축하는 계획이었다.[13]

---

12 Department of Defense, *A Strategic Framework for the Asia Pacific Rim: Looking toward the 21st Century* (Washington D.C.: DoD, 1990), pp. 12-25.

13 대한민국 국방부, "주한미군 감축협상 결과 보도자료", (2004년 10월 7일).

한미동맹: 자유·민주·번영의 가치동맹을 위하여

2006년까지 주한미군 감축은 단계적으로 진행되었다. 그러나 이명박 대통령 취임 이후 동맹관계 회복이 정책의 우선순위로 부상함에 따라 2008년 4월 19일 캠프 데이비드 정상회담에서 주한미군의 추가 철수 중지를 합의했다. 이로써 최초 계획되었던 12,500명에서 9,000명만 철수하고 계획이 중단되었다. 2008년 이후 주한미군은 28,500명으로 수준 변동 없이 유지되고 있고, 한미 국방장관은 매년 한미안보협의회를 통해 주한미군 병력의 현 수준 유지 공약을 계속 확인하고 있다.

나. 주둔군지위협정(SOFA)

주둔군지위협정(SOFA: Status of Forces Agreement)은 군대의 파견국과 접수국 간에 외국 군대의 주둔으로 야기되는 제반 사항을 규정하기 위해 체결하는 국가 간의 약속이다. SOFA가 규정하고 있는 내용은 주로 출입국관리체제, 조세 및 관세 면제, 형사 재판권과 민사 재판권에 관한 사항이다.

주한미군의 지위를 규정하기 위한 최초 협정은 1948년 8월 24일 체결된 「과도기 잠정적인 군사 및 안전문제에 대한 행정협정」이다. 이 협정에 따라 한국 정부는 미군이 철수할 때까지 필요한 시설과 구역에 대한 사용권과 더불어 미군·군속과 가족에 대한 전속적인 관할권을 미군 당국에 부여했다. 그러나 이 협정은 1949년 6월 미군의 전면 철수로 종료되었다.

두 번째 SOFA는 미군이 6·25전쟁에 참전하면서 미군의 법적 지위와 형사재판 관할권에 관한 사항을 규정하기 위해 1950년 7월에 대전에서 각서교환 형식으로 이루어졌다. '대전협정'으로도 지칭되는 「주한미군 범죄에 대한 형사 재판권에 관한 대한민국과 미합중국간의 협정」에서는 전시라는 특수한 상황으로 미군 당국의 전속적인 형사재판 관할권을 인정했다.

1953년 10월 한미상호방위조약이 체결되자 한국 정부는 '대전협정'상의 불평등 조항을 개정하기 위해 협상을 요구했다. 그러나 미군 측은 협상에 소극적이었다. 1962년 9월부터 3년 10개월 동안의 협상 끝에 1966년 7월 현 SOFA의 모태인 「시설과 구역 및 대한민국에서의 미군의 지위에 관한 협정」이 체결되었다. 협상과정에서 주요 쟁점은 형사 재판권과 유엔군이 사용한 한국 재산에 대한 보상 문제였다. 형사 재판권 문제는 독일식 원칙에 따르기로 합의했다. 미군이 사용한 한국 시설에 대한 보상은 한국 정부가 책임을 지고 미국은 청구 절차를 돕는 것으로 합의했다.

1966년 체결된 SOFA의 본 협정은 NATO 협정의 틀을 따르고 있지만, 합의의사록과 양해사항이 본 협정의 내용을 제한시킨다는 문제가 지속적으로 제기되었다. 이에 따라 한미 SOFA는 1991년 2월, 2001년 4월 등 두 차례 개정되어 오늘에 이르고 있다. 두 차례에 걸쳐 개정된 주요 내용은 첫째, 한국의 사법주권 강화, 둘째, 환경보호에 관한 규정 신설, 셋째, 한국인 고용원의 지위 강화, 넷째, 시설구역의 공여 및 반환규정 구체화, 다섯째, 민사소송을 위한 법적절차 규정 등이다.[14] 이로써 한국은 일본이나 독일의 SOFA와 대동소이한 내용과 수준의 SOFA를 갖게 되었다.

다. 주한미군기지 재조정

주한미군기지 이전사업은 국토의 균형 발전과 주한미군 주둔 여건 개선을 위해 전국에 산재된 주한미군기지를 평택·오산 중심의 중부권과 대구·왜관 중심의 남부권으로 통폐합하여 재배치하는 사업이다. 여기에는 서울 용산에 위치한 주한미군사령부 등을 이전하는 용산기지 이전사업(YRP: Yongsan Relocation Plan)과 한수 이북의 미 2사단 등을 통합·이전하는 연합토지관리계획(LPP: Land Partnership Plan)이 포함된다.

YRP는 2004년 7월 한미가 서명하고, 12월 국회의 비준 동의를 받음으로써 시작되었다. 2007년 11월 평택기지 이전사업 기공식이 거행되었고, 주요 시설공사가 완료됨에 따라 2017년 7월 미 8군사령부, 2018년 6월 유엔군·주한미군사령부가 평택기지로 각각 이전했다. 2019년 3월 양국 국방장관이 한미연합군사령부의 평택기지 이전에 합의함으로써 2022년 10월 한미연합군사령부도 평택기지로 이전을 완료했다.

LPP는 2002년 3월 한미가 연합토지관리계획을 체결한 이후 그해 10월 국회의 비준 동의를 받았고, 2004년 12월 연합토지관리계획 개정협정이 다시 국회의 비준 동의를 받으면서 본격적으로 추진되었다. 평택기지의 시설이 완료됨에 따라 경기북

---

14   김열수, 『한미동맹 70년 한미역사 140년』, pp. 172-176.

부지역에 산재해 있던 미 2사단 본부 등 주요 부대들은 2018년 평택기지로 부대이 전을 완료했다.

주한미군기지 이전사업은 지금도 진행 중인 사업이다. 기지 이전사업 전에 주한 미군에 공여한 전체구역은 91개 구역 약 2억 4,200만㎡(7,300만평)이었다. 사업을 완 료했을 때 반환받을 부지는 약 1억 7,800만㎡(5,400만평)이고, 신규로 공여할 부지는 1,273만㎡(385만평)이며, 계속 유지할 부지는 7,675만㎡(2,322만평)이다. 이로써 기존 공여 부지의 32% 수준에서 기지의 통·폐합이 완료될 예정이다.[15]

라. 방위비 분담

방위비 분담은 주둔 군대의 주둔비용에 대한 현지 국가의 비용 분담을 말한다. SOFA 제5조에는 한국은 미국에 시설과 구역을 제공하고, 주한미군의 유지에 따른 경비는 미국이 부담하게 되어 있다. 그러나 1973년까지 한국은 시설을 제공하지 않 고 구역만 제공했다. 한국이 제공해야 할 시설의 대부분을 미국의 예산으로 건설하 여 사용한 것이다. 1974년부터 미국의 요구에 따라 한국은 전쟁예비비축탄약(WRSA: War Reserve Stocks for Allies)의 저장·관리비용과 연합방위증강사업(CDIP: Combined Defense Improvement Project)에 따른 연합방위시설의 공동투자비를 분담했다. 1978년 연합사가 창설된 이후에 한국은 한국군 측 운영경비를 부담해왔으며, 이외에도 주한미 군의 군수지원 경비 일부와 현지 발생 경비의 일부를 상호 협의하여 지원해왔다.

1980년대 미국의 무역수지 및 재정 적자가 급속도로 증가하면서 미국이 주둔국 의 더 적극적인 방위비 분담을 요구함에 따라 1991년 1월 SOFA 제5조에 대한 예외 조치로서 「방위비 분담 특별협정」(SMA: Special Measure Agreement)이 체결되어 오 늘에 이르고 있다. 방위비 분담금의 지원 항목은 크게 세 가지로서 주한미군의 한국 인 고용원 인건비, 시설 건설을 위한 군사건설비, 탄약저장 등의 군수지원비로 구성 된다. 1991년 이후 지금까지 총 11차례의 SMA가 체결되어 미군의 주둔을 지원하고 있으나, 체결 때마다 방위비 분담 산정 방식이 달라 논란이 되고 있다.

---

15 국방부 주한미군기지이전사업단, 『주한미군기지 이전 백서: YRP 사업 10년의 발자취』 (서울: 국방부 주한미군 기지이전사업단, 2018), pp. 120-125.

분담금 산정 방식에는 소요 충족형과 총액형이 있다. 소요 충족형은 주둔군이 소요를 제기하면, 이를 충족시켜 주는 방식으로 일본과 독일이 적용하고 있다. 총액형은 총액을 먼저 결정한 후 항목별로 예산을 배정하는 방식으로 한국이 적용하는 방식이다. 분담 총액을 결정함에 있어서 주한미군의 한반도 방위에 대한 기여도, 주한미군의 안정적인 주둔 여건 제공, 한국의 재정적 부담 능력, 한반도 안보 상황 등이 중요한 고려 요소로 작용함으로써 협상 때마다 한미 간의 치열한 논리 싸움이 진행되고, 양측이 동의하는 지점에서 분담금이 결정되어왔다. 이로 인해 분담금 산정 방식, 기간, 제공 방식 등이 협상 때마다 상이하여 안정적이고 예측 가능한 지원이 제한되는 문제점을 내포하고 있어 개선이 필요하다.[16]

② 연합지휘체제의 제도화

가. 연합지휘체제의 변천

6·25전쟁이 발발하자 유엔 안보리는 1950년 7월 7일 유엔군의 통합지휘를 위한 미국 주도의 통합사령부 창설을 결의했고, 유엔군 사령관으로 맥아더(Douglas MacArthur) 장군이 지명되었다. 이에 이승만 대통령은 7월 14일 현 적대 상태가 계속되는 동안 한국군 일체의 지휘권(command authority)을 맥아더 사령관에게 위임한다는 공한을 보냈고, 맥아더 사령관도 작전지휘권(operational command authority) 위임에 대한 감사의 편지를 무초(John J. Mucho) 주한 미대사를 통해 회신했다. 이때 유엔군 사령관에게 이양된 작전지휘권의 개념은 작전통제(operational control)의 의미였다.[17]

한미 간에 한국군의 작전지휘권을 정식으로 재규정한 것은 1954년 11월 17일 한미상호방위조약의 후속 조치로 체결된 「한미 합의의사록」이었다. 한미는 합의의사록 제2항에 "국제연합사령부가 대한민국의 방위를 위한 책임을 부담하는 동안 대

---

16   김열수, 『한미동맹 70년 한미역사 140년』, pp. 212-216.
17   국방부 군사편찬연구소, 『한미동맹 60년사』 (서울: 국방부 군사편찬연구소, 2013), p. 42.

한민국 국군을 국제연합사령부의 작전통제권 하에 둔다.[18] 그러나 양국의 상호적 및 개별적 이익이 변경에 의하여 가장 잘 성취될 것이라고 협의 후 합의되는 경우에는 이를 변경할 수 있다"고 명시했다.

작전통제권이 유엔사에 위임된 이후 대침투작전도 유엔군 사령관 책임 하에 수행되었다. 그러나 1968년 발생한 북한군 특수부대의 청와대 기습사건, 울진·삼척지역 무장공비 침투사건, 미 푸에블로호 피납 사건을 계기로 대침투작전의 한국군 단독 수행이 가능하게 되었다. 유엔군 사령관은 청와대 기습사건과 울진·삼척 무장공비 침투사건에 대해 특별한 조치를 취하지 않았지만, 푸에블로호 피랍 사건에 대해서는 방어준비태세-II까지 발령하며 강력한 대응조치를 취했다. 이에 대해 한국 정부가 작전통제권 환수를 요구하며 강력히 항의하자 4월 17일 하와이 한미정상회담에서 이 문제에 대한 논의가 이루어졌고, 한국군 단독의 대침투작전 수행이 가능하게 되었다.[19]

「군사위원회 및 한미연합군사령부에 대한 권한위임사항」(TOR: The Terms of Reference for the Military Committee and ROK-US Combined Forces Command)과 「전략지시 제1호」(Strategic Directive No.1)에 따라 1978년 11월 7일 한미연합군사령부(CFC: Combined Forces Command)가 창설됨으로써 한미 공동의 연합지휘체제가 출범했다. 기존의 유엔군사령부는 미 합참으로부터 전략지침을 받아 한반도의 평화 및 정전협정 유지에 관한 업무만 수행하고, 한국 방위 임무는 한미 군사위원회(MC: Military Committee)로부터 전략지시를 받아 CFC가 수행하게 된 것이다. 이로써 유엔군사령부가 단독으로 행사하던 주한미군과 한국군에 대한 작전통제권을 CFC를 통해 공동으로 행사하게 되었고, 한국군 중에서 2군과 수도방위사령부 등 일부 부대를 한국 합참이 전·평시 모두 통제할 수 있게 되었다.[20]

한국의 국력 신장과 더불어 '한국 방위의 한국화'가 추진되면서 평시 작전통제권이 「전략지시 제2호」에 의거 1994년 12월 1일부로 한국으로 이양되었다. 그러

---

18 한글문은 "작전지휘권"으로 표현되어 있으나, 영어문에는 "retain Republic of Korea Forces under the operational control the United Nations Command"로 표현되어 있어 "작전통제권"으로 표현함.

19 이상철, 『안보와 자주성의 딜레마』, p. 206.

20 국방부 군사편찬연구소, 『한미동맹 60년사』, pp. 158-162.

나 한미는 평시에도 전쟁 억제 기능을 수행하고 억제 실패 시 전쟁 수행을 보장하기 위해 연합위기관리, 작전계획 수립, 연합합동교리 발전, 연합합동훈련 및 연습의 계획과 실시, 연합정보관리, C4I 상호운용성 등 6개 분야에 대해 한미연합군사령관이 계속하여 권한을 행사토록 하는 「연합권한위임사항」(CODA: Combined Delegated Authority)을 체결함으로써 연합방위체제가 약화되지 않도록 했다.[21] 이로써 〈그림 3-1〉과 같은 오늘날의 한미연합지휘체제가 정착되었다.

그림 3-1 한미연합지휘체제

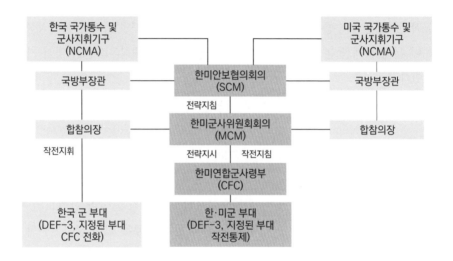

전시작전통제권 전환 논의가 본격화된 것은 노무현 정부에서였다. 자주국방을 표방한 노무현 정부는 2003년 미군 장갑차의 여중생 사망사건으로 촉발된 반미 정서와 9·11테러로 촉발된 미국의 GPR 추진을 기회로 전작권을 환수하고자 했다. 2003년부터 한미의 공동연구가 시행되었고, 2006년 9월 한미 정상이 전작권 전환에 합의했다. 이에 따라 전환 일자를 2012년 4월 17일로 결정하고 병렬형 지휘체제를 구축하고자 했다. 그러나 2009년 북한의 2차 핵실험에 이어 2010년 천안함 폭

---

21   국방부 군사편찬연구소, 「한미동맹 60년사」, pp. 166-168.

침이 발생하자 2010년 6월 한미정상회담에서 전환 시기를 2015년 12월 1일로 연기했다. 그 후에도 2013년 2월 3차 핵실험을 실시하는 등 북한의 핵·미사일 능력이 점차 고도화되자 한미는 2015년 11월 제47차 한미안보협의회의(SCM: Security Consultative Meeting)에서 '조건에 기초한 전작권 전환'에 합의했다. 미래의 연합지휘체제는 2018년 제50차 SCM에서 합의되었다. 현재 CFC의 임무, 기능, 역할을 그대로 유지하면서 사령관만 한국군 4성 장군으로 보직하고, 부사령관을 미군 4성 장군으로 보직토록 합의했다.[22]

나. 연합 안보협의체 운영

한미 간 각종 안보 현안을 논의하기 위한 협의체로는 한미안보협의회의(SCM), 한미군사위원회회의(MCM: Military Committee Meeting), 한미통합국방협의체(KIDD: Korea-US Integrated Defense Dialogue) 등이 있다.

SCM은 한미 간 각종 안보 현안을 협의하기 위한 장관급 협의체이다. 1968년 1·21사태와 푸에블로호 피랍 사건 등으로 안보 현안 협의 필요성이 대두되자 양국 정상은 「한미연례국방각료회의」 개최를 합의하고, 1968년 5월 1차 회의를 개최했다. 1971년 4차 회의에 미 7사단 철수와 관련하여 외무부 차관보급이 참석함에 따라 국방 차원의 회의가 국가안보 차원으로 격상되었고, 명칭도 SCM으로 변경되어 매년 개최되고 있다. SCM은 한반도 및 역내의 군사적 위협평가와 공동대책 수립, 한미 연합방위력의 건설과 운용, 각종 현안 등 한미 양국의 안보문제 전반에 관해 정책을 협의하고, 그 결과를 공동성명으로 발표한다. 예하 실무위원회는 정책검토위원회(PRS), 안보협력위원회(SCC), 군수협력위원회(LCC), 방산·기술협력위원회(DTICC), 공동성명위원회(JCC) 등 5개 분과로 구성된다.

MCM은 1978년 11월 7일 CFC 창설과 관련하여 군사적인 문제를 협의하기 위해 설치되었다. MCM은 한국 방위를 위해 한미 양국이 공동으로 발전시킨 전략지시를 CFC 사령관에게 하달한다. MCM은 본회의와 상설회의로 구분되며, 본회의는 매년 1회 개최되고 한미 합참의장이 주관한다. 본회의는 CFC 사령관으로부터 한반도

---

22 김열수, 『한미동맹 70년 한미역사 140년』, pp. 267-273.

의 군사위협과 군사대비책을 보고받고 협의하며, 필요 시 CFC 사령관에게 전략지시와 작전지침을 하달한다. 상설회의는 한국 합참의장과 미 합참의장을 대리하는 주한미군 선임장교가 주관하고 긴밀한 협의 사안이 있을 때 어느 일방의 요청에 의거해 개최된다.

현재 가동 중인 고위급협의체로는 KIDD가 있다. KIDD는 한미 간 적시적이고 효과적인 안보협의를 위해 2011년부터 매년 두 차례 개최되고 있는 통합협의체로서 국방부 정책실장과 미 국방부의 인태안보차관보 또는 동아시아부차관보가 공동으로 주관한다. KIDD는 한미 간 안보정책 현안을 다루는 안보정책구상회의(SPI: Security Policy Initiative), 확장억제 실행력 제고를 위한 억제전략위원회(DSC: Deterrence Strategy Committee), 그리고 전작권 전환 업무를 담당하는 전작권전환실무단(COTWG: Conditions-based OPCON Transition Working Group)으로 구성된다.

3 연합방위태세의 제도화

가. 연합연습·훈련[23]

군건한 연합방위태세를 유지하기 위해서는 연합연습·훈련이 필수적이다. 1954년 최초로 포커스렌즈(FL: Focus Lens) 지휘소연습이 실시된 이후 한미 연합연습·훈련은 한반도 안보 상황, 주한미군 감축, 동맹체제 발전, 대북정책 등의 영향으로 변화와 발전을 거듭해왔다. 연합연습·훈련은 ① 북한군의 전면 남침에 대비한 지휘소연습, ② 적의 후방침투에 대비한 후방지역 방호훈련, ③ 미증원군의 한반도 전개를 숙달하기 위한 전시증원훈련 등 크게 3개 분야로 나누어 진행되어왔다. ①번 지휘소연습은 비교적 안정적으로 진행되어왔지만, ②와 ③번 훈련은 내·외부적 영향으로 많은 변화를 거치면서 발전되어왔다.

지휘소연습은 1954년 유엔군사령부가 주관한 FL 연습이 시초였다. 한국 정부는 1968년 1·21 청와대 기습사건을 계기로 정부 차원의 을지 연습을 시작했는데,

---

23　국방부 군사편찬연구소, 『한미동맹 60년사』, pp. 170-173; 대한민국 국방부, 『2022 국방백서』 (서울: 국방정책실, 2023), pp. 166-169.

한미동맹: 자유·민주·번영의 가치동맹을 위하여

월남패망을 계기로 1976년부터 을지 연습과 FL 연습을 통합하여 을지포커스렌즈(UFL: Ulchi Focus Lens) 연습을 실시했다. 전작권 전환에 대비하기 위해 2008년부터 연습명칭을 을지프리덤가디언(UFG: Ulchi Freedom Guardian) 연습으로 변경하고 한국군 주도로 연습을 진행했다. 2018년 북한과의 비핵화 협상이 진행됨에 따라 명칭을 연합지휘소훈련(CCPT: Combined Command Post Training)으로 변경하고 정부 연습과도 분리하여 실시했다. 이후 북한과의 비핵화 협상이 결렬되고 연합연습·훈련의 정상화 필요성이 강하게 제기됨에 따라 2022년부터 을지 자유의 방패(UFS: Ulchi Freedom Shield) 연습으로 명칭을 변경하고 정부 연습을 통합하여 매년 후반기에 실시하고 있다.

후방지역 방호훈련은 1961년부터 독수리(FE: Foal Eagle) 연습으로 시작되었다. 실기동 연습인 FE 연습은 월남패망을 계기로 1976년부터 새롭게 신설된 대규모 야외기동연습인 팀스피리트(TS: Team Spirit) 연습에 통합되었다. 그 후 1차 북핵 위기 상황에서 회담 여건 조성을 위해 1994년 TS 연습이 중단됨에 따라 1995년부터 TS 연습에 포함되었던 훈련들을 RSOI(Reception, Staging, Onward movement, and Integration) 연습과 FE 연습으로 분리하여 실시했다. 이후 2002년부터 RSOI 연습과 FE 연습을 통합하였고, 2008년 명칭을 키리졸브/독수리(KR/FE: Key Resolve/Foal Eagle) 연습으로 변경했다. 2018년 북한과의 비핵화 협상이 진행됨에 따라 명칭을 동맹연습, 연합지휘소훈련 등으로 변경하고 지휘소연습으로 진행했다. 그러나 비핵화 협상이 결렬되고 정상화 필요성이 강하게 제기됨에 따라 2023년부터 자유의 방패(FS: Freedom Shield) 연습으로 매년 전반기에 실기동 훈련을 실시하고 있다.

미군의 전시증원훈련은 주한미군 감축 정책의 추진과 연계하여 1969년 포커스레티나(FR: Focus Retina) 훈련이 실시되었고, 미 7사단 철수와 관련하여 1971년에는 프리덤볼트(FB: Freedom Bolt) 훈련이 시행되었다. 그 후 전시증원훈련은 TS 연습의 일부로 포함되었고, 1994년 TS 연습 중단 후에는 RSOI 연습으로 실시되었다. 2002년부터 FE 연습과 통합하였고, 2008년 명칭을 KR/FE 연습으로 변경했다. 2018년 북한과의 비핵화 협상이 진행됨에 따라 명칭을 동맹연습, 연합지휘소훈련 등으로 변경하고 지휘소연습을 실시했다. 그 후 비핵화 협상이 결렬되고 정상화 필요성이 제기됨에 따라 2023년부터 FS 연습으로 매년 전반기에 실시하고 있다.

나. 전시군수지원체제

현대전에서 군수지원은 전쟁의 승패를 좌우하는 핵심 요소이다. 한미 간 군수지원은 기본적으로 자국책임원칙을 적용하고 있다. 그러나 한미는 연합방위태세 유지의 효율성·경제성 제고를 위해 상호지원체제를 발전시켜왔다. 그 대표적인 사례가 전시주둔국지원협정(WHNSA: Wartime Host Nation Support Agreement)과 상호군수지원협정(MLSA: Mutual Logistics Support Agreement)이다.

전시주둔국지원협정은 연합작전 수행을 위해 미증원부대가 필요로 하는 군수지원 사항을 사전에 규정해 둠으로써 증원군의 신속하고 효율적인 전개와 배치를 촉진하고 대응태세를 강화하기 위한 협정이다. 1991년 11월에 체결되고 국회 비준을 거쳐 1992년 12월 23일 발효된 이 협정은 유사 시 미증원군의 도착, 이동 및 전투지속능력을 보장하기 위한 포괄적인 협정으로서, 미 군수부대가 전개·배치될 때까지 한시적으로 가용자산 범위 내에서 한국이 미증원군을 지원하기 위한 협정이다. 실행을 위한 협조기구로는 전시지원연합운영위원회(WHNS Combined Steering Committee)를 두고 전시에 대비한 준비와 연습을 실시하고 있다.[24]

상호군수지원협정은 양국 군대가 전·평시 군사 활동 간 군수지원의 신속성과 효율성을 보장하기 위해 물자와 용역을 가용자산 범위 내에서 우선 지원하고, 사후 정산하기로 합의한 협정으로 1988년 6월 8일 체결되었다.[25] 1991년 1차 개정이 이루어졌고 2004년 2차 개정되어 오늘에 이르고 있다. 두 차례 개정을 통해 상호군수지원협정의 적용 대상과 지역을 확대하여 평화유지활동, 인도적 지원 및 재난구호 활동에도 상호군수지원이 가능하도록 했다. 또한 2012년 1월 표준시행약정 체결로 절차와 양식을 대폭 간소화했다. 이로써 한미 양국 간 보다 신속하고 효율적인 상호군수지원이 가능하게 되었다.[26]

---

24 국방부 군사편찬연구소, 『한미동맹 60년사』, pp. 182-183.

25 대한민국 국방부, 『2022 국방백서』, p. 195.

26 김열수, 『한미동맹 70년 한미역사 140년』, pp. 185-188.

④ 대북 핵 억제력의 제도화

가. 확장억제의 변천

미국은 한미상호방위조약에 의거하여 1978년 SCM에서 한국에 대한 핵우산 제공 공약을 천명했다. 북한의 1차 핵실험 직후인 2006년 제38차 SCM에서 확장억제를 처음으로 언급하였다. 북한의 2차 핵실험 후 2009년 개최된 제41차 SCM 공동성명에서는 미국의 핵우산, 재래식 타격, 미사일 방어 능력을 포함하여 모든 범주의 군사 능력을 운용하여 대한민국에 확장억제를 제공할 것임을 구체적으로 언급했다. 북한의 3차 핵실험 후 개최된 2013년 제45차 SCM에서 양국 국방장관은 맞춤형 억제전략에 서명했다.[27]

맞춤형 억제전략은 기존 확장억제 개념을 발전시켜 한반도 상황에 최적화한 한미 공동의 억제전략으로서 북한이 핵사용을 위협하는 단계부터 직접 사용하는 단계까지 위기 상황별로 이행 가능한 군사·비군사적 대응방안을 포함한다. 한미는 맞춤형 억제전략의 실행력 제고를 위해 2015년 4월부터 차관보급 정례 협의기구인 한미 억제전략위원회(DSC: Deterrence Strategy Committee)를 출범시켰다. DSC는 KIDD와 함께 연 2회 개최되며 확장억제 수단의 운용연습(DSC TTX)을 매년 정례적으로 실시하고 있다.[28]

2016년 1·9월 북한의 4·5차 핵실험 실시 후 제48차 SCM에서 한미는 확장억제 공약의 실행력 제고를 위해 외교·국방차관급의 정례 협의기구로서 확장억제전략협의체(EDSCG: Extended Deterrence Strategy and Consultation Group) 신설에 합의했다. 이에 따라 2016년 12월 1차 회의가 개최되었고, 2018년 1월 2차 회의가 개최되었다. 그러나 2018년 봄부터 북한과의 비핵화 협상이 개시됨에 따라 중단되었다가 2022년 9월 3차 회의가 4년 8개월 만에 재개되어 확장억제수단을 군사(M)에 한정하지 않고 외교(D)·정보(I)·경제(E)영역까지 확대하여 논의하고 있다.[29]

---

27 대한민국 국방부, 『2016 국방백서』 (서울: 국방정책실, 2017), p. 56.
28 위의 글, p. 57.
29 위의 글, p. 161.

나. 워싱턴선언과 핵협의그룹 신설

2023년 4월 26일 윤석열 대통령과 바이든 미국 대통령은 '워싱턴선언'을 통해 확장억제 강화, 핵 및 전략 기획 토의, 비확산체제에 대한 북한의 위협 관리를 위해 새로운 핵협의그룹(NCG: Nuclear Consultative Group)을 신설하기로 했다. 아울러 미국의 핵 작전에 대한 한국 재래식 지원의 공동 실행 및 기획이 가능하도록 협력하고, 한반도에서 핵억제 적용에 관한 연합 교육 및 훈련을 강화하며, 핵 유사 시 기획에 대한 공동의 노력을 강화하기 위해 양국 간 새로운 범정부 도상 시뮬레이션도 도입하기로 했다. 또한, 미 전략핵잠수함(SSBN)의 한국 기항 등 미 전략자산의 정례적 가시성을 한층 증진키로 했다.[30]

NCG의 설립은 미국이 가진 핵을 한반도에서 운용하기 위해 정보공유, 협의, 전략기획을 한미가 함께 수행하기 위한 메커니즘을 구축한 것으로서 확장억제의 실행력을 획기적으로 강화한 것이다. NCG는 한반도 상황에 맞게 핵 및 전략 기획을 심도 있게 협의할 차관보급의 상설협의체로서 협의 결과는 양국 대통령에게 직접 보고된다. 향후 NCG 운영에 대한 구체적인 협의가 한미 간에 이루어질 것이고, 그 결과는 핵 운용에 대한 계획 수립, 연습 및 훈련 실시, 전략자산 운용 등으로 나타날 것으로 예상된다.[31]

Ⅳ 한미동맹이 한반도 안보에 미친 영향

1 북한의 국가목표 달성 거부 및 한국 방위

3대 세습에 성공한 북한은 〈표 3-1〉과 같이 일관된 국가목표와 군사전략을 유지하며 적화통일을 추구하고 있다.[32] 북한의 국가목표는 사회주의 헌법보다 우위에서

---

30 워싱턴선언 (2023.4.26.).

31 이종섭, "워싱턴선언으로 '한국형 확장억제' 완성", 『매일경제』, 2023년 5월 1일.

32 이상택, "북한 군사전략의 역사적 고찰", 『군사』 제112호(2019), p. 139.

72

북한 사회의 지향 방향을 제시하는 노동당 규약에 잘 명시되어 있다.[33] 북한은 1956년 4월 개최된 제3차 노동당대회에서 '전국적 범위에서 반제반봉건민주주의혁명'이라는 당면목표와 '공산주의 사회 건설'이라는 최종목표를 처음으로 제시했다. 이후 시대 변화에 따라 용어는 변경되었지만, '한반도 공산화'를 국가목표로 일관되게 유지하고 있다.[34]

| 표 3-1 | 북한의 국가목표와 군사전략 변화

구 분		김일성 시대 (1948-1994)	김정일 시대 (1994-2011)	김정은 시대 (2011-현재)
국가목표		한반도의 공산화	한반도의 주체사상화와 공산화	한반도의 공산화
군사 전략	군사전략목표	한반도 전역 점령	한반도 전역 점령	한반도 전역 점령
	군사전략개념	공세전략	공세전략	공세전략
	군사전략수단	재래식무기, 화생무기, 미사일	재래식무기, 화생무기, 미사일	재래식무기, 화생무기, 미사일, 핵무기

국가목표인 '한반도 공산화'를 달성하기 위해서는 한반도 전역에 대한 점령이 전제되어야 하므로 북한은 군사전략목표를 '한반도 전역 점령'으로 설정해왔다. 또한 북한은 군사전략목표를 가장 효과적으로 달성하는 방법인 군사전략개념을 '공세전략'으로 선정하고 지금까지 유지해오고 있다. 그러나 군사전략의 수단이 되는 군사력은 시간이 경과함에 따라 재래식 전력 중심에서 화생무기, 미사일, 핵무기 등 비대칭 전력 중심으로 전환하고 있다.

---

33 북한에서는 자유민주주의 국가와는 달리 수령의 교시, 노동당 규약, 사회주의 헌법, 개별 법규 순으로 영향력을 발휘함.

34 최근 개정된 노동당 규약을 살펴보면, 2010년 제3차 당 대표자회의에서 개정된 노동당 규약은 "당의 당면목적은 공화국북반부에서 사회주의 강성대국을 건설하며 전국적 범위에서 민족해방민주주의혁명의 과업을 수행하는 데 있으며 최종목적은 온 사회를 주체사상화하여 인민대중의 자주성을 완전히 실현"으로 명시함. 2016년 제7차 당대회에서 개정된 노동당 규약은 "당의 당면목적은 공화국북반부에서 사회주의 강성국가를 건설하며 전국적 범위에서 민족해방민주주의혁명의 과업을 수행하는 데 있으며 최종목적은 온 사회를 김일성-김정일주의화하여 인민대중의 자주성을 실현"으로 명시함. 2021년 제8차 당대회에서 개정된 노동당 규약은 "당의 당면목적은 공화국북반부에서 부강하고 문명한 사회주의사회를 건설하며 전국적 범위에서 사회의 자주적이며 민주주의적인 발전을 실현하는 데 있으며 최종목적은 인민의 이상이 완전히 실현된 공산주의사회를 건설"로 명시함.

한미동맹은 북한의 국가목표 달성을 효과적으로 거부함으로써 성공적으로 한국 방위 임무를 수행해왔다. 한미동맹이 북한의 국가목표 달성을 거부하고 성공적으로 한국 방위 임무를 수행할 수 있었던 것은 미군의 한반도 주둔과 유사 시 증원, 연합 작전계획의 발전, 연합연습 및 훈련 등이 있었기 때문에 가능했다.

1980년대까지 한국군의 전력 수준은 북한군의 60~70% 수준으로 평가되었다. 이는 한국군 단독으로는 북한의 전쟁 도발을 효과적으로 억제할 수 없었으며 주한 미군과 미 증원전력이 북한의 도발 억제에 결정적으로 기여했음을 의미한다.[35] 특히 6·25전쟁 이후 주한미군은 북한이 남침할 경우 미군의 자동개입을 보장하는 인계철 선 역할을 담당했다. 1971년 미 7사단이 철수하기 전까지 미군은 비무장지대를 연 하는 최전선에 배치되어 인계철선 역할을 했다. 미 7사단이 철수하자 전선에 배치되 었던 미 2사단은 적의 주 접근로인 의정부·동두천 지역으로 재배치되어 서울 북방에 서 북한군 기습공격 시 미군의 자동개입을 보장하는 인계철선 역할을 계속 담당했다.[36]

한미 연합작전계획은 북한의 남침을 방어하는 방어계획에서 출발했다. 그러나 1973년 홀링스워스(James F. Hollingsworth) 중장이 한미 제1군단 사령관에 임명되면 서 공세적 계획으로 변경되었다. 초기 방어단계에서 북한군의 남침을 격퇴하고, 이 후 북한지역으로 진입하는 작전계획을 발전시킨 것이다. 이러한 공세적 방어계획은 1990년대 들어 작전계획 5027 등으로 더욱 발전되었다.[37] 또한 한미는 연합작전계 획에 의거 UFL, TS, RSOI, UFG, UFS 등 연례적인 연합연습 및 훈련을 실시하고 있 다. 이를 통해 한국 방어 및 미 증원전력의 한반도 전개절차를 숙달함으로써 북한의 국가목표 달성을 거부하고 한국 방위 임무를 충실히 수행하고 있다.

35 한국전략문제연구소, 『동북아 전략균형』 (서울: 한국전략문제연구소, 2001), p. 43.

36 김일영·조성렬, 『주한미군 역사·쟁점·전망』 (파주: 한울, 2003), p. 89.

37 임기훈, 『주한미군과 주일미군』 (서울: 플래닛미디어, 2022), p. 104.

② 한반도 상황의 안정적 관리

정전협정 체결 이후 2022년 말까지 북한의 3,121회에 걸친 대남침투 및 국지도발이 이어졌지만,[38] 한미동맹은 유엔군 사령부를 통해 정전체제를 안정적으로 관리해왔다.

이승만 정부는 정전협정 논의가 시작되자 정전협정 체결에 반대하며 북진통일을 주장했다. 1953년 10월 1일 한미상호방위조약에 양국이 정식으로 서명했지만, 이승만 정부가 다시 북진통일을 주장함에 따라 미국은 한국군을 통제할 수 있는 장치가 필요했다. 미국은 1954년 3월 18일로 계획된 한미상호방위조약 비준서 교환을 미루었다. 1954년 11월 17일, 유엔군 사령부의 한국군 작전통제를 명시한 '한미 합의의사록'이 체결되어 한국군의 단독 북진을 제한할 수 있게 되자, 비로소 한미상호방위조약 비준서를 교환했다. 이처럼 정전협정 체결 직후 미국은 한국군의 작전통제권을 유엔군사령부에 둠으로써 한반도 상황을 안정적으로 관리하려 했다.

1960년대 이후 유엔군 사령부는 북한의 대남침투 및 국지도발을 억제하는 동시에 북한의 대남침투 또는 국지도발에 대한 남한의 응징보복을 억제하는 역할을 담당했다. 1968년 1·21사태, 푸에블로호 피랍 사건, 울진·삼척 무장공비 침투 사건 등이 발생하자 한국에서는 북한에 대한 응징보복 주장이 거세게 일어났다. 당시 미국의 존슨(Lyndon B. Johnson) 대통령은 한국의 보복 주장을 달래기 위해 국방 각료급회담의 연례 개최를 약속했다.[39] 아울러 그해 10월에는 한미연합기획참모단이 구성되어 한국 방위를 위한 작전기획에 한국군이 참여할 수 있게 되었고, 이후 한미연합기획참모단은 1978년 한미연합군사령부 창설의 모체가 되었다.[40]

1978년 11월 한미연합군사령부의 창설로 유엔군 사령부는 정전체제 유지 및 관리업무만 수행하고, 한국 방위 임무와 한미군에 대한 작전통제권은 한미연합군사령부로 이관되었다. 이로써 유엔군사령부는 정전협정업무를 집행할 수 있는 실질적인 전력을 갖지 못하게 되었다. 그러나 정전업무와 관련하여 한미연합군사령관은 유엔

---

38 대한민국 국방부, 『2022 국방백서』, p. 352.

39 국방부 군사편찬연구소, 『한미동맹 60년사』, pp. 114-115.

40 위의 글, pp. 158-159.

군 사령관의 협조에 응하도록 규정하고, 한미연합군사령관이 유엔군 사령관을 겸임토록 함으로써 한반도 안보 상황을 안정적으로 관리했다.

1994년 12월 1일부로 평시작전통제권이 한국 합참으로 전환되었지만, CODA에 의거 한미연합군사령관이 평시 연합위기관리 권한을 행사할 수 있도록 함으로써 위기 상황이 악화되는 사태를 방지했다. 2010년 북한의 천안함 폭침과 연평도 포격 도발을 계기로 한미는 연합위기관리체제를 더욱 구체화하고 한미 공동의 국지 도발 대비계획을 발전시켜 적용함으로써 한반도의 안보 상황을 안정적으로 관리해오고 있다.[41]

③ 한국군 전력증강 및 현대화 견인

6·25전쟁 기간 동안 미군의 도움으로 한국군의 전력은 획기적으로 증강되었다. 전쟁 직전 한국군의 병력 규모는 10만 4,000여 명이었다. 육군은 8개 사단 9만 5,000여 명 규모였고 주요 장비는 105mm 곡사포 8개 대대를 보유했다. 해군은 7,000여 명(해병대 1,200여 명 포함)으로 소해정 25척 등 총 36척의 함정을, 공군은 2,000여 명으로 T-6기 10대 등 총 22대의 항공기를 보유했다. 정전협정 체결 당시 한국군은 55만여 명이었다. 육군은 20개 사단 49만 7,000여 명 규모로 주요 장비는 105mm 곡사포 48개 대대, 155mm 곡사포 16개 대대, 전차 3개 대대 등으로 증강되었다. 해군은 4만 2,300여 명(해병대 2만 7,500여 명 포함)과 호위함 4척 등 총 57척의 함정을 보유하게 되었고, 공군은 1만 1,500여 명으로 F-51기 78대 등 총 118대의 항공기로 증강되었다.[42]

이에 추가하여 1954년 체결된 「한미 합의의사록」을 통해 미국은 한국에 10개 예비사단의 추가 신설, 79척의 함정과 110대의 전투기 제공을 약속했다. 이로써 1955년까지 한국군은 최대 72만 명 수준(육군 661,000명, 해군 15,000명, 해병대 27,500명, 공군 16,500명)으로 증강을 구상했다.[43]

---

41 임기훈, 『주한미군과 주일미군』, p. 206.

42 국방부 군사편찬연구소, 『한 권으로 읽는 6·25전쟁』 (서울: 군사편찬연구소, 2016), pp. 34-35.

43 FRUS, *1952-1954, Korea*, Volume XV, Part 2, Document 942; 김열수, 『한미동맹 70년 한미역사 140년』, p. 100. 재인용.

「한미 합의의사록」이 체결된 이후 미국의 안보지원은 무상 군원(MAP: Military Assistance Program), 군원교육(IMET: International Military Education and Training), 대외군사판매(FMS: Foreign Military Sale), 방위산업 기술지원 등의 형태로 이루어졌다. 1970년대 초까지는 군사장비 지원, IMET 위주의 무상 MAP가 주류를 이루었고, 1970년대 초부터는 FMS, 방위산업 기술지원 등으로 지원 중점이 전환되었다. 1986년 FMS가 종료되고 1988년 「한미 군사기술 및 방위산업협력 협정」이 체결됨에 따라 미국의 일방적 지원에서 쌍무적 협력 관계로 발전하게 되었다.

「한미 합의의사록」이 채택된 이후부터 1988년까지 미국이 한국에 제공한 무상 MAP는 54억 7,000만 달러였다. 1955~1960년 기간 중 미국이 제공한 무상 MAP는 한국 국방비의 76.6%를 점했고,[44] 이후 점유율은 1960년대 50.39%, 1970년대 전반 31.28%, 1970년대 후반 1.54%로 감소했다.[45]

미국의 FMS 자금 지원 형태에는 미 국방부가 예산을 지원하는 직접차관과 연방은행이 조달하여 미 국방부의 보증 아래 지원하는 보증차관이 있다. 1971년 M-16 소총 생산을 위해 최초로 지원된 직접차관 1,500만 달러 이후 1986년까지 제공된 FMS 차관은 총 23억 4,800만 달러였다. 이 중 직접차관이 6,200만 달러였고, 보증차관은 22억 8,600만 달러였다. FMS 차관은 한국군의 전력증강 투자재원으로 큰 몫을 차지했다. 1974~1983년 FMS 차관은 16억 2,300만 달러로 전체 국방투자비 83억 8,400만 달러의 약 20%를 점유했다. 이 재원은 공군의 최신 정밀무기를 포함한 고가의 최신무기 구매를 위해 주로 활용되었다.[46]

미국의 방산기술 지원 및 협력은 한국이 1970년대 초부터 자주국방의 기치 아래 방위산업 육성을 적극적으로 추진하는 과정에서 기술자료 패키지(TDP: Technical Data Packages) 제공, 방산 제품의 공동 및 면허 생산 형태로 이루어졌다. 1971~1996년 기간에 미국이 무상으로 제공한 TDP는 총 938건으로 한국이 연구개발과정을 생략하고 단기간에 기본 병기를 생산할 수 있는 기반을 제공했다. 특히 1974~1992년 율곡사업 기간에 제공된 890건의 TDP로 한국은 총포, 탄약, 통신·전자, 물

---

44 김열수, 『한미동맹 70년 한미역사 140년』, p. 161.

45 이상철, 『안보와 자주성의 딜레마』, pp. 169-170.

46 위의 글, pp. 170-171.

자 등 기본필수병기를 국내에서 생산할 수 있었다.[47] 또한 1976년 500 MD 헬기, 1980년 F-5 E/F 전투기, 1984년 155mm 자주포의 공동생산, 1988년 한국형 전차 개발과 같은 일부 고도정밀무기 분야에서 미국의 기술지원과 협력이 이루어져 한국 방위산업이 높은 단계로 성장하는 데 기여했다.[48]

④ 한국군의 편성, 교리, 교육훈련 발전에 기여

미 군정기로부터 오늘날까지 미군은 한국군의 편성, 교리, 교육훈련 등의 발전에 다양한 방식으로 기여해왔다. 미 군정기 및 6·25전쟁 기간 동안 한국군의 편성, 교리, 교육훈련 발전은 미군이 이들을 직접 주도함으로써 직접적인 영향을 받았다. 반면 전후에는 미국의 군사교육지원, 연합연습 및 훈련, 연합작전계획 발전 등을 통해 간접적인 영향을 받았다.

미 군정청은 1945년 11월 13일 산하에 국방사령부를 설치하고 '뱀부계획 (Bamboo Plan)'에 의거 1946년 1월 남조선 국방경비대를 창설했다. 국방경비대는 보병 위주의 25,000명 규모로, 남한 8개 도에 각각 1개 연대 규모로 창설되어 국내 치안 제공을 목적으로 하는, 경찰예비대 성격의 부대였다. 국방경비대는 1948년 8월 15일 정부 수립과 더불어 한국군의 모체가 되었다.[49] 미 군정청은 1945년 12월 군사영어학교(Military Language School)를 설립하여 간부 233명을 배출했다. 미 군정청은 1946년 5월 1일 이를 경비사관학교로 개칭하고 1,254명의 장교를 추가로 배출하였는데, 이들이 건군의 주역이 되었다.[50]

1949년 미군이 철수하자 500명 규모의 군사고문단이 잔류하며 미군 무기 사용법, 한국군 편성, 훈련지도 등을 담당했다. 6·25전쟁이 발발하자 미군은 군사고문단을 2,000명 규모로 확대하여 대대급까지 배치하고 작전과 교육훈련지도 업무를 수행토록 했다. 특히 미 군사고문단은 한국군 증강계획수립 업무를 담당했다. 군사고

---

47   국방부 군사편찬연구소, 『한미동맹 60년사』, pp. 210-212.

48   이상철, 『안보와 자주성의 딜레마』, p. 172.

49   차영구·황병무 편저, 『국방정책의 이론과 실제』 (서울: 도서출판 오름, 2004), p. 65.

50   국방부 군사편찬연구소, 『한미동맹 60년사』, p. 33, p. 138.

문단은 1952년 3월 한국군 부대기준표를 작성하여 미 8군사령부에 제출했고, 이는 극동군사령부를 거쳐 미 육군성에 전달되었으며, 아이젠하워 대통령의 최종 승인으로 20개 사단 증강이 이루어졌다. 군사고문단은 학교교육 발전에도 크게 기여했다. 1951년 8월 교육훈련사령부의 창설, 10월 육군사관학교 및 지휘참모대학 설립 등을 군사고문단이 주도함으로써 초급간부 양성에 기여했다.[51]

전후에는 미국의 군사교육지원, 연합연습 및 훈련, 연합작전계획 발전 등을 통해 간접적인 영향을 받았다. 1952~1988년 미국이 한국에 제공한 무상 IMET는 1.7억 달러 규모로 36,416명이 수혜를 받았고,[52] 이후 유상교육으로 전환되어 오늘날까지 이어지고 있다. 미국에서 교육받은 장교들이 군의 주요 직위에 보직됨으로써 한국군의 편성, 교리, 교육훈련 등의 발전에 간접적인 영향을 미쳤다. 1954년 FL 연습이 최초로 실시된 이후 연합연습 및 훈련은 지금까지 지속되고 있다. 또한 1968년 10월 미 8군사령부 내에 한미연합기획참모단이 구성되어 한국군이 한반도 작전계획 발전에 참여한 이후 지금까지 한미는 공동으로 작전계획을 발전시켜왔다. 연합연습 및 훈련과 연합작전계획 발전을 통해 미군은 한국군의 교리와 교육훈련 발전에 간접적인 영향을 미쳐왔다.

⑤ 역내 다자안보협력 촉진

역내 다자안보협력 제도화의 대표적 사례는 한미일 안보협력이다. 한미동맹체제는 한미일 안보협력을 제도화하는 데 결정적으로 기여했다. 일본은 지리적으로 한반도에 인접해 있고 6·25전쟁 동안 유엔군 사령부의 병참기지 역할을 담당했다. 그러나 36년간 일본의 한반도 식민지화로 형성된 한국인의 반일 감정은 한미일 안보협력을 어렵게 했다. 역사문제로 수많은 시행착오를 거듭하면서도 한미일 안보협력을 제도화할 수 있었던 것은 동맹국인 미국의 적극적인 중재가 있었기 때문에 가능했다.

「한미 합의의사록」에 따라 한국군은 유엔군 사령관의 작전통제를 계속 받게 되었

---

51 국방부 군사편찬연구소, 『한미동맹 60년사』, pp. 140-141.
52 이상철, 『안보와 자주성의 딜레마』, p. 169.

고 유엔군 사령부가 일본에 위치한 7개소의 후방기지를 계속 운용함에 따라 한미일 안보협력은 불가피했다. 당시 유엔군사령부는 유엔 안보리의 결의와 정전협정에 따라 ① 북한의 무력공격 격퇴 및 한국 방위, ② 한반도 통일 지원, ③ 정전협정의 유지 및 관리 책임, ④ 한반도 전쟁 발발 시 한반도로 파견되는 유엔 회원국 군대를 수용하여 한국에 제공하는 전력제공자로서 역할을 수행했다.[53] 1978년 한미연합군사령부의 창설로 북한의 무력공격 격퇴 및 한국 방위 역할은 한미연합군사령부로 전환되었지만, 나머지 임무는 여전히 유엔군사령부가 주도적 책임과 권한을 행사함으로써 안보협력의 촉매 역할을 했다.

북한이라는 공동의 위협은 한미일 안보협력을 강화하는 데 결정적으로 기여했다. 특히 북한의 핵·미사일 위협은 한미일 안보협력을 촉진시켰다. 2009년 5월 25일 북한이 2차 핵실험을 하자 5월 30일 한미일 국방장관회담이 처음으로 개최되어 북한의 핵실험을 강하게 비난했다. 2010년 3월 천안함 폭침 사건이 발생하자 6월 5일 한미일 국방장관회담이 다시 개최되어 북한에 대한 비난과 한미일 국방협력의 필요성이 강조되었다. 7월에는 동해에서 실시된 '불굴의 의지' 한미 연합훈련에 일본 자위관이 옵서버로 참가했고, 10월에는 한국 주도 '대량살상무기 확산방지 구상(PSI)' 훈련에 미국·호주 등과 함께 일본이 참가했으며, 12월에 실시된 미일 연합훈련에 한국군이 옵서버로 참가했다.[54]

한미일 안보협력은 2010년 10월 8일 제42차 SCM을 계기로 체결한 '한미 국방협력지침'에서 역내 국가들과 안보협력 촉진을 위해 양자·삼자·다자간 국방협력을 강화할 것을 명시함으로써 제도화되었다. 이를 계기로 한미일 3국은 국방장관회담, 차관보급의 한미일 안보토의(DTT: Defense Trilateral Talks)를 정례적으로 개최하게 되었다.[55]

2014년 12월 29일 한미일 3국은 정보공유약정(TISA: Trilateral Information Sharing Agreement) 체결로 북한의 핵·미사일 위협에 관한 정보를 미국을 통해 교환

---

53 이상철, 『한반도 정전체제』 (서울: 한국국방연구원, 2012), pp. 110-113.

54 조진구, "한미일 안보협력: 현상과 전망", 『한반도 정세: 2022년 평가 및 2023년 전망』 (서울: 경남대 극동문제연구소, 2022), p. 178.

55 임기훈, 『주한미군과 주일미군』, pp. 211-212.

할 수 있게 되었고, 2016년 11월 23일 한일 GSOMIA(General Security of Military Information Agreement) 체결로 한일 간에도 정보교환이 가능하게 되었다. 또한 한미일은 2016년 6·11월과 2017년 1·3월 탄도미사일 정보공유 훈련, 2017년 4월 한미일 대잠훈련 등을 통해 안보협력을 실질적으로 심화시켰다. 그러나 2017년 5월 문재인 정부가 출범하면서 한일 위안부 합의의 무력화, 한국 대법원의 강제 징용 배상 판결 등으로 한일 관계가 악화되면서 정책협의체의 역할은 유명무실해졌고, 한미일 공동 훈련도 중단되었다. 이후 2022년 5월 윤석열 정부가 출범하여 한일 관계 정상화, 3국 정책협의체의 복원 및 활성화, 3국 공동 훈련의 복원 및 강화 노력이 진행되고 있다.[56]

Ⅴ 결론

1953년 10월 1일 체결된 한미상호방위조약은 한반도 방위에 있어서 미국의 안보 지원과 한국의 미군 주둔 여건 보장을 규정한 법적 근거로서 한미동맹체제 발전의 근간이 되어왔다. 한미상호방위조약을 근거로 변화·발전되어온 한미동맹체제는 오늘날 한국 방위와 한반도 안보 상황의 안정적인 관리, 한국군의 전력 증강과 현대화는 물론 역내 평화와 안정의 핵심축으로 기능하고 있다.

한미동맹체제는 북한의 전면전 위협으로부터 한국을 방위함은 물론 휴전 이후부터 2022년까지 3,121회에 걸친 북한의 대남침투 및 국지도발 상황을 안정적으로 관리함으로써 한국의 경제성장과 민주화를 뒷받침했다. 한국이 빠른 압축성장을 달성할 수 있었던 것은 안보 상황의 안정적인 관리로 해외자본 유치가 가능했고, 주한미군의 주둔으로 경감된 국방비를 경제발전에 투입할 수 있었기 때문이다. 한국은 경제발전을 바탕으로 민주화에도 성공하여 오늘날 민주화된 10대 경제부국으로 성장했다.

한미동맹체제는 유·무상원조를 통해 한국군의 전력 증강과 현대화를 견인했다.

---

56 조진구, "한미일 안보협력: 현상과 전망", pp. 181-195.

1955~1960년 기간 중 미국이 제공한 유·무상의 군사원조는 한국 국방비의 76.6%를 차지할 만큼 6·25전쟁 직후 미국의 군사원조는 한국군의 전력 증강에 결정적으로 기여했다. 한미동맹체제 아래에서 한국군은 미국의 첨단 무기체계를 도입하거나 공동 또는 면허개발을 통해 유형 전력을 증강하고, 미국의 선진전략·전술·교리·예규 등을 습득하여 무형전력을 강화함으로써 오늘날 6대 군사 강국으로 성장했다.

그뿐만 아니라 한미동맹체제는 역내 평화와 안정의 핵심축으로도 기능하고 있다. 한반도를 포함한 동북아지역은 주변 4강이 첨예하게 대립하는 지역이다. 힘의 공백이 발생하는 경우 지역 질서를 자국에 유리한 방향으로 끌어가려는 지역 패권국이 등장할 수 있고, 그 과정에서 충돌·갈등으로 불안정성이 증가할 수 있다. 한미동맹체제에 의거 미군이 한반도에 주둔함으로써 힘의 공백을 방지하고 지역안정자 역할을 담당하고 있다.

이처럼 6·25전쟁 휴전협정의 결과물로 탄생한 한미상호방위조약은 지난 70년 동안 한반도 안보의 핵심적 역할을 담당해왔다. 미래에도 이러한 역할은 변함이 없을 것이다. 우리가 한미동맹의 제도화 수준을 더욱 높이고 가꾸어야 하는 이유가 바로 여기에 있다.

참고문헌

1. 국내문헌

국방부 군사편찬연구소.『한미동맹 60년사』. 서울: 국방부 군사편찬연구소, 2013.

국방부 군사편찬연구소.『한 권으로 읽는 6·25전쟁』. 서울: 군사편찬연구소, 2016.

국방부 주한미군기지이전사업단.『주한미군기지 이전 백서: YRP 사업 10년의 발자취』. 서울: 국방부 주한미군기지이전사업단, 2018.

김열수.『한미동맹 70년 한미역사 140년』. 파주: 법문사, 2023.

김일영·조성렬.『주한미군 역사·쟁점·전망』. 파주: 한울, 2003.

대한민국 국방부.『2016 국방백서』. 서울: 국방정책실, 2017.

대한민국 국방부.『2022 국방백서』. 서울: 국방정책실, 2023.

이상철.『안보와 자주성의 딜레마』. 서울: 연경문화사, 2004.

이상철.『한반도 정전체제』. 서울: 한국국방연구원, 2012.

임기훈.『주한미군과 주일미군』. 서울: 플래닛미디어, 2022.

차영구·황병무 편저.『국방정책의 이론과 실제』. 서울: 도서출판 오름, 2004.

한국전략문제연구소.『동북아 전략균형』. 서울: 한국전략문제연구소, 2001.

대한민국 국방부. "주한미군 감축협상 결과 보도자료." 2004년 10월 7일.

이종섭. "워싱턴선언으로 '한국형 확장억제' 완성."『매일경제』. 2023년 5월 1일.

이상택. "북한 군사전략의 역사적 고찰."『군사』. 제112호. 2019.

조진구. "한미일 안보협력: 현상과 전망."『한반도 정세: 2022년 평가 및 2023년 전망』. 서울: 경남대 극동문제연구소, 2022.

2. 해외문헌

Department of Defense, *A Strategic Framework for the Asia Pacific Rim: Looking toward the 21st Century.* Washington D.C.: DoD, 1990.

FRUS. *1952-1954, Korea,* Volume XV, Part 2, Document 942.

Stephen M. Walt, "Why Alliances Endure or Collapse," *Survival,* Vol.39, No.1, 1997.

한미동맹-한국의 기적을 이끈 동력

이미숙

문화일보 논설위원
前) 문화일보 워싱턴 특파원
前) 문화일보 정치·국제부 기자

제4장

한미동맹-한국의 기적을 이끈 동력

Ⅰ 한국의 기적을 만든 한미동맹

한미동맹은 대한민국의 자유와 번영을 지켜온 초석이다. 6·25전쟁 정전협정 중에 논의되기 시작해 1953년 10월 1일 서명된 한미상호방위조약은 전쟁 후 한국이 재건에 나설 힘을 줬다. 미국과 동맹국이 됨으로써 1인당 소득 100달러도 안 됐던 한국은 70여 년 만에 세계 10위 경제대국으로 부상했다. 세계 최강의 민주주의국가인 미국과 동맹을 맺은 덕분에 한국은 빈곤에서 벗어나 일류 선진국으로 올라설 수 있었다.

김일성 북한 주석은 6·25 남침으로 민족적 재앙을 초래했지만, 이승만 대통령은 국가적 위기를 한미상호방위조약 체결 기회로 활용해 국가 발전의 모멘텀을 만들었다. 한미동맹을 통해 한국이 자유민주주의 부국으로 갈 수 있는 로드맵을 만든 지도자인 것이다.

휴전 협상이 한창이던 1953년 6월, 이승만 대통령은 미국과 상호방위조약을 맺어야 김일성의 재침략을 막을 수 있다고 생각했지만, 미국은 관심이 없었다. 당시 드와이트 아이젠하워 대통령은 '휴전협정부터 체결하자.'는 식이었다. 국무부도 "공산 세력이 재남침할 경우 6·25참전국들과 강력한 응징 보복을 한다."는 선언을 발표하는 식으로 때우려는 기류가 강했다.

하지만 그 정도로는 한국을 지킬 수 없다고 본 이승만은 2만 7,000명의 반공포로를 석방하는 충격요법까지 동원하며 배수진을 쳤다. 그 덕분에 7·27 휴전협정 체결 후 한미외교장관이 협상을 시작해 10월 1일 양국 정상이 서명했고 이듬해 11월 상호방위조약이 발효됐다.

허욱 위스콘신대 정치학과 석좌교수가 테렌스 로릭 미국 해군전쟁대 교수와 함께 쓴 '한미동맹의 진화(The evolution of the South Korea-United States alliance)'에는 당시 상황이 이렇게 기록됐다.

"이승만은 휴전 협정에 미군과 유엔군 철수가 포함되어 전쟁을 유발할지도 모른다는 점을 우려했다. 그는 미국의 지속적인 개입을 확보하는 유일한 방법으로 상호방위조약을 생각했지만 한국과 미국의 국력 차이를 고려하면 자신이 이런 목표를 달성하는데 상당한 어려움이 있다는 것을 알았다. 그리고 남한은 동맹에 기여할 것이 많지 않은 처지였다. 이승만은 자신이 취할 수 있는 주요 지렛대 수단 가운데 하나가 휴전 협상의 방해라는 것을 인식하고 더 많은 양보, 특히 미국의 공식적인 안전 보장을 얻어내기 위해 휴전 협상에 대한 자신의 동의를 활용했다."[1]

이승만 대통령은 힘든 외교적 싸움 끝에 '한미상호보호조약'을 체결했는데 조약에는 '당사국 어느 한편이 무력 공격을 받았을 경우 서로 협의하고, 각자의 헌법상 수속에 따라 행동한다(3조)'고 되어 있다. '한 회원국에 대한 공격은 모든 회원국에 대한 공격'이라고 선언한 북대서양조약기구(NATO) 조약보다 훨씬 약한 공약이다. 이승만 대통령이 이에 우려를 표명하자 존 포스터 덜레스 국무장관은 "미국이 즉각적이고 자동적으로 군사적 대응을 할 것"이라고 약속했다.[2] 미국의 자동 개입이 문서로 보장된 게 아니라는 한계가 있지만, 한국이 미국과 상호방위조약을 맺은 이승만 대통령의 탁월한 외교력 덕분이다. 문화일보 이용식 주필이 칼럼 '이승만이 드골보다 위대한 이유'에서 "이승만 대통령의 통찰력 덕분에 70년 전 신의 한수 한미동맹이 이

---

1 허욱·테렌스 로릭 지음, 이대희 역, 『한미동맹의 진화(The evolution of the South Korea-United States alliance)』 (서울: 에코리브르, 2019), p.62.

2 Ibid., p. 64.

뤄졌다"면서 "이승만은 샤를 드골 프랑스 대통령과 함께 세계적 건국 영웅"이라고 주장한 배경이다.[3]

이승만 대통령은 1953년 8월 9일 한미상호방위조약 관련 국민담화에서 "우리나라 독립역사상 가장 귀중한 진전이고 그 영향이 자손만대에 미칠 것"이라고 했는데 그 예측은 적중했다. 6·25 남침으로 대한민국의 산업기반은 완전히 붕괴되고 국력 손실도 컸지만 한미상호방위조약 덕분에 북한의 재남침에 대한 우려 없이 복구의 발판을 마련하면서 경제발전을 이룰 수 있었다.

Ⅱ 조선책략에서 캠프 데이비드까지

청나라 외교관 황준헌은 '내가 생각하는 조선책략'에서 방아연미론(防我聯美論)을 주장하며 "중국을 받들며 일본과 결속하고 미국과 연대하라(親中國 結日本 聯美國)"고 권고했다. 일본주재 청나라 공사관 참찬관이었던 황준헌은 1880년 조선수신사로 일본에 간 김홍집을 만나 필담을 하며 한미수교에 대한 자신의 의견을 개진한 글을 이 글을 전달했다. 황준헌은 김홍집과 필담 때 "오늘날 정세상 일본은 절대 조선을 넘보지 못한다. 그들은 조선과 우호 연립관계를 맺고자 한다."고 했다. 이에 대해 김홍집은 "우리나라는 중국의 30년 전 사대부들과 같아 외국사정을 알지 못한다."고 답했다.[4]

황준헌은 그러자 "조선은 아시아의 요충지여서 그 형세가 반드시 다툼을 가져오게 되어 있다. 오늘날 조선 일방에서 러시아를 막는 일보다 더 급한 일이 없을 것"이라며 거듭 "미국과의 연대를 통한 자강의 길을 추구하라"고 제언했다. 미국과의 수교를 권한 이유에 대해 "남의 나라를 탐내지 않고, 인민을 탐내지 않으며 정치에 관여도 안하는 나라"라면서 "중국과 조약을 맺은 뒤에도 분쟁이 없다."고 했다.

황준헌의 일본과 러시아에 대한 인식은 그럴듯해 보이지만, 러시아에 대해선 과

---

3 이용식, "이승만이 드골보다 위대한 이유,"『문화일보』, 2023년 6월 9일.
4 황준헌 지음, 김승일 편역,『내가 생각하는 조선책략』(파주: 범우사, 2020).

대평가했고 떠오르는 일본에 대해선 과소평가했다. 그런 치명적인 오판이 결국 청의 몰락을 재촉한 것이다. 그러나 미국에 대해선 비교적 올바른 판단을 하면서 조선에 수교를 권한 것은 불행 중 다행이다.

'조선책략'은 형식상 황준헌 개인의 의견처럼 되어 있으나 당시 청나라 실력자 이홍장의 입장인 동시에 청나라의 기본 외교노선이었다. 따라서 당시 청나라가 조선에 미국과의 연대를 제언한 것은 조선을 위한 것이었다기보다 러시아의 한반도 영향력을 줄이기 위한 청나라의 책략이라고 볼 수 있다. '홀연히 나타나 오직 영토 확장에 혈안인 러시아'를 견제하는 수단으로 미국을 끌어들이는 작전을 펴기 위해 조선에 수교를 권한 것이다. 한마디로 미국을 이용해 러시아를 제어하는 일종의 이이제이 전술이었던 셈이다. 김홍집이 조선으로 돌아온 뒤 2년만인 1882년 한미수교는 이뤄졌다. 그러나 조선의 자발적인 외교노력에 의한 것이라기보다 청나라의 권고에 따른 것이어서 수교 후 별다른 관계 진전은 없었다.

이후 한미관계는 대략 70년 단위로 변화 발전해왔다. 수교 후 식민지 시대와 전쟁을 거쳐 1953년 10월 한미상호방위조약을 체결하기까지 70년은 1단계, 상호방위조약 체결 이후 문재인 정부의 동맹갈등 시기까지를 2단계, 그리고 2022년 5월 윤석열 대통령 취임 후 한미관계가 강화되며 2023년 4월 워싱턴선언을 채택한 것을 3단계의 시작으로 볼 수 있다.

한미관계 1단계는 전혀 모르던 두 나라가 수교 이후 관심을 가져가는 과정의 시기로 볼 수 있다. 1882년 한미수교 이후 조선의 내정은 임오군란 등을 거치며 혼미를 거듭했고 조선을 둘러싼 청나라와 일본, 러시아의 각축이 본격화했고, 일본은 1894~1895년 청일전쟁, 1904~1905년 러일전쟁을 통해 한반도에서 우위권을 확보했다. 고종은 미국의 관여를 기대했지만, 미국은 조선에 대해 별 관심을 보이지 않았다. 러일전쟁 후 가쓰라-태프트 밀약에서 드러난 것처럼 당시 미국은 필리핀에 대한 지배권을 인정받는 조건으로 일본이 조선을 보호령으로 만드는 것에 동의했다. 일본의 조선 식민지화 길을 열어준 것이다. 구한말 국권을 잃고 일본의 식민지가 될 때도 동아시아의 가난한 변방국 조선에 관심을 가져준 나라는 없었다.

1945년 8월 15일 해방 이후 일본군을 무장해제하기 위해 미군이 진입한 뒤 3년간 미군정이 실시됐다. 이어 1948년 유엔이 인정한 한반도의 유일 합법 정부로 대한민국 정부 수립이 이뤄졌다. 미군이 군사고문단만 남긴 채 철수한 데 이어 1950년 딘 애치슨 국무장관이 한반도를 방어선에서 제외하는 이른바 애치슨 라인을 발표하자 김일성은 중국의 마오쩌둥과 소련의 이오시프 스탈린을 설득해 6·25전쟁을 감행했다. 미국은 곧바로 유엔 안전보장이사회 소집을 주도해 유엔군 파병을 결정했고, 미군은 유엔군의 일원으로서 국군과 함께 한국의 자유민주주의를 지키기 위해 피를 흘렸다. 대한민국은 1945년 10월 설립된 유엔의 혜택을 가장 많이 본 나라라는 점에서 '유엔의 아들'로 불렸을 정도다. 이후 1953년 7월 27일 휴전협정이 맺어진 뒤 한미상호방위조약이 체결됐다. 1882년 서로 잘 모르는 상태에서 수교를 맺은 뒤 71년 만에 동맹관계를 결성한 것이다.

한미관계 2단계는 한미상호방위조약 체결 후 양국 관계가 일방적 시혜에서 상호 의존 관계, 나아가 안보 경제 동맹으로 거듭난 시기다. 1953년 상호방위조약 체결후 미국은 경제·안보·사회·문화·교육 등 다방면으로 한국을 지원했고 한미동맹은 한국의 비약적 경제성장을 낳는 동력이 됐다.

한국에 대한 미국의 신뢰는 박정희 대통령이 베트남 파병을 결정하는 과정에서 형성된다. 1965년 박정희 대통령과 린든 존슨 대통령의 워싱턴 정상회담은 한국에 대한 미국의 변화된 시각을 실감할 수 있는 자리였다. 언론계 원로인 봉두완 선생은 자서전 '앵커맨의 삶과 꿈'에서 당시 한국일보 특파원으로서 보고 들은 정상회담에 대해 상세하게 기록했다.

이 책에 따르면, 존슨 대통령은 회담에서 한국의 베트남 파병을 늘리기 위해 애를 쓰면서 "한국에 대한 미국 측의 인상이 지금처럼 좋은 적은 없었다."고 운을 떼면서 "우리는 한국에 필수적인 물품의 수입과 개발차관, 기술원조, 그리고 평화 목적의 식량 지원에 대해 돈을 댈 것이고 한국의 안보는 충분한 병력과 예산으로 보장될 것"이라고 약속했다. 박 대통령은 그런 구애를 받고도 병력 증파에 대해선 검토해보겠다는 말만 한 뒤 "한국은 미국의 계속적인 원조를 필요로 한다."고 했다. 봉두완 선생 자서전엔 당시 한미정상회담장 안팎의 기류가 이렇게 기록되어 있다.

"1961년 존. F. 케네디 대통령 때와는 딴판이었다. 그 당시에는 5·16 쿠데타로 정권을 잡은 박 대통령에 대한 의구심이 채 가시기 전이었지만 지금은 달랐다. 존슨 대통령은 베트남 전쟁이 날이 갈수록 점점 수렁텅이로 빠져들고 있고 우방 14개국의 참전을 끌어들이지 않을 수 없는 절체절명의 위기였기 때문이다. 이 와중에 우리나라 대통령이 그 가운데 서 있었다. 존슨 대통령은 무슨 짓을 해서라도 박 대통령을 설득해 용맹스러운 한국군을 베트남전에 투입해야만 하는 정치적 도박판을 벌이고 있었던 것이다. 존슨 대통령은 의전에도 없는 짧은 카퍼레이드를 벌였고, 박 대통령 내외를 영빈관 블레어하우스까지 바래다주는 극진한 대접을 했다. 그때만큼 눈물겹게 한국인으로서 자부심을 느낀 적이 없다."[5]

한국은 1960년대 베트남전에서 미군과 함께 싸우며 신뢰를 발전시켰고, 이후 미국의 지원과 협력 속에서 한국은 경제성장과 함께 민주주의를 달성해 세계 경제 10위권의 강국으로 발돋움했다. 이후 노무현 정부 때 협상이 시작된 한미자유무역협정(FTA)은 이명박 정부 때 타결되어 안보동맹이 경제동맹으로 격상되는 계기를 맞았다. 한미동맹은 군사동맹에서 경제동맹으로 나가며 글로벌동맹으로 도약했다. 양국 간 협력은 북핵 해결 공조에서 첨단기술 협력, 원전 제3국 수출 협력, 우주 및 기후 협력으로까지 확장해왔다.

2022년 5월 윤석열 대통령이 취임하면서 한미관계는 새로운 전환기를 맞았다. 한미동맹이 핵동맹으로 나가는 모멘텀을 얻은 것인데, 윤석열 대통령과 조 바이든 미국 대통령은 2022년 5월 서울 정상회담에서 동맹을 전방위로 확장시킨데 이어 2023년 4월 26일 워싱턴 회담 때 워싱턴선언을 채택함으로써 군사동맹을 핵에 기반한 동맹으로 업그레이드시켰다.

육군 중장 출신인 신원식 국방부 장관은 워싱턴선언 발표 직후 페이스북에 올린 글에서 "제2의 한미상호방위조약이라고 해도 손색이 없다."고 했다. 국민의힘 의원으로서 국회 국방위원회 여당 간사를 지낸 신원식 장관은 워싱턴선언에 대해 "미국이 특정 국가와 핵 자산 정보 및 기획, 실행을 공유하고 논의키로 구체화한 최초의 문서"라면서 "한미 양국을 '핵 파트너'로 만든 워싱턴선언은 한국의 지속가능한 평화와 번영을 보장하는 사실상의 '제2의 한미상호방위조약'"이라고 말했다. 전성훈 전

---

5   봉두완, 『앵커맨의 삶과 꿈』 (파주: 나남출판, 2022), pp. 167-168.

통일연구원장도 최종현 학술원 주최 '워싱턴선언과 한미동맹의 미래' 세미나 주제 발표에서 "워싱턴선언은 한미동맹을 핵동맹으로 격상시킨 제2의 한미상호방위조약"이라고 평가했다.[6] 워싱턴선언으로 한미 양국은 글로벌 안보 파트너에서 핵동맹의 파트너로 새로운 발전 모멘텀을 얻고 있는 것이다.

나아가 윤석열 대통령과 조 바이든 미국대통령, 기시다 후미오 일본 총리는 2023년 8월 18일 미국 캠프 데이비드에서 3자 정상회의를 개최해 3국의 안보경제협력에 대한 '캠프 데이비드 원칙'과 '캠프 데이비드 정신(공동성명)', 그리고 '3국 협의에 관한 공약' 등 3개의 문건을 채택했다. 특히 3국 협의 공약엔 '우리의 공동이익과 안보에 영향을 미치는 지역적 도전과 도발, 위협에 대해 3국 차원에서 신속하게 협의하고 대응 조치를 조율한다'는 점이 명시됐다. 북한의 탄도미사일 도발 등이나 중국의 대만 침공 위협 및 남중국해 도발에 대해 한미일 3국이 신속하게 협의하고 대응한다는 뜻이다.

특히, 날로 점증하는 북핵 위협에 대해 한미동맹 차원에서 대응하는 것뿐만 아니라, 일본과도 협의하는 만큼 일본의 정찰 자산 등의 협력을 얻게 될 가능성이 커졌다. 북한의 도발을 저지하기 위한 방어력이 한층 확장된 것이다. 조 바이든 대통령은 정상회의 후 기자회견에서 "어느 한 나라가 위협을 받을 때 대응에 대해 공동 협의한다"고 밝혀 3국이 안보 및 경제 위협에 공동 대응해 나갈 것임을 분명히 했다.

캠프 데이비드 정상회의를 계기로 한미상호방위조약과 미일안전보장조약을 바탕으로 한 동아시아 전략 구도는 70년 만에 새로운 단계로 접어들었다. 3국 정상 및 국가안보실장, 외교·국방·재무·상무 장관이 경제·안보·첨단기술·공급망 등에 대해 정례적 회의를 갖기로 한 것은 모든 현안이 한미일 차원에서 협의된다는 뜻이다. 미국·영국·호주 3자 협의체인 오커스(AUKUS)나 미국·일본·인도·호주 등 4개국 안보협의체인 쿼드(QUAD)에 비해 포괄 영역이 넓고 더 제도화한 협의체다. '준(準)동맹' '동북아의 나토'라는 분석까지 나오는 이유다. 한미동맹은 한미상호방위조약 70년 만에 핵동맹으로, 나아가 한미일 3자협력시대로 진화하게 된 것이다.

---

6 전성훈, "워싱턴선언 평가와 향후 과제", 워싱턴선언과 한미동맹의 미래 세미나 발표, 2023년 8월 4일.

Ⅲ 문재인 정부의 동맹중독론

대영 제국 시대 외교장관과 총리를 지낸 헨리 존 템플(1784~1865)은 동맹의 본질을 꿰뚫는 명언을 남겼다. 작위명인 파머스턴 경으로 더 유명한 그는 동맹에 대해 이렇게 말했다. "우리에게는 영원한 동맹도 영원한 적도 없다. 오직 우리의 국익만이 영원하며 국익에 따르는 것이 우리의 의무다(We have no eternal allies, and we have no perpetual enemies. Our interests are eternal and perpetual, and those interests it is our duty to follow)."

파머스턴 경의 말대로 실제 동맹은 그 자체가 목표는 아니다. 국익을 신장하고 외침으로부터 국가를 보호하기 위한 수단으로 동맹이 필요한 것이다. 또 역사적으로 수많은 동맹관계가 명멸한 것처럼 동맹이 연속적인 것도 아니다. 군사동맹의 수명은 더더욱 짧았지만, 한미동맹은 70년을 넘기면서 계속 발전하고 있다. 동맹 연구자들도 한미동맹은 예외적이고 특이하다는 얘기를 한다.

근세에 이르기까지 동북아의 패권국이었던 중국의 영향권에 놓여 있던 아시아 국가들에게 19~20세기 세계 최강국으로 부상한 미국의 존재는 중국의 존재를 더이상 지정학적 숙명으로 여기지 않아도 된다는 사실을 일깨워줬다. 한국은 2차대전 참전으로 아시아에 대한 관여를 본격화한 미국과 동맹을 맺음으로써 중국의 강력한 자기장을 상쇄시킬 수 있는 길을 열었다. 한미상호방위조약 체결 후 중국의 영향권에서 벗어나면서 자유민주주의와 시장경제, 법치를 바탕으로 세계경제 10위권의 부국으로 발돋움하게 된 것이다.

만약 동맹이 없었으면 어떻게 됐을까? 한미상호방위조약 체결 70주년을 기념해 보다나은미래를위한 반기문재단과 고려대 통일융합연구원이 2023년 7월 3일 공동 주최한 심포지엄에서 주제 발표자인 제성호 중앙대 교수에게 '휴전 후 한미상호방위조약이 없었다면 어떻게 됐을까'라는 질문을 던졌다. 제 교수는 조금도 주저하지 않고 "1950년대에 공산화됐을 것"이라고 단언했다. 미국이 손을 뗀 후 1975년 함락된 남베트남, 2021년 아프가니스탄처럼 한국도 김일성 손아귀에 들어갔을 것이다. 휴전 이후 1971년 남북대화가 시작될 때까지 20여 년간 북한의 무력도발은 7,800건이 넘는다. 안보 불안 상황도 이어졌는데, 1968년 1월 청와대 습격을 위해 남파된 김신조 등 무장 공비 일당이 자하문 부근까지 접근했을 정도다. 청와대까지 진입했다면 박정희 대통령이 무장공비에 의해 시해되는 사건이 발생할 수도 있었던 것이다.

한미상호방위조약은 김일성의 재남침을 막았을 뿐 아니라, 동아시아의 도미노 공산화도 막았다. 한미동맹이 없었다면, 대한민국은 50년대 이미 지도에서 지워져 북한의 일부가 됐을 수 있다. 북베트남에 통합된 남베트남이나, 탈레반이 장악한 아프가니스탄 꼴이 됐을 것이다. 미국이 한국과 동맹을 맺고 1950년대 경제 및 군사 지원을 했기 때문에 대한민국은 경제성장에 매진할 수 있었다.

그런데 문재인 대통령은 북한 김정은과 대화에 집중하면서 시진핑 중국 주석의 중국몽을 칭송하며 한미동맹을 부담스러워 했다. 문재인 정부가 북한과 중국에 공을 들이면서 한미동맹은 후순위로 밀렸고, 설상가상으로 도널드 트럼프 미국 대통령은 동맹을 폄훼하며 돈이 많이 든다는 이유로 주한미군 주둔 등에 대해 회의적으로 언급해 이러다가 한미상호방위조약이 파기되는게 아닌가하는 의구심까지 낳았다.

실제 한미상호방위조약은 어느 한 편이 깨려는 마음을 먹으면 깰 수 있다. 조약 제6조는 "본 조약은 무기한으로 유효하다. 어느 당사국이든지 타 당사국에 통고한 후 1년 후에 본 조약을 종지(終止, 종료)시킬 수 있다(This Treaty shall remain in force indefinitely. Either party may terminate it one year after notice has been given to the other Party)."고 되어 있다. 한미 어느 한쪽에서 상호방위조약을 종료한다는 서한을 보낸 후 1년이 지나면 자동적으로 깨지는 취약한 구조다.

설상가상으로 친정부 학자들은 한미동맹 비판에서 한발 더 나아가 '동맹중독'이란 표현까지 동원해 한미동맹의 기반을 허무는 데 집중했다. 문재인 정부의 통일외교안보 특보인 문정인 연세대 명예교수는 미국 시사주간지 '애틀랜틱'(2018.5.17.) 인터뷰에서 "동맹은 일반적으로 국제관계에서 매우 부자연스러운 상태"면서 "최선은 동맹을 없애는 것"이라고 밝힌 바 있다. 그는 "단기 또는 중기적으로 우리가 동맹에 의존하는 것은 불가피하지만 장기적으로는, 나는 개인적으로 동맹 체제에서 일정한 형태의 다자안보협력체제 형태로 전환할 수 있기를 바란다."면서 이같이 밝혔다.[7]

---

7   Uri Friedman, "A Top Adviser to the South Korean President Questions the U.S. Alliance," May

문정인 특보와 2019년 3월 12일 관훈클럽 토론회에서 동맹 문제를 둘러싸고 설전을 벌인 적이 있다. 그에게 동맹을 왜 부자연스럽다고 보느냐고 질문을 하자 "적이 가까이 없는데 왜 동맹이 있어야 하느냐"면서 다음과 같이 말했다.

"동맹이란 것은 국제정치의 아주 비정상적인 상태(abnormal situation)라고 본다. 우리가 주변에 사이좋고 다 그러면 왜 동맹이 필요한가? 아세안 국가, 저기 동맹이 필요한가? 그렇지 않다."[8]

이에 대해 필자가 "강대국 사이에서 한국이 생존에 필요한 동맹을 통해 세계경제 10위권 국가로 발전했는데 동맹을 비정상이라고 하는 것은 과도한 것 아니냐"고 질문하자 문정인 특보는 "아니다. 그것은 상식이다, 상식. 국가가 주변에 적이 없는 것이 좋은 것이다. 동맹을 위해서 적을 만들어야 하나? 그런 비상식이 어디 있느냐. 그런 지정학적 영향을 바꾸는 것이 외교이고, 그것이 국가가 존재하는 이유"라며 반박했다.

특히, 문정인 특보는 필자의 "개성공단과 금강산관광을 밀어붙이면 한미관계가 어려워지지 않겠느냐"는 질문에 대해서도 다음과 같이 비논리적으로 반박을 했다.

"미국 사람 입장에서 그렇게 볼 수 있어요. 하지만 한국 사람으로서 문재인 정부와 가까운 사람은 다르게 볼 수도 있죠. 왜 이미숙 선생은 미국이 옳고 미국 것을 따라야 한다고 보세요? 미국이 항상 옳은 것 아니죠."[9]

공개적인 토론회장에서 제기된 질문에 대해 비논리적으로 답변하면서 오히려 질

17, 2018, Accessed August 10, 2023, *The Atlantic*, https://www.theatlantic.com/international/archive/2018/05/moon-south-korea-us-alliance/560501/.

8 문정인 통일외교안보 특별보좌관 관훈토론회, "하노이 회담 결렬 극단적 판단 피해야", 『관훈저널』 제151호 (2019), pp. 212-215.

9 문정인 특보 관훈토론회, 위의 글, pp. 186-188.

문이 미국적 관점이라면서 "미국 대변인 같아 보인다."는 모독적 발언까지 했다. 동맹의 생성 배경과 현실적 위상을 언급한 것에 대해 "미국 사람 대변인 같다."고 인신공격을 하는 것은 정상적인 논쟁을 거부하는 마녀사냥식 논리인 것이다.

한발 더 나아가 조국혁신당 국회의원이 된 김준형 한동대 교수는 저서 '영원한 동맹이라는 역설'에서 한국이 미국과의 동맹에 중독된 상태라고 지적하면서 다음과 같이 주장했다.

"70년의 긴 시간 동안 한미동맹은 신화가 되었고 한국은 동맹에 중독되어 왔다. 이는 우리가 처한 분단구조와 열악한 대외 환경 아래서의 불가피한 선택이라는 측면이 있음에도 불구하고 압도적인 상대에 의한 가스라이팅(gaslighting) 현상과 닮아 있다....(중략) 한국은 종합국력이 세계 10위권이고 북한보다 40배의 군사비를 사용하지만 여전히 미국의 도움없이는 생존의 위기를 맞을 것이라는 막연한 공포를 지니고 있다. 그 결과 우리의 국력이나 대외환경의 변화와는 상관없이 안보를 미국에 전적으로 의존하며 합리적이고 자율적인 의사결정을 하지 못하는 상태가 되는 것이다."[10]

한국이 미국과의 동맹상태에 중독되어 합리적인 판단력과 현실감을 잃게 됐고, 그 때문에 북한에 대해 과도한 대결적인 정책을 취하고 있다는 게 주장인데 문재인 정부에서 국립외교원장을 지낸 인물이 이런 생각을 갖고 있다는 게 놀라울 뿐이다. 김준형 교수는 핵무기를 개발한 뒤 대남 핵 협박을 일삼는 북한에 대해선, "가난한 나라이고, 전쟁 수행 능력이 없다."고 말했을 뿐이다. 한미동맹에 대해선 필요 이상의 의심을 하면서, 북한에 대해선, 턱없는 낙관론을 펴는 것이다.

문재인 정부의 외교안보 관련 핵심 인사들이 미국에 대해 '남북화해를 저지하는 방해꾼' 정도로 인식하며 동맹을 비정상으로 규정하는 것은 한미동맹이 이룩해온 과업에 눈감은 채 북한의 선전선동에 귀를 기울이는 것과 다름없다.

미국은 동북아시아의 역외 균형자다. 6·25전쟁 후 한반도에서 전쟁이 다시 발생하지 않았던 것은 주한미군의 존재 덕분이다. 더구나 중국의 경제력이 팽창하고 북

---

10   김준형, 『영원한 동맹이라는 역설: 새로 읽는 한미관계사』 (파주: 창비, 2021), p. 17.

한이 핵을 보유한 상황에서는 더더욱 동맹이 중요하다.

아시아에서 미국의 중요성에 대해선 싱가포르의 국부 리콴유가 일찍이 설파한 바 있다. 헨리 키신저는 '리더십-현대사를 만든 6인의 세계전략 연구'에서 리콴유가 미국에 대해 다음과 같이 생각하고 정책을 입안했다고 평가했다.

"동남아시아를 비롯한 세계의 안보와 발전에 미국이 필수 불가결한 구실을 한다는 생각은 한 번도 바뀌지 않았다.(…) 미국의 힘을 지지하며 미국의 목표를 이해하고 격려해야 하는 것도 중요하지만, 더 나아가 아시아의 안정을 유지하는데 미국을 반드시 끌어들여야 했다. 영국이 떠난 아시아에서 지역의 평형을 해치는 복잡하고 폭력적인 세력들 간 균형을 유지하는 데 미국이 꼭 필요한 존재가 되었다."[11]

또 미국이 아시아에서 책임을 줄인다면 지정학적 균형이 크게 손상될 것이라는 입장을 견지했다.

"지난 전쟁의 공포와 고통을 겪고 이 전쟁의 폐허에서 일본과 신흥공업국과 아세안이 불사조처럼 날아올라 번영하는데 미국이 담당한 구실을 기억하는 우리세대의 아시아인들은 새로운 균형에서 미국이 덜 핵심적인 구실을 해서 세계가 크게 달라진다는 점에 강한 유감을 느낄 것이다."[12]

문재인 대통령이 한국의 평화가 가능토록 해준 미국의 역할에 부담을 느끼며 강력한 한미동맹에서 일탈하려 했던 것과 달리, 리콴유 총리는 미국 덕분에 2차대전 후 아시아에 평화가 왔고, 미국이 존재하는 한 평화와 안정, 번영이 이뤄질 것임을 간파하고 미국과의 관계를 심화하는데 주력했다. 문재인 대통령의 관념적 이상주의는 정권이 끝나기도 전에 파탄이 났고, 리콴유 총리의 냉철한 현실주의 정책은 집권 후에도 빛을 발하고 있다. 싱가포르의 평화와 번영은 미국의 아시아에서 역할을 제대로 이해한 덕분이다.

---

11 Henry Kissinger, 서종민 역, 『헨리 키신저 리더십: 현대사를 만든 6인의 세계 전략 연구』 (서울: 민음사, 2023), pp. 401-402.

12 위의 글, p. 403.

Ⅳ 우크라이나 전쟁이 일깨워준 동맹의 중요성

블라디미르 푸틴 러시아 대통령이 2022년 2월 24일 우크라이나를 침공하면서 탈냉전시대가 막을 내리고 세계는 신냉전시대로 접어들었다. 냉전 이후 공산권 붕괴로 탈냉전 세계화 시대는 중국과 러시아 등 권위주의적 독재국에 대한 견제와 우려보다는 경제적 효율성이 중시된 시대였다. 이념과 체제는 달라도 경제적 이익이 되면 교류와 협력을 강화하던 시대였다.

그러나 우크라이나 전쟁은 권위주의 독재국가는 언제든 이웃 나라를 무력으로 압박하고 침공할 수 있음을 드러냈다. 이후 동맹의 중요성은 더욱더 중요해지는 기류다. 파이낸셜타임스에 따르면, 2차대전 이후 유럽의 중립국으로서 동서 진영과 모두 우호 관계를 유지해오던 오스트리아와 스위스가 중립국 지위 유지에 대해 불안감을 느끼기 시작했다.

러시아와 국경을 맞대고 있는 북유럽의 핀란드와 스웨덴은 오랜 중립국 지위를 털어버리고 북대서양조약기구(NATO) 가입을 결정했다. 2022년 4월 13일 막달레나 안데르손(Magdalena Andersson) 스웨덴 총리와 산나 마린(Sanna Marin) 핀란드 총리는 스톡홀름에서 나토 가입을 위한 공동 기자회견을 했다. 오랫동안 나토 울타리 밖에 있던 스웨덴이 가입 신청을 낸 배경에 대해 안데르손 총리는 "러시아가 우크라이나를 침공한 2월 24일 이전과 이후는 완전히 다른 세상이다. 우리는 무엇이 스웨덴에 최선인지 생각했고 우리의 안보를 위해 이런 결정을 했다."고 말했다. 스웨덴이 200년 가까이 유지된 중립의 역사를 청산하고 나토 가입을 신청한 것은 러시아의 호전성을 견제하기 위해선 나토라는 울타리가 필요하다고 판단했기 때문이다.

핀란드는 2차대전 와중에 소련의 침공을 받아 국토를 8% 이상 빼앗긴 치욕의 과거를 지닌 나라다. 그런데도 우크라이나 전쟁 후 나토의 문을 두드렸다. 러시아에 3번 근무했다는 핀란드 외교관 헬리 하우탈라(Heli Hautala)는 미국 공영라디오 NPR 인터뷰에서 핀란드가 생각하는 중립에 대해 다음과 같이 얘기했다.

"러시아가 우크라이나를 침공한 것은 핀란드에 큰 충격을 줬다. 핀란드는 유럽연합(EU) 회원국이지만 앞으로 어떤 일이 일어날지 두렵다. 러시아는 우리에게 '가입은 자유이나 대가가 따를 것'이라고 협박하며 중립적 지위를 지키라고 요구하고 있다. 그러나 그것은 정확한 표현이 아니다. 핀란드는 소련 붕괴 전 강요된 중립의 위치를 지켜야 했다. 소련과 체결한 친선조약으로 서구와 통합에 한계가 있었다. 그래서 핀란드는 중립을 스스로 선언하며 상황 관리를 해온 것인데 그렇다고 우리가 중립적일 수는 없다. EU 회원국이 되면서 중립의 시대는 종료됐다. 다만 우리는 군사적 비동맹을 견지해온 것뿐이다. 하지만 이제 그마저도 어렵게 됐다. 동맹 밖에 있으면 안보와 안정이 어렵다고 판단해 나토 가입을 결정했다."[13]

우크라이나 전쟁 이후 동맹의 중요성은 더욱 커진다. 동맹이 없는 나라가 어떻게 침공을 당하는지 생생하게 드러났기 때문이다. 우크라이나가 러시아 침공을 당한 것은 동맹이 없기 때문이다. 나토 회원국이었다면 침공할 엄두도 내지 못했을 것이다. 1990년대 소련 붕괴 후 탈냉전시대가 개막되자 동유럽의 폴란드와 체코, 헝가리, 그리고 발트 3국이 나토에 가입한 이유다. 우크라이나도 EU와 나토 가입을 하려다 러시아의 침공을 당한 것이다.

특히 주변 강대국에 나라를 잃는 설움을 당했던 폴란드가 탈냉전기에 접어들어 나토에 가입한 데 이어 미국과의 관계 개선을 위해 눈물겨운 노력을 한 것은 동맹의 중요성을 새삼 느끼게 된다. 폴란드는 나토 회원국이 된 후에도 미국과 동맹 수준의 관계를 맺기 위해 지속적인 노력을 하고 있다. 집단안보체제의 일원임에도 불구하고 미국과 더 특별한 관계를 필요로 하는 것이다.

폴란드는 한미동맹을 부러워하며, 한국처럼 미국의 동맹이 되기 위해 수없이 많은 노력을 기울여왔다. 한국과 폴란드에서 대사로 활동했던 미 외교관 크리스토퍼 힐은 회고록 '미국외교의 최전선(Outpost: Life on the Frontline of American

---

13 John Ringer&Meghna Chakrabarti, "The risks and rationale of expanding NATO," April 28, 2022, Accessed August 1, 2023, *ON POINT*, https://www.wbur.org/onpoint/2022/04/28/how-putins-invasion-of-ukraine-has-pushed-the-nordic-nations-toward-nato.

Diplomacy)'에서 "국가 생존을 위해선 영토 야욕이 없는 멀리 떨어진 강대국과의 동맹이 필요하다."고 밝힌 바 있는데 폴란드는 이를 실현하기 위해 미국에 다가가는 눈물겨운 노력을 했다. 2003년 미국이 이슬람 극단주의 테러조직 알카에다로부터 공격을 받았을 때 폴란드는 제일 먼저 추모 촛불 집회를 열고 부상 미국인들을 위한 헌혈을 제안했다. 2001년 9·11테러 당시 주 폴란드 미국대사였던 힐은 '미국 외교의 최전선'에서 다음과 같이 썼다.

"9·11테러는 유럽 시간으로 오후 3시에 발생했는데 4시부터 대사관 정문 앞 거리에 시민들이 손에 촛불과 꽃을 들고 모여 추모행사를 지속했고, 폴란드 정부는 뉴욕시에 혈액 제공을 제안하며 무엇이든 필요한 것을 돕겠다고 밝혔다."[14]

폴란드는 2003년 당시 조지. W. 부시 대통령이 이라크 침공을 준비하며 자유이라크군(FIF)을 훈련시킬 때 기지를 제공했고 이라크 침공 직후 해양 원유시설 장악 작전 때엔 특공 대원을 파견하기도 했다. 러시아가 2014년 크림반도를 무력으로 장악한 뒤엔 더 적극적으로 대미 구애를 했다. 모든 것을 돈으로 계산하는 도널드 트럼프 대통령 때에는 '미군 주둔을 위해 돈을 낼 수도 있다'며 유혹 작전을 펴기도 했다.

폴란드의 열망은 2023년 3월 21일 일부 현실화됐다. 나토 동부 최전선인 포즈난에 첫 미군 영구 주둔기지 캠프 코시치우슈코가 문을 열었다. 마리우시 브와슈차크 폴란드 국방장관 마크 브레진스키 주폴란드 미국 대사는 이에 "폴란드가 원하는 한 계속 머무를 것"이라고 화답했다. 폴란드에는 약 1만 명의 미군이 순환 배치 형태로 주둔했는데 우크라이나 전쟁 후 미국은 영구 주둔을 결정했다. 러시아에 맞서는 서방의 최전선으로서 우크라이나를 지원하는 중심 역할을 해온 점이 높이 평가된 것이다.

미 육군 제5군단의 폴란드 본부인 이 기지는 폴란드에서 순환 근무하는 1만여 미군에 각종 서비스를 제공하는데 작지만 중요한 군 사령부가 설치됨으로써 폴란드인들의 꿈이 1단계 실현된 것이다. 미국 퓨 리서치 센터(Pew Research Center)의 2023년 조사에 따르면, 폴란드인의 대미 호감도는 93%로 조사 대상인 주요 23개국 중 1

---

14 Christopher R. Hill, 이미숙 역, 『크리스토퍼 힐 회고록 : 미국 외교의 최전선』 (서울: 메디치미디어, 2015).

위이고 한국은 2위다. 폴란드는 지난해에도 퓨 리서치 조사에서 대미 호감도 91%로 1위였다. 러시아의 우크라이나 침공 후 폴란드의 미국 사랑은 더 강해진 것을 알 수 있다.

V 제임스 매티스의 동맹론

도널드 트럼프 행정부의 첫 펜타곤 수장인 제임스 매티스 국방부 장관은 동맹의 의미를 가르쳐주고, 동맹은 어떻게 행동해야 하는가 보여준 지도자다. 2017년 2월 2일, 박근혜 대통령 탄핵 논란으로 정국이 극히 혼미하던 무렵 미 해병대 4성 장군 출신 제임스 매티스 장관은 한국을 방문했다. 트럼프 행정부가 출범한 뒤 제일 처음으로 해외 방문에 나선 각료의 첫 방문국이 한국이었던 것이다.

미국이 대서양동맹을 중시하는 만큼 영국이나 독일 등 나토의 핵심국을 방문하거나, 아시아에서 미일동맹을 첫 손에 꼽는다는 얘기가 있는 만큼 일본을 먼저 찾을 만한데, 매티스 장관은 의외로 한국을 택했다.

당시 청와대 국가안보실 고위 관계자는 "미국이 한반도 상황을 그만큼 엄중하게 보고 있음을 보여준 신호"라고 회고했다.[15] 북핵 위기에 대통령 탄핵 사태까지 맞은 한국인들에게 "어떤 경우에도 한국과 함께할 것"이라는 메시지를 주기 위해, 그리고 북한 김정은에게는 경거망동을 하지 말라는 경고를 하기 위해 한국을 찾았다는 것이다.

이 고위 관계자는 매티스 장관의 방문이 트럼프가 주장하던 방위비 인상을 관철하기 위한 행보라는 일각의 해석에 대해서도 "미국은 그렇게 즉자적으로 행동하는 나라가 아니다."라고 일축했다. 위기에 빠진 한국을 흔들기보다 안심시키기 위해 서울행을 택했다는 게 그의 일관된 설명이었다. 실제 매티스 장관은 방위비 문제를 꺼내지 않았고, 평택기지를 둘러본 뒤 "평택이 한미동맹의 미래가 될 것"이라는 의미심

---

15 이미숙, "제임스 매티스가 일깨워준 동맹의 가치", 한미동맹재단·주한미군전우회 편, 「한미동맹에 대한 70인의 생각」(2023), pp.135-140.

장한 메시지를 남겼다.

　매티스 장관의 방한 행보를 보면서 '동맹이란 이런 것이구나'하는 생각이 들었다. 동맹의 의미와 가치를 새삼 느꼈다. 1990년대부터 문화일보의 통일부, 외교부, 청와대 출입기자로서 외교안보 이슈를 취재하고 워싱턴 특파원으로 일하는 과정에서 미국의 수많은 각료들을 만났지만, 매티스 장관만큼 진정성이 느껴지는 인사는 많지 않았다. 나라 안팎이 어수선했던 2017년 초봄 매티스 장관이 서울과 평택에서 보여준 모습을 보면서 동맹국 미국에 대한 고마움을 느꼈다.

　특히 그는 트럼프 대통령의 한미 FTA 파기시도와 주한 미군 철수협박도 중단시킨 인물이다. 트럼프 대통령이 집권 첫해 한미 FTA를 파기하려했다는 것은 워싱턴포스트의 원로 저널리스트 밥 우드워드가 2018년 저서 '공포(Fear)'를 펴내면서 알려진 내용이다. 2017년 9월 트럼프는 한미 FTA 파기를 결심하고 서신을 써서 백악관 집무실 책상 위에 두었는데 게리 콘 국가경제위원회(NEC) 위원장이 트럼프의 서명을 막기 위해 이를 치웠다. 편지가 없어진 것을 알고 트럼프는 사위인 재러드 쿠슈너에게 재작성을 지시했고, 콘은 결국 매티스 장관에게 도움을 청했다. 황급히 백악관으로 간 그는 트럼프 대통령에게 "동맹으로서 한국이 필요하기 때문에 한미 FTA는 지속되어야 한다."고 설득했다. 이에 따라 한미 FTA 파기는 없던 일이 됐다. 당시 문재인 대통령은 김정은 북한 국무위원장과의 대화에 집착하며 백악관의 이 같은 기류에 대해선 제대로 파악도 못했다. 매티스 장관은 파기 위기에 몰린 한미 FTA를 살리는 구원투수 역할까지 한 것이다.

　매티스 장관은 트럼프가 주한 미군 철수를 들먹일 때마다 "주한미군은 3차대전을 막기 위한 것"이며 "만약 철수한다면 우리 동맹들이 우리에 대한 신뢰를 잃게 될 것"이라고 말렸다. 일찍이 "한국은 동북아 자유민주주의의 요새"라고 강조해온 매티스 장관이었기에 동맹을 제멋대로 폄훼하고 흔드는 트럼프의 독단을 견제할 수 있었던 것이다.

　박근혜 정부에서 문재인 정부를 거치며, 한미동맹은 수많은 시련을 겪었지만 매티스 같은 동맹 중시론자가 있어 위기는 기회가 됐고 동맹은 더 강해졌다. 그는 국방부 수장에서 물러날 때에도 동맹 걱정을 했다. 그는 2018년 12월 트럼프 대통령에게 전달한 사임 서신에서 "동맹을 존중하고 사악한 적들을 직시해야 한다."고 충고했다. 매티스 장관은 회고록 '콜 사인 카오스(Call Sign Chaos)'에서 "동맹이 있는 나라는 번영하고 동맹이 없는 나라는 쇠락한다."고 썼다.[16] 미국인들에게 주는 메시지인 동시에 한국의 친구들에게 주는 충언이기도 하다.

유일한 슈퍼 파워 미국도 동맹 없이 번창할 수 없는데 걸핏하면 대국주의적 발상으로 한국을 압박하는 중국, 그리고 핵으로 협박하는 북한을 지척에 두고 있는 한국은 두말할 필요가 없다. 탈동맹을 시도하는 순간 한국은 중국의 자기장 속으로 빨려 들어갈 게 뻔하다. 수천 년간 중국 옆의 나라라는 지정학적 위치를 숙명으로 받아들였던 우리나라는 영토적 야욕이 없는 멀리 떨어진 나라 미국과 동맹을 맺은 뒤 자유민주주의와 법치를 통해 국부를 늘리고 국가 위상을 높였다.

한미상호방위조약 이후 지난 70여 년은 동맹과 함께 성공한 역사의 기록이다. 매티스(James Mattis) 장관도 2022년 7월 1일 서울에서 열린 서울 포럼 주최 대담에서 "한미동맹은 다른 모든 나라에 모델이 된다."고 말했다. 중국의 국력이 커지면 커질수록 한국에 대한 중국의 경제적 군사적 압박도 커질 수밖에 없다. 중국의 압력을 이겨낼 수 있는 힘은 한미동맹에서 나온다. 문재인 정부는 친중·반일·반미로 동맹의 원심력을 조장하며 동맹을 비정상으로 몰아붙였고, 심지어 동맹중독이라는 해괴한 논리까지 만들어내는 관변학자들이 있었다. 이제 캠프 데이비드 한미일 정상회의를 계기로 한미동맹은 새로운 3자 안보·경제 협력체 관계로 진화했다. 한미일 3국은 자유민주주의를 대표하는 나라이자, 세계 국내총생산(GDP)의 32%를 차지하는 경제대국이다. 세 나라가 안보·경제·첨단 테크놀로지·원전·우주개발 면에서 협력을 강화해나간다면, 안보 면에서 북한의 핵위협을 저지할 수 있는 강력한 억지력을 갖게 되고, 경제적으로도 새로운 성장 동력을 얻을 수 있다. 과거에 발목 잡혀 미래를 준비하지 못하는 것처럼 멍청한 일은 없다. 한미일 3자 협력체는 과거를 넘어 미래로 가는 새로운 협력을 만들 것이라는 점에서 한미동맹이 워싱턴선언에 이어 새로운 단계로 가는 이정표가 될 것이다.

---

16 Jim Mattis and Bing West, 'Call Sign Chaos-Learnig to Lead' (New York: Random House, 2019).

참고문헌

1. 국내문헌

김준형. 『영원한 동맹이라는 역설: 새로 읽는 한미관계사』. 파주: 창비, 2021.

봉두완. 『앵커맨의 삶과 꿈』. 파주: 나남출판, 2022.

황준헌 지음. 김승일 편역. 『내가 생각하는 조선책략』. 파주: 범우사, 2020.

Christopher R. Hill. 이미숙 역. 『크리스토퍼 힐 회고록: 미국 외교의 최전선』. 서울: 메디치 미디어, 2015.

Henry Kissinger. 서종민 역. 『헨리 키신저 리더십: 현대사를 만든 6인의 세계 전략 연구』. 서울: 민음사, 2023.

문정인 통일외교안보 특별보좌관 관훈토론회, "하노이 회담 결렬 극단적 판단 피해야", 『관훈 저널』, 제151호, 2019.

이용식. "이승만이 드골보다 위대한 이유." 『문화일보』, 2023년 6월 9일.

전성훈. "워싱턴선언 평가와 향후 과제." 워싱턴선언과 한미동맹의 미래 세미나 발표, 2023년 8월 4일.

한미동맹재단·주한미군전우회 편집. 『한미동맹에 대한 70인의 생각』. 2023.

허욱·테렌스 로릭 지음. 이대희 역. 『한미동맹의 진화(The evolution of the South Korea-United States alliance)』. 서울: 에코리브르, 2019, p.62.

2. 외국 문헌

Jim Mattis and Bing West. 'Call Sign Chaos-Learnig to Lead' (New York: Random House 2019).

John Ringer & Meghna Chakrabarti. "The risks and rationale of expanding NATO." April 28, 2022, Accessed August 1st, 2023, ON POINT. https://www.wbur.org/onpoint/2022/04/28/how-putins-invasion-of-ukraine-has-pushed-thenordic-nations-toward-nato.

Uri Friedman. "A Top Adviser to the South Korean President Questions the U.S. Alliance." May 17, 2018, Accessed August 10, 2023. The Atlantic. https://www.theatlantic.com/international/archive/2018/05/moon-south-korea-usalliance/560501/.

제5장

가치동맹을 위한
한미동맹의 현재와 미래 발전 방향

김형진

서울대학교 국가미래전략원 책임연구원

前) 국가안보실 제2차장

前) 주벨기에 유럽연합 대사

가치동맹을 위한 한미동맹의 현재와 미래 발전 방향

Ⅰ 한미동맹의 현재

1 윤 대통령 방미를 계기로 돌아본 한미동맹

윤석열 대통령의 2023년 4월 미국 국빈방문은 여러 가지 의미에서 한미관계의 이정표(milestone)가 되었다. 한미동맹 70주년에 이루어진 이 방문은 한국 대통령으로서는 12년 만의 국빈방문이며 10년 만에 의회 연설 기회를 가졌다. 문재인 대통령의 2021년 5월 미국 방문으로부터 매년 양국 정상의 교차 방문이 이루어진 것이었다.

윤석열 대통령은 미국 방문 기간 중 바이든(Biden) 대통령의 초청으로 영빈관인 블레어 하우스(Blair House)에 투숙하였다. 블레어 하우스는 1950년 6·25전쟁이 발발한 직후 트루먼(Truman) 대통령이 애치슨(Acheson) 국무장관 등과 대책회의를 개최한 곳이었다. 윤 대통령의 방미는 한미동맹의 궤적과 현재, 향후의 협력 과제를 생각해 볼 계기가 되었다.

윤 대통령은 미국 의회 연설에서 한국과 미국에서의 상대국에 대한 인식에 관해 언급하였다. 2022년 시카고 국제문제연구소(Chicago Council on Global Affairs)의 여론조사에 따르면 미국인의 한국에 대한 호감도가 1978년 이후 최고이며 퓨 리서치 센터(Pew Research Center)의 조사에 따르면 2022년 미국에 대한 한국인의 호감도는 89%로서 그 증가폭은 조사대상국 중 가장 크다고 말하였다.

구체적으로 시카고 국제문제연구소 여론조사에 따르면 미국인의 대아시아 동맹 호감도는 0-100 척도에서 호주 74, 일본 66, 한국 61, 대만 60, 인도 54(호주는 2021년, 여타국은 2022년)였다. 한국에 대한 호감도는 1978년 조사 이래 최고로서 최저였던 2006년 44 및 1982년 45보다 많이 높아졌다. 특히 미군기지에 대한 미국인의 지지는 한국 72%, 일본 67%, 호주 56% 순이었다.[1]

특히 미국인의 중국에 대한 호감도는 2020년에 이어 2022년 32로서 조사를 실시한 1978년 이래 최저였는데 최고를 기록한 1986년 53과 비교할 때 큰 격차가 있었다. 중국에 대한 부정적인 인식은 당파를 초월한 것으로 나타나 민주 36, 무당파 33, 공화 24였다. 중국의 영토 야심이 미국의 핵심이익에 중대한 위협이 된다는 인식을 가진 미국인은 52%에 이르렀다.

2022년 미국 여론조사기관 퓨 리서치 센터는 19개국 국민의 미국과 중국에 대한 호감도를 조사하였다. 한국인의 미국에 대한 호감도는 89%로서 19개국 중 2위였으나 중국에 대한 호감도는 19%로서 격차가 70% 포인트에 달하여 19개국 중 최대였다. 일본인의 미국에 대한 호감도는 70%로서 높은 수준이었지만 한국인보다는 낮았으며 중국에 대한 호감도는 12%로서 19개국 중 최저였다. 호감도의 격차는 58% 포인트로서 한국보다 작았다.[2]

한편 폴란드인의 미국에 대한 호감도는 91%로서 19개국 중 최고이나, 중국에 대한 호감도는 28%로서 격차는 63% 포인트였다. 그리스인의 미국에 대한 호감도는 48%, 중국에 대한 호감도는 44%로서 격차는 4% 포인트였고 싱가포르인의 미국에 대한 호감도는 51%, 중국에 대한 호감도는 67%(19개국 중 최고)로서 격차가 -16% 포인트였으며 말레이시아인의 미국에 대한 호감도는 44%, 중국에 대한 호감도는

---

1 Craig Kafura, "American Views of China Remain at Record Lows", *The Chicago Council on Global Affairs,* October 13, 2022.

2 Laura Silver, Christine Huang and Laura Clancy, "Across 19 countries, more people see the U.S. than China favorably – but more see China's influence growing", *Pew Research Center*, June 29, 2022.

60%, 격차는 -16% 포인트(양국이 격차 최저)였다.

이는 한국에서 미국과의 관계를 더 두텁게 하는 데에 대한 여론의 지지가 고르게 있지만 중국과의 협력 관계를 어느 정도 수준으로 유지하는 데에도 여론의 향배를 살피며 세심한 노력을 기울일 필요가 있음을 시사하는 것이었다. 2000년대 초반 반미감정이 커다란 문제가 되던 때에 비하면 많은 차이가 있었다.

② 한미동맹에 대한 인식

자연이 만드는 모든 것 안에 자연은 그것이 어떻게 만들어졌는지를 기록한다고 한다. 바위에는 바위가 어떻게 만들어졌는지의 기록이 있고 인간 안에는 인간이 어떻게 만들어졌는지에 대한 기록이 있다는 것이다.[3] 한미동맹의 현재의 모습은 한미동맹이 어떻게 만들어졌으며 어떻게 발전하여 왔는지를 보여준다. 한미 양국의 현재의 우호 관계에는 깊은 뿌리가 있다.

한미 양국에서 상대국에 대한 인식은 놀라울 정도로 우호적이지만 과거를 돌이켜 보면 이러한 인식에도 기복이 있었다. 다만 미국에 대한 인식은 조선이 미국과 수교를 추진할 당시부터도 매우 우호적이었다. 가치동맹의 씨앗이 있었다고 볼 수 있다. 이러한 인식을 모두 살펴볼 수는 없겠지만 상징적 장면이라고 할 수 있는 시기를 돌이켜 보는 것도 의미를 가질 수 있다.

1882년 4월 6일 조미수호통상조약이 체결되면서 한미 공식관계가 시작되었다. 전권대사 신헌과 전권대사 슈펠트(Robert Wilson Shufeldt)가 14개 조항으로 구성된 조미수호통상조약에 서명하였다. 조선이 서방국가와 체결한 최초의 근대 조약이었다. 청나라의 관여로 우여곡절이 있었지만 주권 국가 간에 체결된 쌍무적인 조약이

---

3   Kazi Khaleed Ashraf, "Taking Place: Landscape in the Architecture of Louis Kahn," *Journal of Architectural Education*, Vol. 61, No. 2 (2007): "...[N]ature records in everything it makes how it was made. This record is also in man and it is this within us that urges us to seek its story involving the laws of the universe, the source of all material and means, and the psyche, the source of all expression, Art."; 김재준, 『다빈치 스쿨』 (서울: 아트라이프, 2023): Louis Kahn, "In everything that nature makes, nature records how it was made. In the rock is a record of the rock. in man is a record of how he was made."

었다. 미국은 공사를 파견하고 조선은 우선 보빙사를 파견하였다.

민영익은 우리나라 역사상 최초의 보빙사로서 1883년부터 1884년에 걸쳐서 미국과 유럽 국가를 방문하였다. 민영익 전권대신은 명성황후의 조카로서 상당한 영향력을 가진 인사이었다. 보빙사(報聘使)는 답례로서 외국에 파견하는 사절단인데 1883년 미국이 파견해온 푸트(Lucius H. Foote) 주한 미국공사의 부임에 대한 답례로 파견한다는 의미가 있었다.

보빙사 민영익은 미국에 대해 강렬한 인상을 받고 돌아왔다. 민영익은 귀국한 이후 1884년 6월 고종에 대한 보고에서 "땅이 넓고 곡식이 많이 생산되며 사람들이 무실(務實)한 고로 상무(商務)가 매우 왕성하여 비할 나라가 없다."고 말하였다. 민영익은 푸트 미국공사를 만나서도 "나는 암흑에서 태어나 광명 속으로 들어가 보았다. 이제 나는 다시 암흑으로 되돌아왔다. 아직 나는 내 길을 똑똑히 볼 수 없지만 곧 볼 수 있기를 바란다."고 말하였다.[4]

사절단은 전권대신 민영익과 부대신 홍영식, 종사관 서광범, 수행원 유길준 등으로 구성되었다. 조선은 미국에 이어 영국 등 서구 국가와 수호조약을 체결함으로써 중국을 중심으로 하는 조공질서에서 벗어나 주체적으로 세계의 일원으로 참여하고자 하였다. 조선이 민영익을 보빙사로 파견해 미국의 정치 제도와 정부 정책 및 국제 정세 동향을 파악하고자 한 배경이었다.

최초의 주미 공사인 박정양은 1887년 9월 23일 고종에게 하직 인사를 하기 위하여 방문하였다. 고종은 "경은 그 나라에 가면 그 나라와 친목과 화해를 도모하는 데 힘쓸 것이며, 일을 논의할 때 모가 나지 않도록 하여 타협을 이루도록 하고, 반드시 견문을 넓히되 우리나라 사정에 관계되는 일이 있으면 즉시 보고를 올리도록 하라. 아울러 우리나라 상민(商民) 가운데 그 나라에 가서 체류하는 자를 보호해주며, 특별히 통상을 일으키는 방도를 강구토록 하여라."라고 말하였다.[5] 지금의 대사들이 대통령에게서 신임장을 받을 때 일어나는 대화와 크게 다르지 않았다.

---

4 한철호, "개화기 관료 지식인의 미국 인식 – 주미 공사관원을 중심으로", 『역사와 현실』, 제58권(2005), pp. 31-62.

5 박정양, 한철호 역, 『미속습유 美俗拾遺』 (서울: 푸른역사, 2018), pp. 21-22.

박정양은 1887년 12월 5일 백악관에서 클리블랜드 대통령에게 신임장을 제정하였다. 박정양은 클리블랜드 대통령에게 큰절을 하고 고종의 국서를 전달하였다. 박정양은 1889년 귀국해 고종에게 복명하는 자리에서 "미국이 부강한 원인은 영토가 광활하거나 재원이 풍부하다는 외형적인 조건보다는 국민 모두가 내수(內修)에 무실(務實)한데 있다"고 보고하였다. 아울러 "이러한 '내수의 무실'은 정부 관리와 국민 전체가 각자 맡은 직무에 충실을 기하는 규모의 주밀(周密)함과 낭비하지 않는 절용(節用)에서 근원한다."고 말하였다.[6]

박정양은 미국 근무 경험을 책으로 정리하였다. 그는 "미국은 여러 사람이 마음을 합하여 만든 나라로 권리가 주인인 백성에게 있어 평민이라도 나라의 일을 자기 일처럼 돌보아 마음과 몸을 다해 극진히 하지 않음이 없다."고 평가하였다. 또 "귀천의 구별이 없고 모든 사람은 태어날 때부터 자주를 얻는데 자주는 누구나 다같이 하늘이 부여한 것이고 귀천존비는 모두 바깥에서 이르는 것이니 바깥에서 이르는 것이 자주를 훼손할 수가 있겠는가."라고 말하였다.[7]

③ 한미상호방위조약 체결

일본에서 해방된 후 분단된 한반도는 6·25전쟁이라는 동족상잔의 고통스러운 비극을 겪었지만 한국은 소중한 우방국들을 갖게 되었다. 참전국들은 거리를 불문하고 자유와 민주주의를 수호하기 위해 병력과 의료부대를 파견하였다. 특히 미국의 파병과 희생은 한국의 자유와 평화를 보호하는 데 지대한 기여를 하였다.

6·25전쟁은 1953년 7월 27일 체결된 정전협정으로 일단락되었다. 휴전회담은 전쟁이 발발한 지 1년여 만인 1951년 7월 10일 유엔군 사령부와 북한군 간 개성에서 시작되었지만 사사건건 충돌하면서 휴회를 되풀이하였다. 이승만 정부는 휴전협정에 반대하면서 한국 국민의 협조를 이끌어내기 위해서는 한미 상호방위조약 체결과 한국군의 증강계획이 추진되어야 한다고 하였다.[8]

---

6 박정양, 위의 책, p. 31.

7 박정양, 위의 책, p. 145.

8 문창극 "한미간의 갈등유형 연구 – 주요 사례를 중심으로", (박사학위 논문: 서울대학교, 1993), p.107.

미국은 애치슨 국무장관이 한미상호방위조약은 미국의 국익에 부합하지 않는다고 하는 등 당초 부정적인 입장을 견지했으나 이승만 정부를 휴전협정으로 끌어오기 위해 이에 동의하였다.[9] 아이젠하워 대통령이 6·25전쟁의 조기 종료를 공약으로 앞세우고 당선된 상황에서 이승만 대통령이 한국군 단독 북진론 등을 내세우며 미국을 설득한 것이 주효하였다.[10]

한미 양국은 1953년 10월 1일 워싱턴에서 상호방위조약을 체결하였다. 변영태 외무장관과 덜레스 국무장관이 서명하였다. 덜레스 국무장관은 한 달 반 전인 8월 8일 한국을 방문하여 이승만 대통령을 예방하고 변영태 장관과 상호방위조약 가조인식을 가진 바 있었다. 한미 상호방위조약은 1954년 11월 18일 발효되었다.

덜레스 장관은 변영태 외무장관과 한미상호방위조약을 서명하는 계기에 다음과 같이 말하며 현재에도 적용되는 한미동맹의 억지 역할을 말하였다.

"이 조약은 굳건하게 평화에 바쳐진 방위조약이다. 그 목적은 공격을 억지하기 위한 것이다. 우리는 쓰라린 경험을 통해 취약함은 공격을 불러오며 평화와 안보의 필수 사항은 우리의 힘을 유지하는 것이라는 것을 알고 있다."

덜레스 장관은 이어서 다음과 같이 말하였다.

"이 조약은 한반도 문제의 해결에 악영향을 미치거나 미리 예단하는 것으로 해석되어서는 안 된다. 이 조약은 양국이 관여될 수 있는 어떠한 국제 분쟁도 평화적 수단으로 해결하며 양국의 국제 관계에서 무력의 위협이나 무력의 사용을 자제하기 위한 조치이다."[11]

---

9 김동연, "'한미상호방위조약'에 관한 연구 – 국가이익의 관점에서", (박사학위 논문: 서울대학교, 1996), p. 53; "'한미 상호방위조약'은 기본적으로 한국에 대한 미국의 국가이익을 저평가했던 미국과 미국에 대한 안보공약을 '존망의 이익' 차원에서 파악했던 한국 측이 협상을 통해 맺은 타협의 산물이라 할 수 있다."

10 박실, 『증보 한국외교비사 – 외교의 인맥, 내막, 갈등』 (서울: 정호출판사, 1984), pp. 244-252.

11 "Statement by the Honorable John Foster Dulles, Secretary of State, on the Signing of the Mutual Defense Treaty between the Republic of Korea and the United States, New York, USA", *The American journal of international law*, Vol.48. S3 (1954), pp.151-152: "This treaty is a defense treaty firmly dedicated to peace. Its purpose is to

덜레스 장관은 지금까지 이어지는 한미동맹의 정신을 말하였다. 한미동맹은 굳건하게 평화에 바쳐진 방위조약으로서 공격을 억지하기 위한 것이다. 양국이 관여될 수 있는 어떠한 분쟁도 평화적 수단으로 해결하기 위한 것이다. 한미상호방위조약은 정전협정, 1954년 11월 17일 교환된 한미합의의사록과 함께 한미관계의 삼위일체를 이루는 합의가 되었다.

Ⅱ 역대 대통령의 미국 의회 연설

1 의회 연설의 의미

한미관계에서 과거와 현재, 미래의 모습을 보여줄 수 있는 것이 있다면 한국 대통령의 미국 의회 연설도 후보일 것이다. 역대 대통령의 미국 의회 연설은 한미관계의 당시 위치와 나아갈 방향을 보여줄 뿐 아니라 한국이 발전해 온 궤적도 보여주었다. 전쟁의 참화 극복, 기적으로도 불리는 경제발전, 고난의 결과로 이룬 민주화, 향후 비전까지 연설에 투영되어 있다.

미국 의회 상·하원 합동회의에서 연설한 한국의 모든 대통령은 일관적으로 한국의 자유와 평화를 피로 지켜준 미국에 대한 감사를 전달하고 그 결과로써 한국이 이룩한 성과를 소개하며 한미 양국이 동반자로서 새로운 시대를 열어나갈 것을 제의하였다. 연설은 한국이 당시 처한 상황과 지향할 목표를 보여주었다. 양국 간의 협력 범위는 주목할 만한 속도로 확대되었다.

---

deter aggression. Bitter experience has taught us that weakness invites aggression, that the requirement of peace and security is the maintenance of our strength."
"In no way can this treaty be construed as prejudicing or prejudging a settlement of the Korean problem. It is an undertaking to settle by peaceful means any international dispute in which the parties may be involved and to refrain in their relations from the threat or use of force."

② 이승만 대통령 연설(영어, 1954.7.28.)

이승만 대통령은 정전협정이 체결된 지 1년 만에 미 의회 연설을 실시한 만큼 아직 6·25전쟁의 영향이 강하게 남아 있었다. 한미 양국의 협력은 한국에서 어떻게 평화를 계속 이어갈 것인지에 초점이 맞추어졌고 이는 냉전이라는 커다란 맥락에서 조망되었다.

이 대통령은 한국 전선의 방어를 위해 또는 피난민과 기타 이재민들의 구호를 위해서 미국이 재정적으로, 군사적으로 그리고 다른 방면으로 보내준 원조는 청산할 수 없는 감사의 채무(unpayable debt of gratitude)가 되었다고 하면서 이 기회에 미국 군인의 어머니들에게 마음속에서 우러나는 깊은 감사를 표시하지 않을 수 없다고 말하였다.

이 대통령은 또한 한국 전선에서는 현명치 못한 휴전으로 말미암아 포화가 잠시 중단되고 일시적인 침묵을 지키고 있지만, 적이 이 기회를 이용하여 무력을 증강하고 있다고 하면서 전 세계 자유인들이 생존할 수 있는 길은 오직 세계의 세력균형을 강렬히 요동시켜서 공산 측에게 불리하게 함으로써 그들이 섬멸무기를 감히 사용하지 못하게 하는 길뿐이라고 제시하였다.

이 대통령은 반공산주의 및 반민주주의 상태의 세계에서는 평화가 회복될 수 없다는 것을 명심해야 한다고 하면서 아세아의 자유를 안정적으로 만들기 위한 미국의 중대 결정이 지금 필요하다고 언급하고 그렇게 되면 유럽과 아프리카, 그리고 미주에 있어서 세계 공산주의 문제는 자동적으로 해결될 것이라고 말하였다.

이 대통령은 미국이 평화를 위해 무엇이든 할 수 있다고 공산주의자들이 생각할 가능성을 경계하고 공산주의자에게 한국이 어떤 행동을 할지도 모른다는 공포심을 주어야 억제가 가능하다는 생각을 갖고 있었다. 닉슨 부통령은 1953년 11월 방한해 이승만 대통령의 이러한 생각을 듣고 추후에도 이를 곰곰이 생각하였는데 노정치가가 현명하였음에 감탄하였다고 하였다.[12]

---

12 박실, 앞의 책, pp. 258-259.

③ 노태우 대통령 연설(영어, 1989.10.18.)

노태우 대통령은 국민의 직접선거로 선출된 대통령으로서 미국이 관심을 가져온 한국 민주주의의 발전을 이야기하며 한미 양국의 협력 범위가 넓어지고 있음을 확인하였다. 또 노 대통령이 연설 마지막에 미래의 한국 대통령에 관해 말한 부분은 34년 후 윤석열 대통령에 의해 이어졌다.

노 대통령은 역사상 처음으로 여야 합의로 헌법을 개정하고 이에 따라 국민의 직접선거로 선출된 대통령으로서 한국의 민주주의 발전을 이야기하고자 한다고 말하였다. 노 대통령은 미국이 한국의 안정과 자유를 지키는 데 결정적인 도움을 주었을 뿐 아니라 미국의 열린 시장이 한국의 발전에 큰 힘이 되었다고 사의를 표명하였다.

노 대통령은 또한 한국이 미국과 함께 "새로운 시대를 함께 여는 전진의 동반자"로서 한반도 주변의 긴장 완화와 미국에게 더욱 중요하게 될 태평양 지역에서 평화와 안정에 더욱 기여하는 나라가 될 것이라고 하면서 연설 말미에 "언젠가 한국의 대통령이 다시 이 자리에 서서 오늘 내가 한 이야기가 내일의 꿈이 아니라 현실이 되고 있다고 말할 날이 올 것"이라고 말하였다.

④ 김영삼 대통령 연설(한국어, 1995.7.26.)

김영삼 대통령은 문민 대통령으로서 한국이 민주주의 발전과 경제 발전이라는 두 가지 목표를 모두 달성하고 있음을 이야기하는 동시에 아태 협력과 한반도 통일까지 나아가는 여정에서 자신감을 피력하였다. 김 대통령은 한미 양국이 "평화와 번영의 동반자"라고 규정하였다.

김 대통령은 한국 국민이 인간의 자유와 존엄을 향한 끈질긴 투쟁 끝에 마침내 문민 민주주의의 새 시대를 열었다고 하면서 민주화와 산업화를 모두 이룩하고 세계로, 미래로 나아가는 한국의 이야기를 전하고자 한다고 말하였다.

김 대통령은 한국 국민은 한미 양국이 '21세기 아태 시대를 향한 협력' 아래 역사의 수레바퀴를 함께 전진시켜 나가려는 희망에 차 있다고 하고 통일 한국을 이루어 미국 국민과 함께 '평화와 번영의 동반자'로서 세계와 인류에 더욱 크게 기여하자는 의지로 충만해 있다고 하면서 이것이 자신이 오늘 미국 의원들에게 전하고자 하는 한국 국민의 메시지라고 연설을 마무리하였다.

⑤ 김대중 대통령 연설(영어, 1998.6.10.)

김대중 대통령은 한국 역사상 최초로 야당 후보로서 정권교체를 이루어 낸 대통령으로서 한국의 민주주의 발전을 이야기할 수 있었다. 이는 죽음의 위기를 벗어나곤 하던 자신의 경험과 어우러졌다. 김 대통령은 북한에 대한 햇볕정책과 외환위기 이후 방대한 개혁을 추진해 나가는 데 있어서 미국의 지원을 요청하였다.

김대중 대통령은 두 번이나 생명을 구해준 당사국인 미국과 자신 사이에 강한 정치적 유대감을 만들어 준 것은 운명이라고 하면서 연설을 시작하였다. 김 대통령은 북한에 대해 "햇볕정책"을 추진해야 한다고 하면서 북한에 대한 경계를 결코 게을리하지는 않겠지만 평화를 위한 기회를 만들어 나가는 데에도 전혀 두려워하지 않을 것이라고 강조하였다.

김 대통령은 한국이 외환위기로 인한 중대한 경제적 어려움을 극복해 나가고자 방대한 개혁을 추진하는데 있어서 외부의 지원, 무엇보다 미국의 아낌없는 지원이 긴요하다고 하면서 미국 의원들의 도움을 요청하였다. 김 대통령은 아시아 각국은 큰 교훈을 배우고 있다고 생각한다며 그것은 민주주의가 없이는 진정한 시장경제가 있을 수 없고 시장경제의 활성화 없이는 세계화 시대의 경쟁력을 갖출 수 없다는 사실이라고 말하였다.

⑥ 이명박 대통령 연설(영어, 2011.10.13.)

이명박 대통령은 야당 후보로서 다시 한번 정권교체를 이루어 낸 한국의 민주주의 발전과 경제 발전을 이야기하면서 한국이 범세계적 문제의 해결을 위한 역할을 담당해 나가고자 한다고 말하였다. 이 대통령 연설 바로 전날 밤 오랜 현안이었던 한미 FTA의 미 의회 비준이 이루어짐으로써 연설은 더욱 힘을 받았다.

이명박 대통령은 한미 FTA가 그 전날 밤 미국 의회를 통과함으로써 한미관계의 새로운 장이 열렸으며 한미관계가 한 단계 높은 차원으로 발전하게 되었다고 말문을 열었다. 이 대통령은 한국이 '빈곤으로부터의 자유'와 '압제로부터의 자유'를 동시에 쟁취하여 성장하는데 미국의 도움과 방위공약이 큰 힘이 되었다고 말하였다.

이 대통령은 한국이 추구해야 할 비전으로 '성숙한 세계국가'를 제시한 것과 같이 한국은 한반도를 넘어 범세계적 문제 해결을 위한 역할을 담당해 나가고자 한다고 말하면서 21세기 세계의 의무와 운명이 다시 한번 우리를 부르고 있는데 항상 그래왔듯이 도전에 맞서 함께 전진해 나가자고 하면서 연설을 마무리 지었다.

⑦ 박근혜 대통령 연설(영어, 2013.5.7.)

박근혜 대통령은 한국과 미국을 통틀어 최초로 선출된 여성 대통령으로서 민주주의가 한 단계 더 발전하였음을 이야기할 수 있었다. 또한, 60주년을 맞고 있는 한미동맹의 장래에 대해 보다 자신감을 갖고 비전과 목표를 제시하였다. 박 대통령은 한미동맹이 "21세기 포괄적 전략동맹"으로 진화하고 있다고 말하였다.

박 대통령은 한미동맹 60주년 기념 공동선언에서 보는 바와 같이 한미동맹은 21세기 포괄적 전략동맹으로 진화하고 있는데 양국이 함께 만들어 나갈 우리의 미래(Our Future Together)를 이야기하고자 한다고 말하였다.

박 대통령은 한미 양국의 3가지 비전과 목표로서 한반도의 평화와 통일기반 구축, 동북아 지역 평화협력 체제 구축, 지구촌의 평화와 번영에 대한 기여를 제시하였다. 박 대통령은 DMZ 내 세계평화공원 조성 등 한반도 신뢰프로세스 추진과 경제 상호의존성 증대에도 불구하고 정치·안보 협력은 미흡한 '아시아 패러독스'를 극복하고 전 인류의 행복에 기여하기를 희망한다고 말하였다.

⑧ 윤석열 대통령 연설(영어, 2023.4.27.)

윤석열 대통령은 또다시 정권교체를 이룬 대통령으로서 한국의 민주주의 발전, 한미동맹이 지금까지 걸어온 길을 말할 수 있었다. BTS에 대한 언급에서 보는 바와 같이 한미 양국의 협력 범위는 안보, 경제는 물론 문화 부문을 포함할 정도로 확대되고 있었다. 윤 대통령은 한미동맹이 세계의 자유와 평화를 만드는 글로벌 동맹으로 발전하였다고 말하였다.

윤 대통령은 한미동맹이 한국의 자유와 평화를 지키고 번영을 일구어온 중심축이라고 하면서 현대 세계사에서 '도움을 받는 나라에서 도움을 주는 나라'로 발돋움한 유일한 사례인 한국은 한미동맹의 성공 그 자체라고 말하였다.

윤 대통령은 백악관에는 BTS가 먼저 갔지만 미 의회에는 다행스럽게도 자신이 먼저 왔다고 하면서 문화 콘텐츠는 양 국민의 국적과 언어의 차이를 넘어 더욱 깊은 이해와 우정을 쌓는 촉매제가 되고 있다고 말하였다.

윤 대통령은 자유는 평화를 만들고 평화는 자유를 지켜준다고 하면서 자유와 평화는 창의와 혁신의 원천이라고 언급했다. 동시에 이는 번영과 풍요를 만들어낸다고 하고 한미동맹은 세계의 자유와 평화를 만드는 글로벌 동맹으로 발전하고 있다고 말하였다.

윤 대통령은 양국은 외교·안보를 넘어 인공지능, 퀀텀, 바이오, 오픈랜 등 첨단 분야의 혁신을 함께 이끌어 나갈 것이라고 하면서 새로운 신세계인 우주와 사이버 공간으로 협력을 확장하며 세계에서 가장 혁신적이고 창의적인 두 기술 강국의 협력은 커다란 시너지 효과를 창출할 수 있을 것이라고 말하였다.

윤 대통령은 34년 전인 1989년 노태우 대통령의 연설 중 미국에게 태평양은 중요하게 되고 한국은 이 지역의 평화와 안정에 더욱 기여하는 나라가 될 것인데 언젠가 한국의 대통령이 이 자리에 서서 오늘 내가 한 이야기가 내일의 꿈이 아니라 현실이 되고 있다고 말할 날이 올 것이라는 부분을 인용하면서 노태우 대통령의 꿈은 이미 현실이 되었다고 말하였다.

⑨ 한국 대통령의 미국 의회 연설이 보여주는 이야기

한국 대통령의 미국 의회 연설은 간헐적으로 이루어지면서 한국 여러 분야의 발전과 한미동맹의 진화를 보여주었다. 1인당 소득 67달러의 전후 최빈국이었던 한국은 세계 10위권의 경제 대국으로 성장하여 한국 대통령이 세계에서 가장 혁신적이고 창의적인 두 기술 강국인 한국과 미국의 협력을 이야기할 수 있는 단계로 발전하였다.

연설의 중점은 북한 문제와 한반도에서 한미동맹의 역할로부터 점차 한미동맹의 지역적, 글로벌 역할, 한미 FTA 등 경제·통상 협력을 넘어 문화 협력, 한국계 의원의 미국 의회 진출 등을 논의하게 되었다. 한국의 역할이 확대되면서 미국과 함께 협력하며 논의할 수 있는 사안이 증대되는 것을 확인할 수 있었다.

한미동맹을 표현하는 말도 '새로운 시대를 함께 여는 전진의 동반자'(노태우), '평화와 번영의 동반자'(김영삼), '한 차원 높은 동반자 관계와 우호관계'(김대중), '가까운 이웃이자 친구이며, 동맹이자 동반자'(이명박), '21세기 포괄적 전략동맹'(박근혜), '자유, 인권, 민주주의라는 보편적 가치로 맺어진 가치동맹'(윤석열) 등으로 변천되어 왔다.

Ⅲ 최근 3차례 정상회담 공동성명

1 정상회담 공동성명의 의의

영국의 시인 윌리엄 블레이크는 200여 년 전 "순수를 꿈꾸며"라는 제목의 시에서 다음과 같이 말하였다. "한 알의 모래 속에서 세계를 보고, 한 송이 들꽃 속에서 천국을 본다. 손바닥 안에 무한을 거머쥐고 순간 속에서 영원을 붙잡는다."[13] 세계를 볼 수 있는 한 알의 모래가 있으며 영원을 붙잡을 수 있는 순간이 있다면 외교에서는 정상회담일 것이다.

정상회담은 양국 관계를 집약해서 보여준다. 과거와 현재를 보여줄 뿐 아니라 앞으로 나아갈 방향을 시사한다. 정상회담의 내용이 모두 공개되는 것은 아니다. 어느 기간 비밀에 부쳐야 할 사항도 있기 때문이다. 다만 공개되지 않는 부분까지 가늠하

---

13 낭만주의 시대 윌리엄 블레이크(William Blake)의 시 "순수를 꿈꾸며" Auguries of Innocence; 장영희, "[장영희의 영미시 산책] 〈39〉 한 알의 모래에서 우주를 보라", 『조선일보』, 2004년 8월 15일, https://www.chosun.com/site/data/html_dir/2004/08/15/2004081570193.html (검색일: 2023년 7월 29일).

게 해주는 문서가 있다. 바로 정상회담 공동성명이다. 공동성명은 정상회담 당시의 스냅 사진이다. 스냅 사진을 연결해서 본다면 동맹이 진화하는 궤적을 볼 수 있다.

윤석열 정부에서 한미관계에 대해 사용한 '글로벌 포괄적 전략동맹' 표현도 한미관계가 진화해 온 궤적을 보여주는 말이다. 북한 문제 등 한반도에만 중점을 두었던 한미동맹의 역할 범위와 협력 사안이 확대되고 있음을 반영하는 것이다. 한미 양국이 함께 하는 관심사가 확대되었을 뿐 아니라 한국이 협력할 수 있는 능력이 신장되었기 때문에 가능하였다.

정상회담 공동성명이 요식 행사나 정상회담 결과 보도 참고자료 정도로 생각되던 때도 있었다. 언론과 국민의 관심이 짧은 기간에 그치곤 하였기 때문에 실무자들도 문안 협상에 열의를 갖기 어려울 때도 있었다. 국익이 충돌하는 관계가 아니기 때문에 오히려 정상회담 공동성명에 합의되어 포함되는 표현에 주의를 기울이지 않았다.

수년 전만 해도 공동성명 유효기간(shelf life)이 어느 정도나 될 것인지를 물으면서 유효기간이 수일에 불과할 공동성명을 위한 문안의 협상에 소요되는 시간이 오히려 더 많다는 견해를 표명하는 인사도 있었다. 이러한 상황은 바뀌었다. 한미관계에 관여하는 여러 부서가 소관 협력을 진척시키기 위해 정상회담을 촉매제로 사용하게 되었기 때문이다.

과거의 정상회담 공동성명을 비교해보면 당시의 한미관계 상황과 향후 협력 방향에 관해 많은 시사점을 얻을 수 있겠지만 여기에서는 최근 3회의 정상회담 공동성명(21.5.21. 워싱턴, 22.5.21. 서울, 23.4.26. 워싱턴)을 비교하기로 한다. 만 2년이 되지 않는 기간에 3회의 한미 정상의 교차 방문이 이루어졌으며 한국에서 행정부 교체가 이루어졌다.

② 정상회담 공동성명 표현의 시사점

한미 간에는 2021년, 2022년, 2023년 매년 정상 교환 방문이 이루어졌다. 문재인 대통령 방미에 이어 바이든 대통령 방한, 윤석열 대통령 국빈 방미가 이어졌다. 우연의 일치처럼 2021년과 2022년의 정상회담은 날짜까지 같았다. 한국에서의 정부 교체가 있었지만 한미 정상회담에는 영향을 미치지 않았다. 한미관계에 대한 양국 국민의 높은 지지를 반영하는 것이었다.

2021년 문재인 대통령은 스가 일본 총리에 이어 바이든 대통령과 회담을 위해 백악관을 방문한 두 번째 외국 정상이었다. 2022년 바이든 대통령은 윤석열 정부가 접수한 첫 외국 정상이었다. 문재인 정부는 한국이 접수할 수 없을 가능성을 알면서도 바이든 대통령의 방한을 초청하고 기본적인 준비를 시작하였다. 2023년 윤석열 대통령은 마크롱 프랑스 대통령에 이어 바이든 대통령이 국빈방문으로 접수한 두 번째 정상이었다.

한미 양국이 릴레이 경기를 하듯이 태그 플레이가 이어졌다. 2021년 문재인 대통령은 바이든 대통령의 방한을 초청하였으며 2022년 바이든 대통령은 방한하여 윤석열 대통령의 미국 방문을 초청하였다. 2023년 윤석열 대통령은 미국을 국빈 방문하여 바이든 대통령의 한국 방문을 다시 초청하였다. 여기에는 한미 양국 내 한미 협력 필요성에 대한 초당적인 인식이 배경에 있었다.

2023년 윤석열 대통령이 바이든 대통령의 권유로 국빈만찬에서 '아메리칸 파이' 노래를 부르고 2021년 문재인 대통령이 바이든 대통령의 권유로 한국전 참전용사 '푸켓'대령과 사진을 함께 찍은 것은 밀접한 양국 동맹 관계를 상징적으로 보여주었다. 윤석열 대통령의 미국 의회 연설 때에는 원주 324 고지전에 참전해 오른쪽 팔과 다리를 잃은 故 윌리엄 웨버(William Weber) 대령의 손녀 데인 웨버(Dayne Weber)가 함께 하여 한미동맹의 깊이를 확인해주었다.

정상회담 공동성명은 우크라이나 전쟁 등 새로운 상황의 전개, 한국의 행정부 교체에 따른 외교정책 뉘앙스의 변화 등을 반영한 차이점도 있었지만 중요한 정책에서는 놀라울 정도의 일관성을 보였으며 심지어 똑같은 표현이 사용된 부분도 있었다. 양국 간의 공동성명은 이어달리기를 하는 것처럼 서로 추동하며 발전시키는 측면이 있었다. 2022년 공동성명은 양 대통령이 동맹의 최근 성과를 깊이 평가하고 바위 같은 기초 위에서 계속 발전시키는 데 공감한다고 하여 이를 분명히 밝혔다.

정확하게 같거나 거의 같은 표현이 사용된 사항에 대해서는 한국 내 초당적 지지를 받는 기초 위에서 기복이 없이 지속적으로 협력이 추진될 수 있음을 시사한다. 한미동맹 강화, 대북정책 공조, 경제안보 관련 협력, 유학생 및 인적교류, 상대국에 거주하는 국민의 역할, 인태지역 협력, 원전 수출 관련 협력 등이다.

다른 표현이 사용된 부분에 대해서는 세심한 노력이 필요할 수 있다. 특히 한국 내의 의견이 통일되지 않은 부분은 정부의 교체에 따른 가변성을 보여주기 때문이다. 그러한 부분이 상대적으로 적기는 하지만 외교정책이 국내정치적으로 문제가 될 수 있음을 보여주는 것이었다. 이는 중국 문제, 북한 인권문제, 인태 문제 관련 협조 등이다.

상황의 전개를 반영한 차이점도 있었다. 2021년에는 바로 전 합의된 다년간 방위비 분담협정에 대한 평가가 있었다. 바이든 행정부가 트럼프 행정부와 달리 동맹을 강탈하지(extort) 않겠다고 밝힌 공약을 반영하는 것이었다. 2021년에는 한국의 미사일 지침 종료 선언을 양국 대통령이 인정한 내용도 있었다. 이는 한국에서 양당이 공히 추진해온 사항이었다.

2021년에는 미국의 2021년 4월 기후변화 정상회의 개최를 환영하며 한국의 2021년 5월 P4G 개최를 기대하는 내용이 있었다. 이는 양국 간 기후변화 관련 협력을 보여주는 것이었다. 2021년에는 양국 간 글로벌 백신 파트너십 합의에 관한 내용도 있었다. 당시 한국 내 최대 관심사가 미국으로부터 얼마나 많은 양의 백신을 확보하는지의 문제였음을 반영하는 것이었다.

2022년에도 코로나19 관련 협력 내용은 이어졌지만 우크라이나 전쟁 관련 협력이 새로이 등장하였다. 이는 러시아의 2022년 2월 24일 우크라이나 침공을 반영한 것이었다. 2023년에는 러시아의 우크라이나 침공을 규탄하는 내용으로 강화되었다. 우크라이나 전쟁 관련 러시아에 대한 제재, 우크라이나에 대한 지원 관련 한미 간 협력을 반영하였다.

2022년에는 민주주의 정상회의 개최에 관한 사항이 포함되었으며 2023년에는 민주주의 정상회의와 나토, G7 정상회의 개최에 관한 사항이 포함되었다. 바이든 대통령이 추진해 온 민주주의 정상회의의 첫 회의가 2021년 말 개최되었으며 2022년 나토 정상회의에 처음으로 인태 4개국의 정상이 초청된 사실을 반영하는 것이었다.

3 한미동맹 표현

3년간 채택된 정상 공동 성명에서 한미동맹이 평화와 안정의 린치핀, 지역과 세계질서 린치핀으로서 양국이 철통같은 연합방위 태세와 협력을 유지한다는 문안은 일관성 있게 유지되었다. 한미동맹의 역할에 대한 양국 내의 확고한 지지를 반영하는 것이었다.

미국의 모든 능력을 사용한 확장억제에 관한 정신도 일관되었다. 다만 2022년에는 확장억제전략협의체(EDSCG)를 재가동하는 내용이 추가되었으며 2023년에는 별도 워싱턴선언도 채택되었다. 한편 전작권 전환과 관련하여 2021, 2022년에는 '조건에 기초한 전작권 전환' 문안이 포함되었으나 2023년에는 삭제되어 한국 내 정부교체에 따른 가변성을 보여주었다.

| 표 5-1 | 한미 공동성명에서 한미동맹 표현 변화

구 분	21.5.21. 공동성명	22.5.21. 공동성명	23.4.26. 공동성명
동맹 표현	평화와 안전의 린치핀 지역과 세계질서의 린치핀	좌동	좌동
의미 부여	파트너십의 새로운 챕터 개시	최근 발전 환영 / 바위같은 기초 위에서 계속 발전	동맹 70주년
동맹 상황	연합방위태세 조건에 기초한 전작권 전환	좌동 좌동	좌동 삭제
확장 억제	전 범위 능력 사용 확장억제	좌동 / EDSCG 재가동 추가	좌동 / 별도 워싱턴선언 채택

4 대북정책 공조 표현

3년간의 정상 공동성명에서 대북정책 공조 관련 한반도의 완전한 비핵화, 국제사회의 안보리 결의 전면 이행, 대북 외교와 대화를 추진하는 내용에는 일관성이 있었다. 미국은 당시의 한국 정부의 대북정책을 지지하는 입장을 일관되게 견지하였다. 미국은 2021년에는 평양 선언, 이후에는 한국 정부의 담대한 구상을 지지하는 입장을 표명하였다.

특히 미국은 2021년에 남북 대화, 연계, 협력을 지지한다고 함으로써 대화에 무

한미동맹: 자유·민주·번영의 가치동맹을 위하여

게를 두었으나 이후에는 교체된 한국 정부 입장을 반영하여 북한 인권 등 보다 강경한 입장에 무게를 두었다. 다만 대북 인도적 지원 추진 관련 사항은 일관되었다. 한미일 협력의 중요성도 일관되었지만 한일 관계의 개선 추세를 반영하여 한미일 협력 표현은 강화되는 추세를 보였다.

2023년의 공동성명에는 자유롭고 평화로운 통일 한반도에 대한 지지가 명기되었다. 이는 한반도의 모든 구성원들을 위해 더 나은 미래를 만들어 나가기로 한다는 부분과 한 문장으로 연결되어 있었다. 통일 한반도에 대한 지지는 2023년 8월 18일 한미일 정상회담 이후 발표된 공동성명인 "캠프 데이비드 정신"에도 포함되었다.

| 표 5-2 | 한미 공동성명에서 대북정책 공조 표현 변화

구 분	21.5.21. 공동성명	22.5.21. 공동성명	23.4.26. 공동성명
북핵 목표	한반도의 완전한 비핵화	좌동	좌동
안보리 결의	국제 사회의 안보리 결의 전면 이행 요구	좌동 북한 미사일 발사 규탄 추가	안보리 결의 위반 대응 북한 핵·미사일 프로그램 규탄
대북 협상	북한과의 외교 탐색 외교와 대화가 필수적	대화의 길 열려 있음	대북 외교공약 재확인
남북 협력	미국, 남북대화·연계·협력 지지	미국은 남북협력 지지	미국, 한국의 담대한 구상의 목표 지지/ 자유평화통일 지지
인권 인도 지원	북한 인권 개선 함께 노력 인도적 지원 제공 공약	북한 인권 상황 심각 우려 대북 인도적 지원 제공 추진	북한 인권 증진 노력 대북 인도적 지원 제공 공약
한미일 협력	한미일 협력의 기본적 중요성 강조	한미일 협력 중요성 강조	공동가치에 따른 한미일 협력

⑤ 인태 협력 표현

한미동맹이 한반도 이상의 범위에서 역할을 하면서 인태지역에 접근한다는 데에는 3년간의 정상 공동성명에 일관성이 있었다. 아세안 중심성과 자유·개방의 인도태평양을 추진하는 데에도 일관성이 있었다. 대만 해협의 평화와 안정 유지의 중요성을 강조하는 데에도 일관성이 있었지만 2023년 일방적 상황 변경에 반대하며 경제적 강압(coercion)에 대처한다는 표현이 추가됨으로써 중국에 대한 대립각이 보다 분명해졌다.

| 표 5-3 | 한미 공동성명에서 인태협력 표현 변화

구 분	21.5.21. 공동성명	22.5.21. 공동성명	23.4.26. 공동성명
인태 협력	한미동맹은 한반도 이상, 인태지역 접근	좌동	한미동맹은 인태 평화와 번영의 린치핀
한미 공조	한국의 신남방 정책과 미국의 자유 개방 인태비전 공조	한국의 인태전략 수립 지지	한국의 인태전략 환영 경제적 강압 대처 협력
아세안	아세안 중심성	좌동	좌동
쿼드	쿼드 포함, 개방·투명·포괄적 지역 다자주의 중요성 인정	미국은 한국의 쿼드 관심 환영	미국은 한국의 글로벌 책임 확대 이니셔티브 찬동
자유개방 인 도태평양	규칙기반 국제질서 위협 반대 포용적 자유개방 인태 유지	자유개방 인태 유지 중요성	좌동
남중국해	남중국해 자유항해·비행 유지	좌동	좌동
대만 해협	대만 해협의 평화·안정 유지 중요성 강조	좌동	좌동 / 일방적인 현상 변동 기도 강력 반대

6 경제·기후 문제 등 협력 표현

한미 FTA의 기반 효과, 5G 및 6G 반도체, 공급망 탄력성 협력, 기후변화 2050 목표 달성 등은 일관성 있게 유지되었다. 우주 협력, 민간 우주 탐사 파트너십, 한국의 아르테미스(Artemis) 약정 서명 등도 계속 유지되었다. 핵심 신기술 파트너십, 외국투자 심사 등도 마찬가지였다. 다만 경제 안보에 대한 관심이 높아지면서 점점 더 구체적 협력 방안이 포함되었다. 2023년 IRA, Chip Act 관련 협력 등이 추가되었다.

2021년 공동성명에는 미국 내 200만 명 이상의 한국인이 거주하고 있으며 한국 내 20만 명 이상의 미국인이 거주함으로써 양국 관계의 저변을 확대하며 확장억제와 동맹의 기반이 됨을 명시하였다. 이는 반복되어 언급되지 않더라도 양국 관계의 단단한 기반이 된다. 2023년 공동성명에는 한미 학생을 각각 2,023명씩 교류함으로써 양국 간 우호 기반을 확대하여 나갈 것임을 포함하였다.

구 분	21.5.21. 공동성명	22.5.21. 공동성명	23.4.26. 공동성명
반도체 등	5G, 6G 반도체 공급망 탄력성 협력	경제에너지안보/방위산업 협력 (NSC간 경제안보대화 출범)	보안이 유지되는 5G, 6G 관련 협력
기후 변화	2030 목표 및 2050 목표 달성 노력	좌동	2050 순제로 공약
FTA	KORUS FTA의 기반 효과	좌동 (FTA 10주년 추가)	좌동
기술	핵심·신기술 파트너십 외국투자 심사	핵심·신기술·사이버안보 협력 좌동	IRA, Chip Act 관련 공동노력 NSA간 핵심·신기술 대화 출범
우주	민간 우주 탐사 파트너십 한국의 Artemis 약정서명 노력	좌동 좌동	우주협력 확대
원자력 발전소	해외 원자력 시장 협력 발전	원자력 에너지 중요성 원전 수출 대상국에 AP 요구	글로벌 민간 원자력 협력 좌동

⑦ 공동성명이 보여주는 변화

정상회담 공동성명의 어느 부분에 포함되든 한반도 문제는 중요했다. 한미동맹의 역할뿐만 아니라 북한의 핵·미사일 프로그램 문제 해결을 포함한 한반도의 장래에 관한 비전이었다. 과거와의 차이는 동맹에서 한국의 역할이 지속적으로 증대되고 있다는 점이었다. 미국에 있어 한국이 일방적인 시혜의 대상이 아니라 서로에게 필요한 존재로 발전하여 왔음을 반영하는 것이었다.

한국은 미국과 평화와 번영을 같이 하는 관계로서 인태지역 평화와 안정, 기후변화, 우크라이나 전쟁을 포함한 국제문제, 신기술 등에서도 미국과 협력을 강화하여 왔다. 한국과 미국은 성장을 함께 창조하며 미국의 기반 과학과 한국의 응용 기술을 결합시키고자 한다. 이는 미국이 새로운 워싱턴 컨센서스를 표방하면서 자유시장에 국가가 개입하는 산업전략을 채택하며 보호주의적인 무역 정책을 가져가고자 하는 상황에서는 더욱 중요하다.

1 변곡점에 선 세계

2023년 6월 국가안보실은 '윤석열 정부의 국가안보전략'을 발표하였다. 국가안보전략의 서문은 다음과 같이 시작하였다. "오늘날 우리는 역사의 변곡점 앞에 서 있습니다. 지금 인류는 역사상 가장 불확실한 미래를 마주하고 있습니다. 세계 곳곳에서 가치와 이념, 국가 간의 이해가 충돌하면서 원칙과 규범에 기반한 국제질서가 흔들리고 있습니다."[14]

세계가 역사의 변곡점에 서 있다는 인식은 주요 국가에서 공유된다. 바이든 대통령은 미국과 세계가 변곡점에 서 있다는 말을 흔히 한다. 미국과 중국 간의 장기적인 관계 재정립이 주요한 이유 중의 하나인데 시진핑 중국 국가주석도 이와 관련 유사한 인식을 표명한다. 세계가 전절점(轉折點)을 지나고 있다고 말하는데 변곡점과 유사한 의미이다.

서울대학교 국가미래전략원은 2023년 4월 한국이 당면한 지·정·경 리스크에 관한 보고서를 발표하였다. 러시아가 우크라이나 전쟁에서 핵무기를 사용할 가능성 등 러시아 리스크, 중국-대만 간 무력 충돌 등 중국 리스크, 7차 핵실험 가능성 등 북한 리스크, 2024년 대선으로 비롯되는 미국 관련 불확실성과 세계 경제의 유동성을 검토하였다.

보고서는 향후 2~3년 내 러시아가 우크라이나 전쟁에서 핵무기를 사용할 가능성을 10%, 중국이 대만을 침공할 가능성을 5%, 북한의 핵실험이나 군사도발 가능성을 35%로 보아 합계 50%에 이르는 것으로 보았다. 한반도를 둘러싼 이러한 지·정·경 리스크 요인은 서로 연계되어 영향을 미친다. 우리의 대책도 한반도 주변 리스크 요인을 종합적으로 감안하여 마련할 필요가 있다.

---

14 국가안보실, "윤석열 정부의 국가안보전략 – 자유, 평화, 번영의 글로벌 중추국가", 2023년 6월 7일.

② 한반도 주변 리스크 대응 관련 한미 간 공조

중국 리스크는 장기간에 걸쳐 영향을 미칠 커다란 문제이다. 최악의 가능성에 대한 대비 차원에서 중국-대만 간 무력 분쟁 발생 시 한미 간 협력 문제를 사전 조율하여 둘 필요가 있다. 또한 중국 경제가 정점을 지났다는 평가가 나오는 상황에서 지속적으로 과도한 중국 의존도를 낮추어가는 노력을 경주할 필요가 있다.

중국의 GDP는 2022년 3% 성장을 기록하여 5.5% 성장 목표에 크게 미달하였다. 인구도 1961년 대기근 이후 60여 년 만에 처음으로 줄어 85만 명이 감소하였다. 중국의 GDP가 미국을 추월할 것으로 예상되는 시점도 계속 연기되고 있으며 결국 추월하지 못할 것이라는 전망도 나온다. 2023년 6월 중국의 청년 실업률은 21.3%로 역대 최고치를 기록하였다.

중국을 최대 교역상대국으로 두고 있는 세계 120여 개국은 중국으로부터 출발하는 불확실성에 대해 주의를 기울이지 않을 수 없다. 공급망의 안정성을 확보하기 위하여 중국에 대한 과도한 수입의존도를 낮추는 노력을 계속 경주하여 갈 필요가 있다. 이는 시간이 걸리는 과정이지만 향후의 취약성을 낮추기 위해서 필요하다.

미국의 바이든 행정부도 출범 초 협력(cooperation), 경쟁(competition), 대치(confrontation)의 3C 정책으로부터 경쟁에 중점을 두는 정책으로 이전하고 있다. 치열한 외교가 동반되는 치열한 경쟁을 추진하는 것이다. 미국은 유럽연합과 같이 중국에 대해 디커플링(decoupling: 탈동조화)이 아니라 디리스킹(derisking: 위험요인 제거)을 제시하고 있다.

중국과의 관계를 향후 어떻게 발전시키는가 하는 것은 어려운 과제이다. 모두에 소개한 미국 퓨 리서치 센터 여론조사의 함의는 우리 국민의 대중국 인식이 특히 젊은 층을 중심으로 매우 악화되어 있어 국익을 지키기 위해 안정된 관계 관리를 하는 데도 노력이 필요하다는 것을 의미한다.

특히 이는 모두에 소개한 시카고 국제문제연구소 여론조사 결과와 같이 미국인의 중국에 대한 호감도가 조사를 실시한 1940년 이래 최저인데다 중국에 대한 미국인의 부정적인 인식이 당파를 초월하며 중국의 영토적 야심이 미국의 핵심이익에 중대한 위협된다는 인식을 갖는 미국인이 과반수에 이르는 상황에서는 더욱 그렇다.

우크라이나-러시아 간 전쟁 관련 한미 간 지속적 조율도 중요하다. 우크라이나 전쟁은 2차 대전 이래 최대 지정학적 지진으로 평가되는데 유라시아 역학 구도에서 지각 변동을 가져올 것이다. 유럽과 러시아, 미국과 러시아 관계 변화는 오랜 기간 영향을 미칠 가능성이 많다. 전통적으로 유럽에 정체성을 두어온 러시아에서 푸틴 대통령이 교체되기 전에는 유럽과의 관계가 회복하기 어려운 장애가 조성될 가능성이 있다.

러시아가 우크라이나 침공을 통해 나토의 동진을 막고자 하였다면 정반대 결과를 낳았다. 나토 가입을 자제해 오던 핀란드와 스웨덴이 동시에 나토 가입을 신청하여 핀란드가 가입한 데 이어 스웨덴이 가입하였다. 푸틴 대통령이 우크라이나의 친러시아 성향을 공고히 하고자 하였다면 이 목적에서도 정반대의 결과를 낳았다.

우크라이나인의 러시아에 대한 반감은 부당한 침공을 당하면서 소중한 가족을 잃은 경험으로 인해 상당 기간 지속될 가능성이 있다. 유럽연합에서의 러시아에 대한 적대감도 지속될 것이다. 유럽연합은 러시아에 대해 안보 위협, 경제협력 대상국, 잠재적 동맹으로까지 대외정책 중 가장 일관성 없는 입장을 가져 왔는데 적대감이 고착화되고 있다.

전쟁이 종료되어도 러시아의 국제사회의 균형자 역할을 기대하기 어려울 것이며 나토의 동진과 우크라이나의 반러시아 성향 강화는 푸틴 대통령이 목표하였던 것과는 정반대의 결과로서 상당 기간 지속될 것이다. 특히 한반도 문제 관련 북중러 간의 반미 연대가 강화되면서 북한의 도발에도 중국과 러시아는 미국 비난 일변도의 입장을 취하는 것도 어려운 문제이다.

북핵 문제 해결을 위한 압박 요소(push factor)가 있지만 유인 요소(pull factor)가 결여된 상황이다. 한미일의 대북 교역 및 지원이 사실상 전무한 상황인 만큼 레버리지가 없다. 우크라이나 전쟁 종료 후에는 러시아가 한반도 문제 관련 특히 비확산 원칙에서 일정 역할을 할 수 있도록 유도할 필요가 있을 수 있음을 감안할 필요가 있다.

북한은 내부 문제를 겪고 있는 것으로 보인다. 인공지능 평가로 140kg의 몸무게가 나가는 김정은 국무위원장이 상징적으로 보여주는 측면이다. 내세울 성과를 가지고 있지 않은 북한의 어려움이다. 북한은 국제사회의 대북 제재가 유지되는 상황에서 코로나19를 막기 위해 과도할 정도로 스스로를 봉쇄한데다 인간이 초래한 자연재

해로 인한 어려움을 겪는다.

북한 위협에 대한 억제와 방어 능력을 강화하는 한편 북한 핵·미사일 프로그램의 진전을 막고 이를 되돌리는 노력을 한미가 긴밀히 공조하여 지속적으로 경주할 필요가 있다. 북한 내 중국의 인민폐 사용 허용에 따른 달러라이제이션 효과가 사라지고 어려움에 봉착하면서 장기적인 변화 가능성에 대해서도 대비하여야 한다.

워싱턴선언을 계기로 미국의 확장억제에 대한 신뢰가 높아지고 한국의 독자 핵무장 필요성에 대한 여론에 변화가 있는 것도 주목할 만하다. 통일연구원이 2023년 6월 5일 발표한 'KINU 통일의식조사 2023: 한국의 핵개발에 대한 여론'에 의하면 한국의 핵보유에 대한 찬성 여론은 60.2%로 줄어드는 추세를 보였다. 2021년 10월 71.3%, 2022년 4월 69.0%와 비교할 때 상당한 하락세를 보여주었다.

특히 독자 핵개발의 경우 수반될 6가지 위기(경제 제재, 한미동맹 파기, 안보위협 심화, 핵개발 비용, 환경파괴, 평화 이미지 상실)를 제시한 후 핵무장에 동의하는 답변은 36~37% 수준으로 하락하였다. 주한미군 주둔과 핵무기 보유 중 택일하라는 질문에 대해 주한미군 49.5%, 핵무기 보유 33.8%로 주한미군을 중시하는 입장을 보였다.

사실 2023년 초 한국의 여론조사까지도 한국의 독자적 핵개발 필요성에 대한 의견이 높았다. 한국갤럽에 의뢰하여 최종현학술원이 2023년 1월 30일 발표한 여론조사 결과에서 독자적 핵개발 필요 여론은 77.6%에 달하였다. 이는 한 해전 2022년 3월 아산정책연구원이 발표한 여론조사 결과에서 자체 핵무장을 지지한 여론 70.2% 보다도 높은 것이었다.

북한에도 메시지가 전달되었다. 북한은 '워싱턴선언'에 대해 격렬한 반응을 보였다. 12년 만에 처음으로 한국 대통령 인형의 화형식을 벌였다. 한미 핵협의 그룹 회의가 개최되는 것을 계기로 확장억제에 관한 한미 간 정교한 계획을 마련하며 국민을 안심시키는 것은 한미 양국의 과제가 되었다. 이와 관련 북한 실상에 대한 정확한 이해도 확산시킬 필요가 있다.

한편 2024년 11월에 실시되는 미국의 대통령 선거와 관련 결과가 무엇이든 미국 국민의 선택을 존중해야 하는 만큼 어떠한 결과에도 대비할 필요성이 있다. 특히 미국 대선은 다수 미국인의 선호로 결정되는 것이 아니라 전체 50개 주의 20%에 불과한 10개 정도의 경합 주 선거 결과로 결정될 가능성이 있어 가변성이 있다. 트럼프

전 대통령은 계속되는 민·형사 기소에도 불구하고 공화당 내 높은 지지도를 유지한다. 미국의 정책 변화 가능성에도 대비해야 하는 이유이다.

유럽에서는 트럼프 전 대통령이 당선되는 경우 나토라는 범대서양 동맹이 영향을 받지 않도록 하는 방안에 대한 논의가 진행 중이다.[15] 트럼프 대통령이 유럽연합을 적으로 규정하고 메르켈 총리를 공개적으로 비난하는 등 미국과 유럽 관계가 어려운 상황에 이르렀던 경험에 기초하는 것이다. 미국만 우선하는 대통령이 안보에 불러올 수 있는 함의를 우려하고 대비하는 것이다.

Ⅴ 결론

한국인의 미국에 대한 인식이 개선된 것은 2000년대 초 반미 감정을 우려하던 때에 비교하면 커다란 변화를 보여주는 것이다. 특히 한미관계에 관한 전반적인 국민들의 지지가 있는 것은 새로운 지정학적 도전에 대응하며 양국 관계를 더욱 두텁게 하는데 도움이 된다. 다만 지속적인 관계 발전을 위해서는 양국 내에서 가능한 한 초당적인 협력을 이루어갈 필요가 있다.

국민대학교의 안드레이 란코프 교수는 한국은 행정부 교체에 따라 대외정책이 180도 바뀌면서 대외정책의 일관성에 대한 의심을 야기한다고 지적하였다.[16] 정도는 다르지만 여러 나라에서 비슷한 상황이다. 전쟁은 다른 수단에 의한 정치의 연장 (War is continuation of politics by other means)이라는 칼 폰 클라우제비츠(Carl von Clausewitz)의 방식으로 말하자면 외교는 다른 수단에 의한 국내정치의 연장이 되고 있는 상황이다.

외교·안보 정책에 관해 초당적인 협력이 쉽지 않은 것이 현실이다. '모든 정치는

---

15 Peter Witting, "How to Trump-Proof the Transatlantic Alliance – First, Europe Must Realize That He Might Return", *Foreign Affairs*, October 6, 2022.

16 안드레이 란코프, "5년마다 대외정책이 180도 바뀌는 나라", 『매일경제』, 2023년 1월 17일, https://www.mk.co.kr/news/contributors/10609902 (검색일: 2023년 8월 5일).

한미동맹: 자유·민주·번영의 가치동맹을 위하여

지방에서 이루어진다(all politics is local)'는 팁 오닐(Tip O'Neill) 전 미국 하원의장 말을 거꾸로 세워서 모든 정치는 중앙에서 이루어지는(all politics is national) 상황이 발생하는 것이 현실이다. 정당 간의 대립이 강한 상황에서 어떠한 사안이든 국가적인 관심사가 되기 쉽다.

윤석열 대통령은 미국 의회 연설에서 미국의 초당적인 지지에 사의를 표명하였다. '한미동맹 70주년 결의'를 채택해준 민주당과 공화당 양당 의원에게 감사하였다. 또한 영 킴(Young Kim), 앤디 킴(Andy Kim), 미셸 스틸(Michelle Steel), 마릴린 스트릭랜드(Marilyn Strickland) 한국계 하원의원 4명을 모두 거명하고 민주당, 공화당에 두 명씩 어느 한쪽으로 치우치지 않아 다행이라고 말했다. 국내에서도 초당적인 노력이 필요하다.

현재는 지정학, 지경학만큼 지기학이 중요하다고 한다. 기술의 중요성을 일컫는 말이다. 미국과 중국 간 치열한 경쟁의 중요한 측면도 첨단 기술을 둘러싼 것이다. 바이든 행정부는 자신들이 강점을 갖는 분야에 투자하는 한편 동맹국, 우방국과의 협력을 통해 중국과 경쟁에 나서겠다는 입장을 내세운다. 투자, 협력, 경쟁으로 요약되는 미중 관계에 대한 입장이다.

고속비행기가 고속비행기의 생산을 돕지는 않지만 고속컴퓨터는 고속컴퓨터의 생산을 돕는다는 말을 통하여 현대 기술 발전의 특성을 이야기한다. 특히 10~20년 후의 유망산업을 아는 것은 불가능한 것이 현실인 상황에서 기술발전에서 가장 앞서 나가는 미국과의 협력을 통해 우리의 인적 자산을 양성하며 창조적인 구상을 장려하며 미국과 협력하는 것이다.

바이든 대통령이 표방하는 '중산층을 위한 외교'는 보호주의적인 측면을 가진다. 이는 2024년 11월 미국 대통령 선거가 다가오면서 민주와 공화, 양당 간 어느 쪽이 미국에 더 많은 일자리를 만들었는가에 맞추어지면서 더욱 강화될 수 있는 측면이다. 미국의 국내정치와 연결되며 보호무역주의 성향의 정책이 자연스럽게 받아들여지는 것이다.

설리번(Sullivan) 국가안보보좌관은 중국과의 경쟁에서 '작은 마당과 높은 담(small yard, high fence)'을 말하면서 소수의 첨단기술을 보호하여 중국과의 격차를 유지하여 나가겠다는 입장을 말한 바 있다. 이는 기술민족주의로도 평가되는데 한국은 미국과 상호이익을 위한 생태계(ecosystem)를 조성하여 번영과 일자리를 함께 만들어 갈 필요가 있다.

정상회담 공동성명에 포함된 사항은 계속 후속 조치와 결과를 점검하면서 이행해 나갈 필요가 있다. 경제안보 관련 협력을 통해 공급망의 취약점을 줄여나가면서 호혜적인 협력을 더욱 확대시킬 필요가 있다. 원전의 제3국 수출 관련 협력도 좋은 예이다. 정상회담 공동성명에 포함된 만큼 한국수력원자력과 웨스팅하우스 간 지적 재산권 문제 타협을 종용하는 등 추진력을 부여할 필요가 있다.

가치 외교를 표방하는 미국도 국익을 지키고자 한다. 인권 문제를 빚은 사우디와 관계를 개선하고 중국에 국무장관, 재무장관 등을 파견한다. 가치와 국익이 모두 필요하다. 가치와 국익이라는 양 날개, 수레의 두 바퀴를 가지고 외교를 추진해 나갈 필요가 있다. 가치가 북극성과 같이 나아갈 지속적인 방향을 제시한다면 국익은 국민에게 구체적인 도움을 주는 것이다.

참고문헌

1. 국내문헌

김재준. 『다빈치 스쿨』. 서울: 아트라이프, 2023.

박실. 『증보 한국외교비사 – 외교의 인맥, 내막, 갈등』. 서울: 정호출판사, 1984.

박정양·한철호 역. 『미속습유 美俗拾遺』. 서울: 푸른역사, 2018.

국가안보실. "윤석열 정부의 국가안보전략 – 자유, 평화, 번영의 글로벌 중추국가." 2023년 6월 7일.

김동연. "'한미상호방위조약'에 관한 연구 – 국가이익의 관점에서." 박사학위 논문: 서울대학교, 1996.

문창극. "한미간의 갈등유형 연구 – 주요 사례를 중심으로." 박사학위 논문: 서울대학교, 1993.

안드레이 란코프. "5년마다 대외정책이 180도 바뀌는 나라." 『매일경제』, 2023년 1월 17일.

장영희. "[장영희의 영미시 산책] 〈39〉 한 알의 모래에서 우주를 보라." 『조선일보』, 2004년 8월 15일 https://www.chosun.com/site/data/html_dir/2004/08/15/200408 1570193.html (검색일: 2023년 7월 29일).

한철호. "개화기 관료 지식인의 미국 인식 – 주미 공사관원을 중심으로." 『역사와 현실』. 제 58권, 2005.

2. 해외문헌

Craig Kafura. "American Views of China Remain at Record Lows." *The Chicago Council on Global Affairs*, October 13, 2022.

Laura Silver, Christine Huang and Laura Clancy, "Across 19 countries, more people see the U.S. than China favorably – but more see China's influence growing." *Pew Research Center*, June 29, 2022.

Kazi Khaleed Ashraf. "Taking Place: Landscape in the Architecture of Louis Kahn." *Journal of Architectural Education*, Vol. 61, No. 2 (2007).

Peter Witting. "How to Trump-Proof the Transatlantic Alliance – First, Europe Must Realize That He Might Return." *Foreign Affairs*, October 6, 2022.

한미동맹과 핵무장

남성욱

서울장학재단 이사장

통일부 통일미래기획위원회 정치군사분과위원회 위원장

고려대학교 통일외교학부 교수

前) 고려대학교 통일융합연구원 원장

前) 민주평화통일자문회의 사무처장

前) 국가안보전략연구원 원장

제6장

한미동맹과 핵무장

① 김일성, 미국의 핵 공격 공포에 핵 개발 박차

우크라이나 전쟁 이후 영화나 소설에 등장하는 핵 버튼 푸시 장면이 푸틴의 입에서 거론되었다. 가상현실이 아니다. 덩달아 김정은의 핵 도박 행보도 빨라지고 있다. 모스크바와 평양의 스트롱맨 행보가 범상치 않다. 블라디미르 푸틴(Vladimir Vladimirovich Putin) 러시아 대통령은 2024년 6월 24년 만에 평양을 방문하여 김정은 위원장과 정상회담을 개최하였다. 선대 지도자 김정일과의 정상회담을 위해 방북하던 2000년과는 상황이 판이하다. 24년이 지난 지금 북한은 사실상의 핵무기 보유국가가 되었고 러시아에 1년 이상 미사일과 탄약을 공급할 정도로 위세가 대단하다. 러시아는 북한의 전략적 가치가 올라감에 따라 북한의 요구를 수용하는 등 대북(對北) 자세를 바꾸었다. 북한으로서는 중러를 등에 업고 한미일에 대응하는 신냉전 구도의 형성에 주력하고 있다. 북러 정상 간 연결고리는 우크라이나 전선에 투하되는 북한의 재래식 무기다. 푸틴이 베이징 다음으로 평양을 찾는 핵심 이유는 지속적인 무기 공급 때문이다. 장기전으로 돌입하는 우크라이나 전선에서 북한제 미사일과 포탄은 러시아군에게 필수 무기가 되었다. 양측이 군사력 확충과 반미 연대를 위한 생존형

138

밀착이다.

우선 북핵 역사를 간단히 살펴보자. 북핵이 국제 문제로 공론화된 시점은 영변 핵 시설이 정찰위성에 포착된 1989년이지만, 김일성이 핵에 관심을 가진 시점은 한국전쟁 당시인 1950년으로 거슬러 올라간다. 1950년 11월 30일 해리 S. 트루먼(Harry S. Truman) 당시 미국 대통령은 "한반도에서 공산군 침략을 저지하기 위해 핵무기를 포함한 모든 무기 사용을 적극 검토하고 있다."라고 발표했다. 더글러스 맥아더(Douglas MacArthur) 유엔군 총사령관이 만주 폭격을 건의한 바로 다음 날이었다. 당시 북한은 미국의 핵 사용 위협을 공갈로 규정하고 핵 위협의 부당성을 성토했다.[1]

그러나 크리스마스 전날 맥아더는 핵 사용을 재차 트루먼에게 요청했다. 원자탄 34발을 북한 전체 지역과 만주, 연해주 등 21개 도시에 투하하자는 의견이었다. 트루먼은 이를 거부했다. 이듬해인 1951년 4월 5일 미국 합참은 중공군이 대규모로 북한 국경 안으로 진입하거나 소련 폭격기의 공격이 시작됐을 경우에만 원자탄을 사용한 보복 공격을 하도록 명령했다.[2]

한국전쟁 당시 미국이 북한에 핵폭격을 할지도 모른다는 두려움을 가졌던 김일성은 1954년 인민군을 재편성하면서 인민군 내에 '핵무기 방위부문'을 설치했다. 1956년 물리학자 30여 명을 소련의 드부나 핵 연구소에 파견한 게 북핵 개발의 효시가 됐다. 1959년 9월 조소(朝蘇) 원자력 협정을 체결하고 핵 개발 정책을 공식 출범했다. 이어 1962년 영변에 원자력 연구소를 설립하고, 김일성종합대학과 김책공과대학에 핵 연구 부문을 창설해 인력 육성에 나섰다. 1965년 6월에는 소련으로부터 IRT-2000 원자로를 도입, 본격적인 핵 연구를 시작했다. 김일성은 1965년 평양을 방문한 조총련 대표단 접견에서 10년 안에 핵을 보유하겠다는 염원을 공식적으로 언급했다.

영변에 원자력 연구소를 설치한 지 44년 만인 2006년부터 2017년까지 북한

---

1 William J. Perry, 정소영 역, 『핵 벼랑을 걷다: 윌리엄 페리 회고록: My Journey at the Nuclear Brink』 (파주: 창비, 2015).

2 Alexander V. Pantsov. 스티븐 L. 레빈 영역, 심규호 역, 『마오쩌둥 평전』 (서울: 민음사, 2017). 이 책은 판초프의 러시아 원저를 레빈이 영역한 『마오(Mao: The Real Story)』를 우리말로 번역한 책. 일종의 중역인 셈이나 영문판을 원저자가 역자와 공저로 출간한 것을 보더라도 원저에 손색이 없는 작품이다.

은 6차례 핵실험을 감행했다. 공식적이지는 않으나 북한은 '사실상의 핵무기 보유국 (substantial nuclear country)'으로 평가된다. 최소 50기에 이르는 핵무기와 투발 수단 인 각종 미사일을 보유한 것으로 알려졌다. 김일성·김정일 집권 기간에 31회, 2012년 김정은 정권 출범 이후 159회, 2022년 한 해에만 10월 9일까지 25회에 걸쳐 핵무기를 탑재할 수 있는 미사일 50발을 시험 발사했다.

3대에 걸친 핵 개발은 할아버지 김일성이 디자인하고 체계를 구축했다. 아버지 김정일 시기인 2006, 2009년 두 차례 핵실험으로 개발 기반을 닦았다. 손자 김정은 집권 이후 2013년, 2016년 1월과 9월, 2017년 등 4차례 핵실험으로 완성 단계를 거쳐 실전 배치 수준에 도달했다. 이처럼 사회주의 정권 70년에 걸친 핵 개발로 북한은 지구상의 9번째 핵클럽 명단에 이름을 올렸다. 기승전 핵(核)이라는 키워드는 북한 대내외 정책에서 대대로 최우선 순위로 자리 잡았다.[3]

북한의 핵 개발은 기술 발전과 함께 국제사회의 제재를 회피하려는 정책적 진화를 계속했다. 당초 북한은 핵 개발이 '방어용'이라는 명분을 천명했다. 2005년 2월 외무성 담화에서 '핵 보유'를 선언한 데 이어 2006년 10월 첫 핵실험 직후 '억제·방어용'으로만 핵을 보유한다는 로키(low-key) 전략을 구사했다. 2012년 김정은 집권 이후에는 수위를 높여 핵 무력을 법제화하는 시도가 이어졌다. 2012년 개정헌법 전문에 '우리 조국은 불패의 핵 보유국'이라고 명시한 데 이어 2013년에 제정한 '자위적 핵 보유법'에는 대남 및 대미 핵 억제전략을 표명했다. 이때까지도 '방어용'이란 명분은 유지했다. 이미 5차례 실험을 진행한 2016년 제7차 당대회에서는 상대가 핵을 사용하지 않는 한 먼저 핵을 사용하지 않는다는 '선제 불사용(no first use)' 원칙을 선언하면서 국제사회의 감시를 피했다.

북한의 핵전략은 김정은 집권 10년을 기점으로 양적 변화의 임계치에 도달하면서 질적 변화를 모색하는 새로운 단계에 진입했다. 질적인 정책 변화의 핵심은 '핵 선제 사용'이다. 2022년 4월 조선인민군 창설 90주년 기념식에서 김정은 위원장은 군복 차림으로 선제 핵 공격 가능이라는 북한판 '핵 독트린'을 선언했다. 9월 추석 연휴를 앞두고는 핵 무력 정책을 법령으로 채택해 파문을 일으켰다.

---

3   한용섭, 『북한 핵의 운명』 (서울: 박영사, 2018).

한미동맹: 자유·민주·번영의 가치동맹을 위하여

② '북한판 핵 독트린' 선언과 비핵화 폐기

모든 정책이 법제화로 완성되는 체계는 북한의 독특한 통치방식이다. 핵심 이익을 수호하지 못하는 5대 상황에 대해서는 핵무기를 선제 사용한다는 핵무력 법제화는 북핵 보유가 정책적·기술적으로 완성됐다는 것을 의미한다. 김정은의 표현대로 100년의 제재에도 비핵화는 불가능할 것일까? 야금야금 목표에 도달한 핵 무력 법제화로 핵무기 보유를 '기정사실화(fait accompli)'한 전략의 저의는 다음과 같다.

첫째, 비핵화 협상은 없다는 것을 대내외에 과시하는 전략이다. 평양은 핵 무력 법제화로 향후 워싱턴과의 협상에서 비핵화는 국내법상 불가하다는 명분을 쌓았다. 핵무기 사용 문턱을 확 낮춤에 따라 비핵화 문턱은 비례해서 높아지는 만큼 중러의 유엔 안보리 거부권으로 형성된 '블록 안보체제(Bloc security)'에서 기존 북핵 협상 프레임은 성과를 거두기가 용이하지 않을 것이다.

둘째, 유엔 대북제재를 무력화하는 전략이다. 북한은 소련의 권유로[4] 1985년 핵비확산조약(NPT)에 서명하고 가입했으나 1992년 국제원자력기구(IAEA)의 사찰에 반발해 NPT 탈퇴를 선언했다가 경수로를 받기로 미국과 합의한 이후 1994년 제네바 합의(Geneva Agreement)로 재가입하는 등 가입과 탈퇴를 반복하다가 2003년 최종 탈퇴를 선언했다. 하지만 처음부터 가입하지 않고 핵을 개발한 인도, 파키스탄과 달리 북한은 NPT에 가입하였기 때문에 규정상 탈퇴가 허용되지 않는다. 국제사회에서 대북제재가 가능한 이유다. 북한은 핵 무력 법령으로 제재를 무력화시키는 조치를 중러의 묵인하에 지속해서 모색할 것이다.[5]

셋째, 핵무기 사용 가능성을 공론화하는 전략이다. 핵무기 선제 사용 5대 조건은 김정은이 결심하면 사실상 먼저 사용(first use)할 수 있는 고무줄 기준이다. 대북 제재가 강화되고 한미의 확장억제 전략이 가동되면 핵무기 사용을 구체적으로 위협하는 시나리오가 전개될 수 있다. 핵무기가 억제 수단에서 공격 수단으로 전환한 냉엄

4　Mikhail Gorbachev, 이기동 역, 『선택』(서울: 프리뷰, 2013); Mikhail Gorbachev, 류광모 편, 『고르바쵸프 연설문집 1』(서울: 교보문고, 1989).

5　김태형, 『인도 파키스탄 분쟁의 이해: 신현실주의 이론으로 바라보는 양국의 핵개발과 안보전략 변화』(서울: 서강대학교 출판부, 2019).

한 현실을 체감하는 양상이 빈번하게 벌어질 수 있다. 핵무기를 언제든지 사용할 수 있다는 미치광이 전략인 '광인 이론(madman theory strategy)'을 구사할 상황을 조성할 수 있다. "우리는 최강의 핵 강국 중 하나, 다른 나라가 개입하면 경험한 적 없는 결과를 초래한다."라는 푸틴의 위협을 벤치마킹할 것이다. 향후 북한의 다양한 핵무기와 투발 수단이 조선중앙TV에서 자주 등장할 것이다.

마지막으로 2022년 10월 16일 중국의 시진핑 3연임을 위한 공산당 20차 전국대표자회의를 앞두고 중국의 압력에 법제화라는 '말 폭탄' 성격의 핵 도발 수위 조절 전술을 구사했다. 중국은 경제위기에 직면한 북한 관리 차원에서 2022년 9월 단둥-신의주 간 교역 열차 운행을 재개했다. 2020년 8월 운행을 중단했다가 경제난이 깊어지자 2022년 1월 운행을 재개했고, 코로나19가 창궐하자 다시 중단했으나 경제난을 극복하려는 북한의 요청으로 다시 운행해 교역 길이 열린 것이다. 열차 운행 재개와 핵 개발 수위 조절 카드로 북중 간 협상이 진행되었다. 북한은 핵무력 법제화를 중국 압박 수단으로 사용한 셈이다.

③ 제재할 것인가 인정할 것인가, 국제사회 딜레마

북한은 그동안 미국 등의 '대북 적대시 정책'으로 안보를 위협받고 있어 핵무기 개발로 전쟁을 억제하고 안전을 지키겠다는 명분을 내세워왔다. 비핵화를 위해서는 경제적 보상 외에 북·미 관계 정상화나 군사적 신뢰 구축, 군비통제 등 북한의 이른바 '안보 우려'를 해소할 정치·외교·군사적 상응 조처가 필요하다는 입장이다. 다만 트럼프와 김정은이 만난 2018년 6월 싱가포르 회담과 2019년 2월 하노이 회담이 노딜(no deal)로 끝난 당시 상황을 살펴볼 때 북한 비핵화의 조건은 경제나 안보 등으로 단순하지 않다. 전체 보유 핵 중에서 최소 절반만이라도 궁극적으로 보유하려는 북한의 야심이 비핵화 협상 자체를 어렵게 할 것이기 때문이다.

김정은은 2022년 9월 8일 최고인민회의 제14기 제7차 회의 시정연설에서 "우리의 핵정책이 바뀌자면 세상이 변해야 하고 조선반도의 정치·군사적 환경이 변해야 한다."며 "절대로 먼저 핵 포기, 비핵화란 없으며 그를 위한 그 어떤 협상도, 그 공정에서 서로 맞바꿀 흥정물도 없다."라고 말했다. 경제적 보상에 따른 비핵화를 수용할 수 없다는 확고한 방침이다. 이어 "나라의 생존권과 국가와 인민의 미래 안전이 달린 자위권을 포기할 우리가 아니다."라며 "그 어떤 극난한 환경에 처한다 해도 미국이 조성해놓은 조선반도의 정치·군사적 형세하에서, 더욱이 핵 적수국인 미국을 전망적으로 견제해야 할 우리로서는 절대로 핵을 포기할 수 없다."라고 주장했다. 또 김정은은 "백날, 천날, 십 년, 백 년 제재를 가해보라."며 "우리의 핵을 놓고 더는 흥정할 수 없게 불퇴의 선을 그어놓은 여기에 핵 무력 정책의 법제화가 가지는 중대한 의의가 있다."고 강조했다.[6]

결국 북한의 기본 입장은 핵 군축일 뿐이다. 부분 비핵화 전략으로 국제사회의 대북 제재 완화와 최대 경제적 지원을 받는 대신에 핵보유국의 당당한 위상을 유지하는 두 마리 토끼 잡기 전략이다. 비핵화 협상의 딜레마이기도 하다. 사실상 평양은 기존 비핵화 협상에서 핵 군축 협상 등 핵 균형(nuclear parity) 전략으로 정책을 전환한 것이다.[7]

상황이 이런데도 우리 사회 일부의 북한 군사력 평가는 무사안일 수준이다. 핵무기는 차치하고 재래식 전력만 놓고 남북한 군사력을 비교해 보자. 북한의 재래식 전력은 그 폐쇄성 때문에 국방부의 『국방백서』와 각국의 군사력 평가기관 보고서 등에서도 정확히 파악하기가 쉽지 않다. 다만 공통적으로 북한의 공군력은 '미흡'하고, 해군력은 '미지수'이며, 육군력은 '강력한' 수준으로 요약된다. 국방부가 발간한 『2022 국방백서』에는 남북한 간 전력 비교가 '정량적'으로 표시돼 있다. 북한군 병력은 2022년 12월 기준 128만여 명으로 한국 50만 명의 2배가 넘는다. 전차는 한국 2,200여 대, 북한 4,300여 대, 전투함정은 한국 90여 척, 북한 420여 척, 전투기는 한국 410여 대, 북한 810여 대다. 황해도 이남에 전투기의 40%가 배치돼 있어 수도권은 5분 이내에 근접한다. 아무리 우리가 보유한 F15, F35 전투기가 우월하더라도 침공 시 수도권 피해는 불가피하다.[8]

---

6 에야 오사무(薏谷 治)·세키가와 나쯔오(關川夏央) 외, 김종우 역, 『김정일의 북한, 내일은 있는가』 (서울: 청정원, 1995).

7 송종환, 『북한 협상행태의 이해』 (서울: 오름, 2002).; Chuck Downs, 송승종 역, 『북한의 협상전략』 (파주: 한울아카데미, 1999).

8 대한민국 국방부, 『국방백서』 (서울: 대한민국 국방부, 2023).

1 남북한 군사력 비교

미국 군사력 평가기관 글로벌파이어파워(GFP)는 '2024년 세계 군사력 순위'에서 한국 5위, 북한 36위로 평가했다. GFP는 재래식 무기 수량만으로 육·해·공군의 잠재적 전쟁 능력을 분석하고, 가용 자원과 경제력 등 50여 가지 지표로 파워 지수를 산출한다.[9] 하지만 우리 사병이 18개월, 북한군이 10년을 근무하는 인적 소프트 파워의 숙련도와 전투 태세 등은 전혀 반영되지 않는다. 또 GFP의 물리적 파워 추정은 북한의 은밀한 무기체계를 전혀 파악하지 못한다. 만포, 강계 등 자강도 북중 국경지대 지하 요새에 숨겨진 각종 무기는 특급비밀이다.

재래식 전력에 최대 60개인 북한 핵무기를 더하면 모든 비교는 무의미해진다. 비대칭 무기인 핵무기의 가공할 위력은 이미 76년 전 일본 열도에서 증명됐다. 그나마 남북한 군사 균형의 린치핀(linchpin) 역할을 하는 주한 미군은 결코 한반도 붙박이 군대가 아니다. 자강불식(自强不息)의 의지가 약해지면 동맹은 언제든지 떠나는 게 냉엄한 국제정치의 현실이다.

눈부시게 진화하는 북한 핵무기에 대한 우리 대응은 역설적으로 무대응 전략이다. 지난 2006년 북한의 1차 핵실험을 시작으로 16년 동안 6차례 핵실험이 이뤄졌으나 실험 후 석 달만 지나면 아무 일도 없었던 것처럼 행동하는 망각 증상이 고착화됐다. 보수 정부는 한미동맹의 확장억제전략, 진보 정부는 북한의 비핵화에 대한 선

---

9 Global Firepower, "2024 World Military Strength Rankings", https://www.globalfirepower.com/ (검색일: 2024년 6월 15일).; Since 2006 GlobalFirepower (GFP) has provided a unique analytical display of data concerning 145 modern military powers. The GFP ranking is based on each nation's potential war-making capability across land, sea, and air fought by conventional means. The results incorporate values related to manpower, equipment, natural resources, finances, and geography represented by 60+ individual factors used in formulating the finalized GFP ranks, providing an interesting glimpse into an increasingly volatile global landscape where war seems all but an inevitability.

의를 신뢰하면서 북핵은 정쟁의 대상으로 전락했을 뿐이다.

1975년 핵확산금지조약(NPT)에 가입한 한국이 북한처럼 핵 개발을 추진하기는 쉽지 않지만, 빨간불이 켜진 핵확산금지조약(NPT)의 국제 핵 공조에만 안보를 의지하는 것도 한계가 있다. 북한의 비핵화가 사실상 어려워지고 추가 7차 핵실험이 이뤄진다면 한미 확장억제에만 의존할 수 있을지도 미지수다. 16년간의 핵실험 역사를 진지하게 따져봐야 한다. 결과적으로 비핵화 협상은 제재를 피하면서 시간도 벌 수 있는 북한의 수단으로 활용돼 왔기 때문이다. "미국과 그 동맹국은 푸틴 러시아 대통령이 우크라이나에서 핵무기를 사용할 경우, 러시아 흑해 함대를 침몰시키는 것을 비롯해 러시아의 병력과 장비를 파괴할 것이다."라며 북대서양조약기구(NATO) 군 최고사령관을 지낸 데이비드 퍼트레이어스(David Petraeus) 전 중앙정보국(CIA) 국장은 푸틴의 핵 사용을 강력히 경고했다. 그는 언론 인터뷰에 "러시아의 핵무기 사용이 미국과 나토를 전쟁에 끌어들일 수 있느냐"라는 질문에 이같이 답하며 미국과 나토의 대응이 필요할 것이라고 시사했다. 그는 2022년 10월 2일 미국 ABC 뉴스 인터뷰에서도 "(러시아가 핵 공격을 할 경우) 방사능이 나토 국가들에 피해를 주게 된다면 이는 아마 나토 회원국에 대한 공격으로 해석될 수 있다."라고 했다. 바야흐로 영화나 소설에서 나올 법한 핵전쟁 시나리오가 구체화하는 모양새다.

② 한미 확장억제 전략의 유용성과 한계

2023년 4월 26일 한미상호방위조약 체결 70주년을 맞아 한미 정상회담에서 채택한 「워싱턴선언」(Washington Declaration)은 한미 정상 차원에서 확장억제 운영 방안을 적시한 최초의 합의 문서이다. 「워싱턴선언」은 크게 세 가지 부분으로 구성되어 있다. 국제비확산체제의 초석인 핵확산금지조약(NPT)상 의무에 대한 한국의 오랜 공약 및 대한민국 정부와 미합중국 정부 간 원자력의 평화적 이용에 관한 협력 협정 준수를 재확인했다. 한미 간 차관보급 상설협의체 「핵협의그룹」(Nuclear Consultative Group, NCG)을 신설했으며 전략핵잠수함의 한국 기항 등 전략자산의 정례적 가시성을 증진했다.

「워싱턴선언」에 따라 창설되는 한미 핵협의그룹(NCG)은 북한 핵·미사일 위협에 대응한 동맹 간 정보 공유, 공동 기획, 공동 실행 체계, 협의 체계를 더욱 강화해 확장억제의 실행력을 높일 것이다. 한미 간 북핵 관련 정보 공유 범위를 확대하고, 모든 북핵 위협 상황에 대비할 수 있도록 맞춤형 억제전략을 가동할 것이다. 또한 정례적으로 확장억제 수단 운용 연습(TTX)과 핵 대응 도상연습(TTS)을 실시하고, 한반도 인근 전략 자산의 전개 빈도와 강도를 확대하여 상시 배치에 준하는 효과를 발휘하도록 할 것이다.

한편 북한은 워싱턴선언에 대해 매우 예민하게 반응했다. 김여정 노동당 부부장은 2023년 4월 한미 정상에 대해서도 최고조의 막말을 쏟아냈다. 김여정은 조 바이든(Joe Biden) 미 대통령의 '정권 종말' 언급을 두고 "미래가 없는 늙은이의 망언"이라고 했고, 윤석열 대통령에 대해선 "미국으로부터 빈껍데기 선언을 배려받고도 감지덕지해하는 그 못난 인간"이라고 비난했다. "가장 적대적이고 침략적인 행동 의지가 반영된 극악한 대조선(대북) 적대시 정책의 집약화된 산물이다. 우리는 핵전쟁 억제력 제고와 특히는 억제력의 제2의 임무에 더 완벽해야 한다는 사실을 다시금 확신했다. 우리로 하여금 상응한 보다 결정적인 행동에 임해야 할 환경을 제공했다. 미국과 남조선의 망상은 앞으로 더욱 강력한 힘의 실체에 직면하게 될 것이다."라는 입장문을 내놓았다.

반대로 워싱턴선언에 대해 야당 등 일부에서는 북한의 핵 위협에 대응에 대해 '속 빈 강정' 혹은 '포장지만 화려하다'고 평가 절하하였다. 일부 언론은 국가안보실에서 핵협의그룹(NCG)의 가동으로 핵 공유처럼 느끼게 될 것이라고 설명하고 백악관에서 핵 공유가 아니라고 반박한 데 대해 비판적인 목소리를 내놓았다. 하지만 워싱턴선언이 구체적 실효성이 없고 기존의 확장억제로 북한을 압박하는 속 빈 강정이라면 왜 북한은 '결정적 행동' 운운하며 반발하는 것일까?

한편으로 일부 핵 개발론자들은 한국이 핵 비확산을 선언함으로써 한국의 핵 개발 권한을 스스로 포기하였다고 비판하였다. "국제 비확산 체제의 초석인 핵확산금지조약(NPT)상 의무에 대한 한국의 오랜 공약 및 한미 간 원자력의 평화적 이용에 관한 협력 협정 준수를 재확인하였다."라는 내용으로 한국의 핵무장이 원천 봉쇄되었다고 아쉬움을 표명한다. 특히 미국의 핵우산에 대한 신뢰에 의문을 표하기도 하였다. 과거 샤를 드골(Charles de Gaulle) 프랑스 대통령이 1961년 존 F. 케네디(John F. Kennedy) 미 대통령에게 했다는 "파리를 지키기 위해 뉴욕을 포기할 수 있느냐"라는 질문을 거론하며 핵무장이 궁극적인 안보 대책이 되어야 한다고 강조한다.

워싱턴선언이 '최초의 핵 공약 문서화' 등 의미가 크다는 평가와 함께 NATO(북대서양조약기구) 핵 공유 수준에는 미치지 못한다는 지적도 있다. 용산 안보실과 여당은 제2의 한미상호방위 조약이라고 평가한다. 1953년 한미상호방위조약이 '재래식 무기(conventional weapons)'에 의한 안보라면 워싱턴선언은 핵무기에 의한 안보라는 입장이다.

워싱턴선언이 주는 안보적 함의를 객관적이고 논리적으로 분석하면 다음과 같다. 워싱턴선언의 핵심은 핵 관련 논의에 특화된 최초의 상설협의체인 NCG이다. NCG는 한미 국방부의 차관보급 협의체로 구성된다. 기존 한미 확장억제전략협의체(EDSCG) 등은 상시 소통하는 기구가 아니었다. 반면 NCG 회의 주기는 1년에 4번으로 매년 2~3차례 열릴 예정이다. 연내 이뤄지는 컴퓨터 시뮬레이션을 활용한 도상 훈련을 통해 한미 간에 시나리오를 논의하다 보면 결국 핵 운용에 대한 구체적 방안이 모습을 보일 것이다.

다음은 실질적인 핵 공유인가 여부다. 김태효 국가안보실 1차장은 "미국 핵무기 운용에 대한 정보 공유와 공동 계획 메커니즘을 마련한 만큼 국민께서 사실상 미국과 핵을 공유하는 것처럼 느끼시게 될 것"이라고 밝혔다. NATO의 핵기획그룹(Nuclear Planning Group, NPG)과 이번에 한미가 합의한 NCG는 비슷한 취지로 만들어졌다. 하지만 나토에는 150기 이상의 전술핵무기(B61 전술핵폭탄)가 실제로 배치돼 있는 반면 한국은 그렇지 않다는 차이가 있다. 나토는 회원국 전투기들이 모의 전술 핵폭탄을 실제로 장착하고 비행하는 훈련도 하지만 한미는 지금까지 도상 훈련만 추진하고 있는 것도 차이점이다. 그럼에도 불구하고 NCG는 나토에 버금가는 상징적 의미가 있다. 한미 상호방위조약은 1950년대 당시의 안보 상황을 반영한 것이었지만, 워싱턴선언은 2023년 한반도의 안보 특징을 반영한 것으로 '한국형 맞춤형 핵 공유'라고 표할 수 있다. NPG와 NCG의 비교는 사과와 오렌지를 비교하는 것처럼 사실 다른 차원의 문제다.

윤 대통령은 기자회견에서 "북한의 핵 공격 시 미국의 핵무기를 포함하여 동맹의 모든 전력을 사용한 압도적 대응을 취하기로 약속했다."라고 했다. 바이든 대통령은 구체적으로 핵무기를 언급하지 않고 "북한이 핵 공격을 감행하면 정권의 종말을 초래할 것"이라고 말했다. 워싱턴선언에는 "한국에 대한 미국의 확장억제는 핵을 포함한 미국 역량을 총동원하여 지원된다."라고 명문화돼 있다. 미국 핵우산의 대량 응징 보복에는 핵무기와 함께 고위력·초정밀 타격 능력의 재래식 무기도 동원된다는 뜻이다. 다만 워싱턴선언은 방어적 성격으로 북한이 도발하지 않으면 현상 타파적인 움직임을 보이지는 않을 것이다.

워싱턴선언의 실효성을 둘러싼 논란이 지속된 가운데 한국과 미국, 일본의 잠수함 지휘관들이 최근 전술핵탄두를 탑재하는 미국의 전략핵잠수함(SSBN)에 함께 승함한 사실을 미국 국방부가 2024년 5월 4일 공개했다. 우리 군 잠수함 지휘관이 작전중인 미 SSBN에 승함한 것은 처음이다. 한미일 3국 잠수함 지휘관의 공동 승함 역시 최초다. 미국이 핵전력 중에서도 가장 은밀한 자산으로 꼽히는 SSBN에 우리 군 지휘관을 들인 것은 한미동맹을 과시하는 동시에 북한에 대한 강력한 경고 메시지를 보낸 것으로 풀이된다.

워싱턴 선언은 한국 안보의 불안감을 해소하면서도 국제 핵확산금지조약(NPT)이라는 냉엄한 현실에서 차선의 방책이다. 각종 선거 전후에 여야 정쟁의 소재가 되는 것은 국익에 부합하지 않는다. 비판을 위한 비판에 몰두하기보다는 북한의 도발에 대한 한미 확장억제를 실효적으로 작동하기 위한 구체적인 시나리오를 만들어 나가는 것이 국익외교에 부합하는 길이 될 것이다.

③ 북러 군사동맹 부활의 함의

과거 당국 간 협상차 평양 방문 시 모란봉산 먼발치에서 보이는 30미터 정도의 탑 꼭대기에 붉은 오각별이 장식되어 있어 무엇이냐고 안내 참사에 문의하니 해방탑이라고 대답했다. 서울에 와서 자료를 찾아보니 1947년 2차대전 말기 조선을 해방시킨 소련 군대를 기념하기 위해 건설되었고 오각별은 소련군의 엠블럼이다.

'위대한 쏘련 인민은 일본 제국주의를 쳐부시고 조선 인민을 해방하였다. 조선의 해방을 위하여 흘린 피로 조선 인민과 쏘련 인민의 친선은 더욱 굳게 맺어졌나니.' 기념탑에 장착된 비문이다. 2차 대전 당시 소련군은 일본군과의 전투에서 약 4만 7천 명이 전사 및 부상했다고 러시아 타스(TACC) 통신이 밝혔다. 1939년 몽골 국경에서 벌어진 '노몬한 전투' 이후, 만주에서 소련군과 일본 관동군 간 전투는 소강상태였다. 소련은 히로시마에 원폭이 투하되고 3일 후인 1945년 8월 9일 대일 선전 포고를 하고 중국 동북 지방으로 진군했다. 평양과 지방에 소련군 참전 및 추모 기념탑이 13개나 있다. 푸틴은 당일치기의 분주한 방문 일정에도 모스크바가 북한에 확실한 지분을 가지고 있다는 물증을 과시하기 위하여 2000년 평양 방문과 같이 해방탑 앞에 꽃을 놓았다.

역사에 가정은 없지만 일본 천황이 히로시마에 핵무기가 투하된 8월 6일과 나가사키에 투하된 8월 9일 전에만 항복을 했다면 소련군의 대일 참전은 애매했을 것이다. 물론 당시 막강 독일군의 침공을 막아낸 소련군의 군사 행보를 저지할 세력은 없었기에 이런 역사적 가정은 무의미한지도 모르겠다.

소련군 부대가 평양에 진주한 날은 1945년 8월 25일이었다. 소련 연해주 군관구 제25군 사령관 치스차코프 대장은 8월 24일 함흥에서 처음으로 포고문을 발표했다. 한반도 분단의 비극이 잉태된 시발점이었다. 평양에 입성한 소련군은 '해방군'이 아니라 바로 약탈자, 무법자였다. 소련군의 부녀자 납치와 강간, 약탈이 빈발하였다. 일본 식민지 시대보다 더 무서운 전율이 평양에 감돌았다. 모든 집의 대문이 굳게 닫혔고, 사람들은 두려움에 몸을 떨었다. 평양의 자유는 불과 10일에 그쳤다.[10]

평양에는 소련 공산주의 체제가 삽시간에 이식되기 시작되었다. 8월 25일 소련군 사령부는 평양철도호텔에 본부를 설치하고 군정을 시작했다. 9월 19일에는 김일성, 최용건 등 소련군 극동사령부 예하 88특수여단 소속 빨치산 50여 명이 원산에 상륙했다. 10월 14일 소련 해방군 환영대회가 평양 공설운동장에서 개최되었다. 소련군 장성이 연단에 올라 위대한 김일성 장군을 소개하겠다고 언급하였고 새파란 젊은이 김성주(金成柱)가 김일성의 이름으로 올라왔다. 이후 김성주는 김일성이 되었고

---

10   강인덕, 『한 중앙정보 분석관의 삶: 편조백방(遍照百邦), 투시백년(透視百年)의 기세로』 (파주: 경인문화사, 2023), pp. 25-35.

조선공산당 북조선 분국을 결성했다. 그해 12월 모스크바 3상 회의에서 대한민국의 신탁통치가 결정되었고 다음 해 1월 초 소련군은 반탁을 주도하던 조만식을 체포하였다.

79년 전 평양의 실상을 상세하게 소개한 이유는 2024년 6월 평양에서 체결한 북러 군사동맹조약 체결의 뿌리와 북한 핵무기의 태동을 파악하기 위해서다. 냉전 시기인 1961년 니키타 흐루쇼프(Nikita Khrushchyov) 소련공산당 서기장과 김일성이 체결했다가 '96년 폐기된 '조소(朝蘇) 동맹조약'은 푸틴과 김정은의 니즈가 절묘하게 맞아떨어지면서 포괄적 전략 동반자 협정으로 부활하였다. 자동 군사지원 조항의 포함으로 군사동맹 관계를 형성하면서 평양은 좌(左) 중국, 우(右) 러시아로 한미일 대응 틀을 구축했다. 유엔 대북 제재도 겁내지 않는 북한외교의 만조기(滿潮期)가 형성되었다. 23개 조항으로 구성된 2024년 북러조약 제10조는 경제와 과학기술협력의 발전을 추동하는 분야로 '우주, 생물, 평화적 원자력, 인공지능, 정보기술 등'을 사례로 예시했다. 주목되는 분야는 우주와 원자력으로 북핵과 불가분의 관계가 있다. 이스라엘 핵의 아버지가 프랑스인 것처럼 북핵의 아버지는 러시아이기 때문이다.

천하무적 일본 천황의 군대가 핵무기 두 개로 항복을 하는 상황을 보면서 6·25 전쟁 당시 미국의 핵 폭격에 대한 두려움을 가졌던 김일성은 휴전 직후인 1954년 인민군 내에 '핵무기 방위부문'을 설치했다. 1956년 물리학자 30여 명을 소련의 드부나 핵 연구소에 파견한 게 북핵 개발의 효시가 됐다. 1959년 9월 조소(朝蘇) 원자력 협정을 체결했다. 이어 1962년 영변에 원자력 연구소를 설립하고, 김일성종합대학과 김책공대에 핵 연구 부문을 창설해 인력 육성에 나섰다. 1965년에는 소련으로부터 IRT-2000 원자로를 도입했다. 그해 김일성은 평양을 방문한 조총련 대표단 접견에서 10년 안에 핵을 보유하겠다고 포부를 밝혔다. 요컨대, 소련은 북한 핵 개발의 어머니 역할을 했다. 1960년대 초 시몬 페레스(Shimon Peres)를 비롯한 이스라엘 지도부가 핵 개발을 위해 프랑스를 수차례 방문한 것과 유사했다.

영변에 원자력 연구소를 설치한 지 44년 만인 2006년부터 2017년까지 북한은 6차례 핵실험을 감행했다. 북한은 '사실상의 핵무기 보유국(substantial nuclear country)'이다. 최소 50기에 이르는 핵무기와 투발 수단인 각종 미사일을 보유했다. 3

대에 걸친 핵 개발은 할아버지 김일성이 디자인하고 체계를 구축했다. 아버지 김정일은 두 차례 핵실험으로 기반을 닦았다. 손자 김정은 집권 이후 4차례 핵실험으로 실전 배치 수준에 도달했다. 사회주의 정권 70년에 걸친 핵 개발로 북한은 지구상의 9번째 핵클럽 명단에 이름을 올렸다. 기승전 핵(核)이라는 키워드는 북한 정책에서 최우선 순위다.

국민소득 1,200달러의 국가지만 북한과 러시아는 우주 및 원자력 기술 교류와 협력을 강조한다. 우주기술은 핵을 적국에 배달하는 역할을 한다. 평화적이란 형용사를 붙였지만 북한이 원전을 건설하지 않는 만큼 경량화, 소형화된 핵무기 개발이 핵심이다. 북한은 1994년 제네바 합의 대가로 함경남도 신포에 100만 kw 원전 2기를 건설하는 도중에도 핵 개발을 멈추지 않아 공정 30% 단계에서 공사는 중단되었다. 공사가 중단된 시멘트 토목공사 공정은 지금도 구글로 볼 수 있다. 어떤 경제적 보상도 북핵 개발을 멈출 수 없었다.

김정은도 2022년 9월 최고인민회의 시정연설에서 "절대로 먼저 핵 포기란 없으며 그 어떤 협상에서도 맞바꿀 흥정물도 없다."라고 했다. 북핵은 김정은 집권 10년을 기점으로 양적 변화의 임계치에 도달하면서 질적 변화를 모색했다. 질적인 정책 변화의 핵심은 '핵 선제 사용'이다.

그동안 중러가 유엔 대북 제재에 협조하면서 북핵과 미사일 개발이 자동으로 속도 조절이 되었다. 북한의 행동을 제지할 수 있었던 중러의 지도자 스트롱맨들은 북한을 자극하지 말라고 미국을 견제하는 방조자가 되었다. 러시아가 북한에 정밀무기를 제공하는 레드라인을 넘을 경우 대한민국도 우크라이나에 무기를 제공할지 여부는 한반도 안보에서 부차적인 문제다. 북핵 대응에 대한 한국의 선택이 핵심이다. 지난해 4월 워싱턴선언에서 합의된 '확장억제(extended deterrence)' 전략만으로 폭주하는 북핵을 억지할 수 있을지 가늠하기 어렵다. 때마침 워싱턴에서 불어오는 한국의 '떠밀린 핵무장론'은 새로운 바람이다. 한반도 핵균형(nuclear parity)에 대한 진지한 고민은 감성적 정치적 구호보다는 이스라엘식의 차분한 접근이 선행되어야 한다.

Ⅲ 핵무장 담론

1 시몬 페레스(Shimon Peres)의 핵 모호성 전략

1960년 12월 18일 미국 연방원자력연구위원회와 각국의 언론들은 일제히 특보 (特報)를 냈다. 익명의 작은 나라가 핵무기를 개발하고 있으며 그 나라는 '이스라엘'이 라고 지목했다. 보도는 건설 현장이 찍힌 여러 장의 사진과 함께 세계 곳곳으로 퍼져 나갔다. 소련 정찰기가 디모나 현장을 촬영했으며, 소련 외교부 장관은 워싱턴을 방 문하여 미국의 개입을 요청했다. 벤구리온(David Ben- Gurion) 이스라엘 총리는 국회 에서 네게브 사막에 건설 중인 연구용 원자로는 오직 평화적인 목적으로 설계되었다 고 핵무기 개발 계획을 부인하며 미국을 설득하였다.

2년여의 논란 끝에 존 F. 케네디 미국 대통령은 이스라엘 핵 개발 총책인 시몬 페 레스를 백악관으로 불렀다. 케네디 대통령은 "핵무기에 대한 이스라엘의 의도는 무 엇인가?"라고 페레스에게 단도직입적으로 물었다. 페레스는 "각하, 제가 분명히 말 씀드릴 수 있는 것은 중동에서 핵무기를 처음으로 꺼내 드는 쪽이 절대로 저희는 아 닐 것이라는 점입니다."라고 답변했다. 케네디는 답변에 만족했는지 혹은 체념했는 지 핵문제를 더 거론하지 않고 면담이 끝났다. 그가 은유적으로 시인한 핵무기 개발 의 사실은 당시 이스라엘 국내는 물론 해외에서도 거센 비판을 받았다. 하지만 역설 적으로 핵무기의 존재를 부정하지도 긍정하지도 않은 페레스의 '핵 모호성(NCND)' 입장은 이스라엘의 공식적인 핵정책이 되었다.

페레스는 1956년부터 프랑스 정부를 집요하게 설득하여 이듬해 여름 파리에서 비밀 핵개발 지원 협약을 체결하고 원자로 건설 공사를 시작하였다. 이후 프랑스의 총리가 선거로 계속 바뀌는 과정에서 협약이 파기될 뻔한 절체절명의 위기가 있었 다. 페레스는 협약이 파기됨과 동시에 내용이 공개되어 프랑스가 이스라엘 핵 개발 을 지원했다는 사실이 알려진다면 아랍 전체가 프랑스를 적대시할 것이라고 설득과 압박을 가했다. 마침내 프랑스는 예루살렘의 요구를 수용하였다. 그는 핵 기술의 원천을 제공한 파리는 역설적으로 중동 국가를 앞세워 돌파했고 핵 모호성 전략으로 워싱턴의 반대를 무마시켰다.

페레스는 주변 국가들이 특정 국가를 무너뜨리기 위해서는 정복 의지와 군사력 우위가 필수라고 판단했다. 그는 디모나의 핵 시설이 주변 국가에게 군사력 비교를 어렵게 만들어 전면적인 공격을 어렵게 할 것이라고 평가했다. 석유는커녕 물조차 없는 척박한 이스라엘 모래땅에 원자력 에너지 기술을 확보하는 것은 중차대한 과업이라고 주변을 설득했다. 페레스가 핵 개발을 구상했을 때 모사드(Mossad)와 같은 정보기관조차 소련의 개입을 의식해서 반대했다. 과학자와 기술자는 맨땅에서 터무니없는 계획이라고 반발했고 경제관료들은 막대한 재원을 조달할 수 없다고 일축했다. 미래를 조망한 벤구리온 총리는 젊은 애국자의 충정을 수용하였고 지지하였다.

페레스는 10번의 장관, 3번의 총리 및 대통령으로 이스라엘에 봉사했고 이스라엘과 팔레스타인 사이의 평화협정을 맺은 공로로 1994년 노벨평화상을 받았다. 이스라엘의 핵 개발 추진 막전막후 스토리를 끄집어낸 것은 향후 한반도 안보 상황이 예기치 않게 흘러갈 가능성이 적지 않기 때문이다. 이스라엘과 한반도의 상황은 물론 다르고 우리는 글로벌 유대 시오니즘 네트워크도 없다. 하지만 이스라엘의 핵 보유 과정은 우리가 벤치마킹해야 할 의미있는 사례다.[11]

2 북핵 억제와 핵균형 전략

비핵화가 핵 보유보다 국가 이익에 긍정적이라고 판단하도록 대북제재를 지속하고 강화해 북한을 변화시키는 전략이 필요하다. 과거 이란과 리비아에 대한 경제제재와 1975년 미국이 월남전에서 패배하고 철군한 이후 1986년 도이모이 개혁을 선언할 때까지 베트남에 10년 동안 지속된 각종 제재는 실효성을 절감하게 했다. 북한이 비핵화 반대급부로 수혜할 경제적 지원에 대한 구체적인 비전과 핵 보유 비용의 대차대조표를 제시해 협상에 적극적으로 나오도록 유도해야 한다. 다만 경제적 당근

---

11 Shimon Peres, 윤종록 역, 『작은 꿈을 위한 방은 없다: 세계 1등 혁신국가를 만든 이스라엘의 아버지 시몬 페레스가 남긴 마지막 메시지』 (파주: 쌤앤파커스, 2018).

만 가지고 비핵화를 끌어낼수 있을지는 미지수다.

마지막으로 우리 핵무장의 변수는 워싱턴에서 단초가 제공될 수도 있다. 2024년 11월 미국 대선에서 트럼프 전 대통령의 당선 여부다. 그의 백악관 복귀는 기존 안보 정책의 변화를 초래할 것이다. "미북 군축협상이 안될 건 뭔가… 북핵은 호리병을 빠져나온 지니(genie out of battle)"라고 '트럼프 2기 국방정책 보고서'를 총괄 집필한 크리스토퍼 밀러(Christopher Charles Miller)전 미 국방장관 대행은 현행 미국 바이든 행정부의 대북정책과는 결이 다른 이야기를 주장하였다. 그는 지난 30년간 북한을 통제하지 못한 게 현실이라 북핵 협상을 위해 제재 완화를 검토해야 하며 한국 정부는 좀 더 폭넓은 시각을 가져야 한다고 주장한다. 북핵을 용인하며 주한미군의 인계철선 역할을 바꿀 시점이나 한국 자체의 핵무장을 말할 단계는 아니라는 주장도 서슴지 않는다.[12]

트럼프 행정부가 북한과 핵 군축 협상으로 대북 제재를 해제한다면 한국의 핵무장은 담론 형성 등 본격적인 시동을 걸어야 한다. △나토식 핵 공유 △미국의 전술핵 재배치 △자체 개발 등 다양한 시나리오에 대해서 공론화해야 하며 학계에서 우선 담론을 형성해야 한다. 2024년 2월 5일 국민 10명 중 7명 이상이 한국 독자 핵무장에 찬성한다는 민간학술단체의 여론조사 결과는 최근 북핵 위협에 대한 국민의 실질적인 체감을 반영한다. 최종현학술원이 발표한 제2차 북핵 위기와 안보 상황 인식 여론조사에 따르면, 한반도 주변 여러 상황을 고려했을 때 한국의 독자적 핵 개발이 필요하다고 생각하느냐"라는 질문에 응답자 72.8%가 긍정적으로 답했다. 이 가운데 핵무장이 매우 필요하다는 응답은 21.4%, 필요한 편이라는 응답은 51.4%였다. 국민은 북핵 위협이 실존한다는 인식이 강하다.

안보(安保)는 평시에는 잘 안 보인다. 특히 핵 위협은 더더욱 그렇다. 정치권 일각에서는 대한민국이 나토(NATO)식 핵 공유(nuclear sharing)를 검토하는 것은 남북 공멸의 길이라고 결사반대한다. 귀납적으로 북한만이 핵을 가져야 하고 남한은 재래식

---

12 Donald Trump · Robert T. Kiyosaki, 윤영삼 역, 『마이더스 터치』 (서울: 흐름출판, 2013); Donald Trump, 이재호 역, 『거래의 기술』 (파주: 살림, 2016); Donald Trump, 권기대 역, 『(CEO 트럼프) 성공을 품다』 (서울: 베가북스, 2007); Donald Trump, 안진환 역, 『승자의 생각법』 (파주: 시리우스, 2008); Donald Trump, 이은주 · 도지영 역, 『트럼프, 강한 미국을 꿈꾸다』 (서울: 미래의창, 2017).

군사력에 의존해야 한다는 논리나 다름없다. 비핵화를 위한 외교적 노력과 동시에 자강불식 계책에 대한 고민도 필요하다. 북한의 7차 핵실험은 전환점이 돼야 한다. 핵 무력 법제화에도 무덤덤한 한국이 북핵 위협의 1순위일 수 있기 때문이다.

핵을 머리에 이고 살다가 가슴에 안고 사는 '북핵과의 동거(with the nuclear)'의 시대에는 발상의 전환이 불가피하다. 지양점과 지향점을 구분해서 성역 없는 담론과 대책을 논의해야 한다. 핵 위협은 소 잃고 외양간 고치는 대응 방식이 적용되지 않는다. 평양에서 7차 핵실험 소식이 들려오면 북핵을 억제·상쇄하기 위한 우리의 핵 균형(nuclear parity) 수립이라는 제3의 전략을 심각하게 검토하지 않을 수 없을 것이다. 윤 대통령도 전술핵 재배치에 대해 한미 양국 조야(朝野)의 의견을 경청해서 결정하겠다고 언급했다. 트럼프의 당선 여부는 2025년 한국 외교에 큰 도전으로 다가올 것이다. 2025 한반도를 둘러싼 동북아 국제정치의 거대한 체스판은 정책 변화가 불가피한 변곡점이다.

Ⅳ 결론

2020년대는 기존의 시대와 다른 복합적이고 지정학적으로 밀접하게 연계된 국제정세가 형성되고 있다. 코로나 팬데믹의 시작과 함께 미중 간의 전략경쟁이 가속화되는 가운데, 우크라이나 전쟁, 이스라엘-하마스 전쟁, 후티 반군에 의한 홍해 차단 시도, 대만통일을 압박하는 중국의 패권 추구가 겹치면서 '전쟁의 시대'가 전 세계에서 동시에 갈등과 충돌이 발생하는 '지정학의 시대'의 도래와 함께 한편 진영(bloc) 간 협력이 강화되는 '동맹의 시대'에 진입하면서 '무질서 속의 질서'가 출현하고 있다.

요동치는 격랑의 국제정세 속에서, 2020년대 10년간은 지정학적으로 '가장 위험한 10년(Danger Zone)' 혹은 '결정적인 10년(the Decisive Decade)'으로 평가되고 있으며, 한편으로 '역사적 전환점(Zeiten wende)' 등으로 간주되면서, 3차 세계대전으로 이행될 위험성까지 예견되고 있다.

탈냉전 이후 국제질서는 미국 주도의 '자유주의 단극체제'에서, 미국의 국력이 약화하면서 '양극체제' 또는 '다극체제'로 전환되는 가운데, '자유민주주의 체제'와 '수정주의적 전체주의 체제' 간의 대결로 이행되면서 국제질서의 위험한 변곡점을 맞고 있다. 전체주의 국가 간의 연대는 사회주의 이념보다 '반미(反美) 연대'를 기치로 결속하고 있으며, 미국 패권(hegemony)에 도전하는 수정주의 세력인 핵보유국 중러에 핵 야망국인 북한, 이란 등이 합류하면서 갈등은 극대화되고 있다.

특히, 중동 패권을 노리는 이란은 핵 개발과 함께, 예멘의 후티 반군, 레바논의 헤즈볼라와 팔레스타인의 하마스-이라크와 시리아 내 민병대를 묶는, 이른바 '시아 벨트(Shia belt)' 구축을 통해 반미(反美) '저항의 축(The axis of resistance)'을 구축하고 있다.

북한은 중러와의 동맹 강화를 통해, 신냉전 구도를 형성하기 위해 북중러에 의한 '제2의 삼각동맹(Tripartite Pact)'으로 이행될 여지가 커지면서 동북아 국제정치에서 결정적인 위협 요소가 되고 있다. 복잡한 국제정세에서 우리의 안보를 수호하는 노력은 다양한 변수를 고려해야 하는 상황에 직면하고 있다. 우리 사회에 대한민국의 안보를 강화하기 위한 일체감과 연대감을 고취하기 위한 진지한 고민이 필요한 시점이다.

참고문헌

1. 국내문헌

강인덕. 『한 중앙정보 분석관의 삶: 편조백방(遍照百邦), 투시백년(透視百年)의 기세로』. 파주: 경인문화사, 2023.

김태형. 『인도 파키스탄 분쟁의 이해: 신현실주의 이론으로 바라보는 양국의 핵개발과 안보전략 변화』. 서울: 서강대학교 출판부, 2019.

대한민국 국방부. 『2022 국방백서』. 서울: 대한민국 국방부, 2023.

송종환. 『북한 협상행태의 이해』. 서울: 오름, 2002.

한용섭. 『북한 핵의 운명』. 서울: 박영사, 2018.

Alexander V. Pantsov. Steven I. Levine 영역. 심규호 역. 『마오쩌둥 평전』. 서울: 민음사, 2017.

Chuck Downs. 송승종 역. 『북한의 협상전략』. 파주: 한울아카데미, 1999.

Donald Trump. 권기대 역. 『(CEO 트럼프) 성공을 품다』. 서울: 베가북스, 2007.

Donald Trump. 안진환 역. 『승자의 생각법』. 파주: 시리우스, 2008.

Donald Trump·로버트 기요사키(Robert T. Kiyosaki). 윤영삼 역. 『마이더스 터치』. 서울: 흐름출판, 2013.

Donald Trump. 이재호 역. 『거래의 기술』. 파주: 살림, 2016.

Donald Trump. 이은주·도지영 역. 『트럼프, 강한 미국을 꿈꾸다』. 서울: 미래의창, 2017.

Mikhail Gorbachev. 이기동 역. 『선택』. 서울: 프리뷰, 2013.

Mikhail Gorbachev. 류광모 편. 『고르바쵸프 연설문집 1』. 서울: 교보문고, 1989.

Shimon Peres. 윤종록 역. 『작은 꿈을 위한 방은 없다 : 세계 1등 혁신국가를 만든 이스라엘의 아버지 시몬 페레스가 남긴 마지막 메시지』. 파주: 쌤앤파커스, 2018.

William J. Perry. 정소영 역. 『핵 벼랑을 걷다: 윌리엄 페리회고록: My Journey at the Nuclear Brink』. 파주: 창비, 2015.

에야 오사무(惠谷 治)·세키가와 나쯔오(關川夏央) 외. 김종우 역. 『김정일의 북한, 내일은 있는가』. 서울: 청정원, 1995.

2. 해외문헌

Global Firepower. "2024 World Military Strength Rankings." https://www.globalfirepower.com(검색일: 2024년 6월 15일)

참고문헌

1. 국내문헌

강인덕. 『한 중앙정보 분석관의 삶: 편조백방(遍照百邦), 투시백년(透視百年)의 기세로』. 파주: 경인문화사, 2023.

국방부 군사편찬연구소. 『한미동맹 60년사』. 서울: 국방부 군사편찬연구소, 2013.

국방부 군사편찬연구소. 『한 권으로 읽는 6·25 전쟁』. 서울: 군사편찬연구소, 2016.

국방부 주한미군기지이전사업단. 『주한미군기지 이전 백서: YRP 사업 10년의 발자취』. 서울: 국방부 주한미군기지이전사업단, 2018.

김강녕. "한미동맹의 발전과 향후과제." 『군사연구』. 제121집, 2005.

김열수. 『한미동맹 70년 한미역사 140년』. 파주: 법문사, 2023.

김일영·조성렬. 『주한미군 역사·쟁점·전망』. 파주: 한울, 2003.

김재준. 『다빈치 스쿨』. 서울: 아트라이프. 2023.

김정균·성재호. 『국제법』. 서울: 박영사, 2006.

김준형. 『영원한 동맹이라는 역설: 새로 읽는 한미관계사』. 파주: 창비, 2021.

김태형. 『인도 파키스탄 분쟁의 이해: 신현실주의 이론으로 바라보는 양국의 핵개발과 안보전략 변화』. 서울: 서강대학교 출판부, 2019.

대한민국 국방부. 『2016 국방백서』. 서울: 국방정책실, 2017.

대한민국 국방부. 『2022 국방백서』. 서울: 국방정책실, 2023.

리지웨이 저. 박권영 역. 『리지웨이의 한국전쟁』. 서울: 플래닛미디어, 2023.

박실. 『증보 한국외교비사 - 외교의 인맥, 내막, 갈등』. 서울: 정호출판사, 1984.

____. 『벼랑끝 외교의 승리: 이승만 외교의 힘』. 서울: 청미디어, 2010.

박정양·한철호 역. 『미속습유 美俗拾遺』. 서울: 푸른역사, 2018.

박태균. 『한국전쟁』. 서울: 책과함께, 2005.

봉두완. 『앵커맨의 삶과 꿈』. 파주: 나남출판, 2022.

송종환. 『북한 협상행태의 이해』. 서울: 오름, 2002.

양영조·남정옥. 『알아봅시다! 6·25전쟁사』. 서울: 국방부 군사편찬연구소, 2005.

와다 하루키 저. 남상구·조윤수 역. 『와다 하루키의 한국전쟁 전사』. 파주: 청아출판사, 2023.

외무부. 『우리의 평화통일외교』. 서울: 대한민국 외무부, 1977.

이동복. 『한미동맹』. 파주: 백년동안, 2015.

이상철. 『안보와 자주성의 딜레마』. 서울: 연경문화사, 2004.

_____. 『한반도 정전체제』. 서울: 한국국방연구원, 2012.

인보길. 『이승만 현대사 위대한 3년 1952~1954』. 서울: 기파랑, 2020.

임기훈. 『주한미군과 주일미군』. 서울: 플래닛미디어, 2022.

제성호. 『남북한관계론』. 파주: 집문당, 2010.

_____. 『한미동맹의 법적 이해』. 서울: 한국국방연구원, 2015.

조성환 외. 『대한민국의 국방사』. 서울: 대한민국역사박물관, 2017.

차영구·황병무 편저. 『국방정책의 이론과 실제』. 서울: 도서출판 오름, 2004.

최재훈·정운장 외 7인. 『국제법신강』. 서울: 박영사, 1996.

한국전략문제연구소. 『동북아 전략균형』. 서울: 한국전략문제연구소, 2001.

한미동맹재단·주한미군전우회 편집. 『한미동맹에 대한 70인의 생각』. 2023.

한용섭, 『북한 핵의 운명』. 서울: 박영사, 2018.

한표욱. 『이승만과 한미외교』. 서울: 중앙일보사, 1996.

황준헌 지음. 김승일 편역. 『내가 생각하는 조선책략』. 파주: 범우사, 2020.

허욱·테렌스 로릭 지음. 이대희 역. 『한미동맹의 진화(The evolution of the South Korea-United States alliance)』. 서울: 에코리브르, 2019.

Alexander V. Pantsov. Steven I. Levine 영역. 심규호 역. 『마오쩌둥 평전』. 서울: 민음사, 2017.

Christopher R. Hill. 이미숙 역. 『크리스토퍼 힐 회고록: 미국 외교의 최전선』. 서울: 메디치미디어, 2015.

Chuck Downs. 송승종 역. 『북한의 협상전략』. 파주: 한울아카데미, 1999.

Donald Trump. 권기대 역. 『(CEO 트럼프) 성공을 품다』. 서울: 베가북스, 2007.

Donald Trump. 안진환 역. 『승자의 생각법』. 파주: 시리우스, 2008.

Donald Trump·로버트 기요사키(Robert T. Kiyosaki). 윤영삼 역. 『마이더스 터치』. 서울: 흐름출판, 2013.

Donald Trump. 이재호 역. 『거래의 기술』. 파주: 살림, 2016.

Donald Trump. 이은주·도지영 역. 『트럼프, 강한 미국을 꿈꾸다』. 서울: 미래의창, 2017.

Henry Kissinger. 서종민 역. 『헨리 키신저 리더십: 현대사를 만든 6인의 세계 전략 연구』. 서울: 민음사, 2023.

Mikhail Gorbachev. 이기동 역. 『선택』. 서울: 프리뷰, 2013.

Mikhail Gorbachev. 류광모 편. 『고르바죠프 연설문집 1』. 서울: 교보문고, 1989.

Shimon Peres. 윤종록 역. 『작은 꿈을 위한 방은 없다: 세계 1등 혁신국가를 만든 이스라엘의 아버지 시몬 페레스가 남긴 마지막 메시지』. 파주: 쌤앤파커스, 2018.

T. R. 페렌바크. 최필영·윤상용 역. 『이런 전쟁(This Kind of war)』. 서울: 플래닛미디어, 2019.

William J. Perry. 정소영 역. 『핵 벼랑을 걷다: 윌리엄 페리 회고록: My Journey at the Nuclear Brink』. 파주: 창비, 2015.

에야 오사무(薭谷 治)·세키가와 나쯔오(關川夏央) 외. 김종우 역. 『김정일의 북한, 내일은 있는가』. 서울: 청정원, 1995.

국가안보실. "윤석열 정부의 국가안보전략 - 자유, 평화, 번영의 글로벌 중추국가." 2023년 6월 7일.

김계동. "한미 방위조약 체결과정과 개선방안." 『사상과 정책』. 제23호, 1989.

김남수. "한미상호방위조약 체결 과정 연구: 동맹의 제도화를 통한 동맹 딜레마의 관리." 서울대학교 석사 학위논문, 2009.

김동연. "'한미상호방위조약'에 관한 연구 - 국가이익의 관점에서." 박사학위 논문: 서울대학교, 1996.

김명기. "한·미 상호방위조약의 보완과제." 『국제문제』. 제34권 제10호, 2003.

김명진. "바이든 "한미, 피로 맺은 관계" 윤 "자유 위한 정의로운 동맹"." 『조선일보』, 2023년 4월 27일.

김정은. "전략적 동반자 관계란." 『서울신문』, 2010년 1월 27일.

김효정. "자유! 동맹! 연대!." 『K-공감』, 제703호, 2023.

_____. "'자유 확장의 필수요건은 문화' K-콘텐츠 외교사절 맹활약." 『K-공감』. 제703호, 2023.

대한민국 국방부. "주한미군 감축협상 결과 보도자료." 2004년 10월 7일.

문정인 통일외교안보 특별보좌관 관훈토론회, "하노이 회담 결렬 극단적 판단 피해야" 『관훈저널』, 제151호, 2019.

문창극. "한미간의 갈등유형 연구 - 주요 사례를 중심으로." 박사학위 논문: 서울대학교, 1993.

박병광. "북중동맹조약의 지속과 변화에 관한 소고: 한미동맹조약에 대한 비교를 중심으로." 『KDI 북한경제리뷰』. 2012년 6월호.

신정훈. "독일연방공화국의 외교·통일정책(1955-1972) -'할슈타인 독트린'을 중심으로-."건국대학교 석사 학위논문, 2023.

안드레이 란코프. "5년마다 대외정책이 180도 바뀌는 나라." 『매일경제』, 2023년 1월 17일.

육중관. "한미동맹관계 변화가 한국군의 군사력 건설에 미치는 영향에 관한 연구(1960년대~ 2017년까지)." 한남대학교 박사 학위논문, 2021.

윤덕민. "새로운 한미동맹의 비전." 『군사논단』. 제41호, 2005.

윤세리. "'한미연합연습·훈련' 70년… 공고한 한미동맹의 상징으로." 『대한민국 정책브리핑』. 2023년 4월 28일.

_____. "새로운 70년을 향해"… 협력의 지평 확장하는 한미동맹." 『대한민국 정책브리핑』. 2023년 5월 19일.

이상숙. "북중우호조약의 현대적 함의와 양국관계." 『주요국제문제분석』. No. 2011-31, 2011.

이상택. "북한 군사전략의 역사적 고찰." 『군사』. 제112호, 2019.

이상우. "탈냉전시대의 남북한관계와 민족공동체 형성의 과제." 21세기를 맞는 민족의 진로. 한반도통일연구회 '95 L.A. 학술토론회 준비위원회, 1996.

이용식. "이승만이 드골보다 위대한 이유." 『문화일보』, 2023년 6월 9일.

이은선. "이승만의 반공포로 석방과 한미상호방위조약 체결." 『월드뷰』. 제240호, 2020.

이종섭. "워싱턴선언으로 '한국형 확장억제' 완성." 『매일경제』, 2023년 5월 1일.

이철순. "한미상호방위조약과 이승만." 『한국일보』, 2013년 5월 20일.

정아란·이준서·이동환. "백악관 국빈 환영식… 윤 "행동하는 동맹" 바이든 "거룩한 혈맹"." 『연합뉴스』, 2023년 4월 27일.

전성훈. "워싱턴선언 평가와 향후 과제." 워싱턴선언과 한미동맹의 미래 세미나 발표, 2023년 8월 4일.

조진구. "한미일 안보협력: 현상과 전망." 『한반도 정세: 2022년 평가 및 2023년 전망』. 서울: 경남대 극동문제연구소, 2022.

제성호. "1970년대 박정희 정부의 통일정책 재조명." 『북한학보』. 제47집 제1호, 2022.

_____. "평화·통일과 한미동맹." 2022 평화와 통일을 위한 사회적 대화: 춘천지역 시민대화 발제문, 2022.

한상준. "안보위협에 대한 공동인식과 북중관계의 '탄성'. " 『대구사학』. 제129집, 2017.

한철호. "개화기 관료 지식인의 미국 인식 - 주미 공사관원을 중심으로." 『역사와 현실』. 제58권(2005).

국기연. "미국, 역대 전쟁비용 계산해보니.. 한국전쟁 "2위"." 『세계일보』, 2006년 5월 6일, https://v.daum.net/v/20060506024512576 (검색일: 2023년 10월 17일).

김표향. "'고지전', 美 아카데미 외국어영화상 노미네이트 노린다!." 『스포츠조선』, 2011년 11

월 2일, https://v.daum.net/v/20111102095519028 (검색일: 2023년 10월 17일).

대통령실. "한미동맹 70주년 기념 한미 정상 공동성명." 2023년 4월 27일. https://www. korea.kr/news/policyNewsView.do?newsId=148914326 (검색일: 2023년 6월 5일).

박승춘. "우남 이승만 대통령 서거 47주기 추모사". 2012년 7월 19일. https://www.korea. kr/briefing/speechView.do?newsId=132025365 (검색일: 2023년 6월 5일).

장영희. "[장영희의 영미시 산책] ⟨39⟩ 한 알의 모래에서 우주를 보라."『조선일보』, 2004년 8월 15일. https://www.chosun.com/site/data/html_dir/2004/08/15/2004081570193. html (검색일: 2023년 7월 29일).

차상철. "한미동맹의 역사적 의의."『코나스넷』. 2005년 10월 20일. https://konas.net/ article/article.asp?idx=7440&rep_idx=13570 (검색일: 2023년 6월 12일).

통계청 북한통계포털. kosis.kr/bukhan(검색일: 2023년 10월 18일).

한승수. "탈냉전시대의 우리 외교의 과제." 한승수 외교통상부 장관 초청 관훈토론회, 2001. http://www.kwanhun.com/page/brd_view.php?idx=40106&startPage=135&list No=106&table=cs_bbs_data&code=talk3 (검색일: 2023년 5월 26일).

행정안전부 국가기록원. "중공군 개입". 2007년 12월 1일. https://www.archives.go.kr/ next/search/listSubjectDescription.do?id=006344&pageFlag=&sitePage= (검색일: 2023년 5월 28일).

_____. "한미상호방위조약." https://www.archives.go.kr/next/search/ listSubjectDescription.do?id=002702&sitePage= (검색일: 2023년 5월 8일).

2. 해외문헌

Department of Defense, *A Strategic Framework for the Asia Pacific Rim: Looking toward the 21st Century.* Washington D.C.: DoD, 1990.

J. A. S. Grenville. *The Major International Treaties 1914~1973.* London: Methuen, 1974.

Leland M. Goodrich, *Korea: A Study of U.S. Policy in the United Nations.* New York: Council on Foreign Relations, 1956.

William H. Vatchter, *Panmmunjom,* Greenwood, 1958.

Uk Heo·Terence Roehrig. *The evolution of the South Korea-United States alliance,* New York: Cambridge University Press. 2018.

Craig Kafura. "American Views of China Remain at Record Lows." *The Chicago*

Council on Global Affairs, October 13, 2022.

FRUS. *1952-1954, Korea,* Volume XV, Part 2, Document 942.

Global Firepower. "2024 World Military Strength Rankings." https://www. globalfirepower.com/.

Laura Silver, Christine Huang and Laura Clancy, "Across 19 countries, more people see the U.S. than China favorably - but more see China's influence growing." *Pew Research Center*, June 29, 2022.

Kazi Khaleed Ashraf. "Taking Place: Landscape in the Architecture of Louis Kahn." *Journal of Architectural Education*, Vol. 61, No. 2 (2007).

Peter Witting. "How to Trump-Proof the Transatlantic Alliance - First, Europe Must Realize That He Might Return." *Foreign Affairs,* October 6, 2022.

Stephen M. Walt, "Why Alliances Endure or Collapse," *Survival,* Vol.39, No.1, 1997.

John Ringer&Meghna Chakrabarti. "The risks and rationale of expanding NATO." April 28, 2022, Accessed August 1st, 2023, ON POINT. https://www.wbur. org/onpoint/2022/04/28/how-putins-invasion-of-ukraine-has-pushed-the-nordic-nations-toward-nato.

Uri Friedman. "A Top Adviser to the South Korean President Questions the U.S. Alliance." May 17, 2018, Accessed August 10, 2023. *The Atlantic.* https:// www.theatlantic.com/international/archive/2018/05/moon-south-korea-us-alliance/560501/.

부록

- 대한민국과 미합중국 간의 상호방위조약
- Mutual Defense Treaty Between the United States and the Republic of Korea

- AGREEMENT UNDER ARTICLE 4 OF THE MUTUAL DEFENSE TREATY BETWEEN THE REPUBLIC OF KOREA AND THE UNITED STATES OF AMERICA, REGARDING FACILITIES AND AREAS AND THE STATUS OF UNITED STATES ARMED FORCES IN THE REPUBLIC OF KOREA
(대한민국과 아메리카합중국간의 상호방위조약 제4조에 의한 시설과 구역 및 대한민국에서의 합중국 군대의 지위에 관한 협정(SOFA))

- 한미동맹 70주년 기념 한미 정상 공동성명
- Leaders' Joint Statement in Commemoration of the 70th Anniversary of the Alliance between the United States of America and the Republic of Korea

〈역대 대통령의 미국 의회 연설〉
1. 이승만 대통령 연설
2. 노태우 대통령 연설
3. 김영삼 대통령 연설
4. 김대중 대통령 연설
5. 이명박 대통령 연설
6. 박근혜 대통령 연설
7. 윤석열 대통령 연설

대한민국과 미합중국 간의 상호방위조약

1953년 10월 1일

　본 조약의 당사국은, 모든 국민과 모든 정부가 평화적으로 생활하고자 하는 희망을 재확인하며, 또한 태평양 지역에 있어서의 평화 기구를 공고히 할 것을 희망하고, 당사국 중 어느 1국이 태평양 지역에 있어서 고립되어 있다는 환각을 어떠한 잠재적 침략자가 갖지 않도록 외부로부터의 무력 공격에 대하여 그들 자신을 방위하고자 하는 공동의 건의를 공공연히 또한 공식으로 선언할 것을 희망하고, 또한 태평양 지역에 있어서 더욱 포괄적이고 효과적인 지역적 안전보장 조직이 발달될 때까지 평화와 안전을 유지하고자 집단적 방위를 위한 노력을 공고히 할 것을 희망하여 다음과 같이 동의한다.

　제1조 당사국은 관련될지도 모르는 어떠한 국제적 전쟁이라도 국제평화와 안전과 정의를 위태롭게 하지 않는 방법으로 평화적 수단에 의하여 해결하고 또한 국제관계에 있어서 국제연합의 목적이나 당사국이 국제연합에 대하여 부담한 업무에 배치되는 방법으로 무력에 의한 위협이나 무력의 행사를 삼갈 것을 약속한다.

　제2조 당사국 중 어느 1국의 정치적 독립 또는 안전이 외부로부터의 무력 공격에 의하여 위협을 받고 있다고 어느 당사국이든지 인정할 때에는 언제든지 당사국은 서로 협의한다. 당사국은 단독으로나 공동으로 자조(自助)와 상호 원조에 의하여 무력 공격을 저지하기 위한 적절한 수단을 지속 강화시킬 것이며 본 조약을 이행하고 그 목적을 추진할 적절한 조치를 협의와 합의하에 취할 것이다.

　제3조 각 당사국은 타 당사국의 행정 지배하에 있는 영토와 각 당사국이 타 당사국의 행정 지배하에 합법적으로 들어갔다고 인정하는 금후의 영토에 있어서 타 당사국에 대한 태평양 지역에 있어서의 무력 공격을 자국의 평화와 안전을 위태롭게 하

는 것이라 인정하고 공통한 위험에 대처하기 위하여 각자의 헌법상의 수속에 따라 행동할 것을 선언한다.

제4조 상호적 합의에 의하여 미합중국의 육군, 해군과 공군을 대한민국의 영토 내와 그 부근에 배치하는 권리를 대한민국은 이를 허여(許與)하고 미합중국은 이를 수락한다.

제5조 본 조약은 대한민국과 미합중국에 의하여 각자의 헌법상의 수속에 따라 비준되어야 하며 그 비준서가 양국에 의하여 워싱턴에서 교환되었을 때 효력을 발생한다.

제6조 본 조약은 무기한으로 유효하다. 어느 당사국이든지 타 당사국에 통고한 후 1년 후에 본 조약을 종지(終止)시킬 수 있다.

이상의 증거로서 하기 전권위원은 본 조약에 서명한다.
본 조약은 1953년 10월 1일 워싱턴에서 한국문과 영문 두벌로 작성되었다.

대한민국을 위하여 변 영 태
미합중국을 위하여 존 포스터 덜레스

Mutual Defense Treaty Between the United States and the Republic of Korea

October 1, 1953

The Parties to this Treaty,

Reaffirming their desire to live in peace with all peoples and an governments, and desiring to strengthen the fabric of peace in the Pacific area, Desiring to declare publicly and formally their common determination to defend themselves against external armed attack so that no potential aggressor could be under the illusion that either of them stands alone in the Pacific area, Desiring further to strengthen their efforts for collective defense for the preservation of peace and security pending the development of a more comprehensive and effective system of regional security in the Pacific area,

Have agreed as follows:

ARTICLE I

The Parties undertake to settle any international disputes in which they may be involved by peaceful means in such a manner that international peace and security and justice are not endangered and to refrain in their international relations from the threat or use of force in any manner inconsistent with the Purposes of the United Nations, or obligations assumed by any Party toward the United Nations.

ARTICLE II

The Parties will consult together whenever, in the opinion of either of them, the political independence or security of either of the Parties is threatened by external armed attack. Separately and jointly, by self help and mutual aid, the Parties will maintain and develop appropriate means to deter armed attack and will take suitable measures in consultation and agreement to implement this Treaty and to further its purposes.

ARTICLE III

Each Party recognizes that an armed attack in the Pacific area on either of the Parties in territories now under their respective administrative control, or hereafter recognized by one of the Parties as lawfully brought under the administrative control of the other, would be dangerous to its own peace and safety and declares that it would act to meet the common danger in accordance with its constitutional processes.

ARTICLE IV

The Republic of Korea grants, and the United States of America accepts, the right to dispose United States land, air and sea forces in and about the territory of the Republic of Korea as determined by mutual agreement.

ARTICLE V

This Treaty shall be ratified by the United States of America and the Republic of Korea in accordance with their respective constitutional processes and will come into force when instruments of ratification thereof have been exchanged by them at Washington.

ARTICLE VI

This Treaty shall remain in force indefinitely. Either Party may terminate it one year after notice has been given to the other Party.

IN WITNESS WHEREOF the undersigned Plenipotentiaries have signed this Treaty.

DONE in duplicate at Washington, in the English and Korean languages, this first day of October 1953.

Signed at Seoul July 9, 1966
Entered into force February 9, 1967

* Agreement under Article 4 of the Mutual Defense Treaty between the Republic of Korea and the United States of America, regarding Facilities and Areas and the Status of United States Armed Forces in the Republic of Korea

* Agreed Minutes to the Agreement under Article 4 of the Mutual Defense Treaty between the Republic of Korea and the United States of America, regarding Facilities and Areas and the Status of United States Armed Forces in the Republic of Korea

* Agreed Understandings to the Agreement under Article 4 of the Mutual Defense Treaty between the Republic of Korea and the United States of America, regarding Facilities and Areas and the Status of United States Armed Forces in the Republic of Korea and related Agreed Minutes

* Exchange of Letters on July 9, 1966 between the Minister of Foreign Affairs of the Republic of Korea and the Ambassador of the United States of America to the Republic of Korea, regarding Article 22 and Agreed Minutes Re Paragraph 3 (b)

AGREEMENT UNDER ARTICLE 4 OF THE MUTUAL DEFENSE TREATY BETWEEN THE REPUBLIC OF KOREA AND THE UNITED STATES OF AMERICA, REGARDING FACILITIES AND AREAS AND THE STATUS OF UNITED STATES ARMED FORCES IN THE REPUBLIC OF KOREA

Whereas the United States of America has disposed its armed forces in and about the territory of the Republic of Korea pursuant to the resolutions of the United Nations Security Council of June 25, 1950, June 27, 1950, and July 7, 1950, and pursuant to Article 4 of the Mutual Defense Treaty between the Republic of Korea and the United States of America, signed on October 1, 1953;

Therefore, the Republic of Korea and the United States of America, in order to strengthen the close bonds of mutual interest between their two countries, have entered into this Agreement regarding facilities and areas and the status of United States armed forces in the Republic of Korea in terms as set forth below:

Article 1
Definitions

In this Agreement the expression:
(a) "members of the United States armed forces" means the personnel on active duty belonging to the land, sea, or air armed services of the United States of America when in the territory of the Republic of Korea except for personnel of the United States armed forces attached to the United States Embassy and personnel for whom status has been provided in the Military Advisory Group Agreement of January 26, 1950, as amended;
(b) "civilian component" means the civilian persons of the United States nationality who are in the employ of, serving with, or accompanying the United States armed forces in the Republic of Korea, but excludes persons who are ordinarily resident in the Republic of Korea or who

한미동맹: 자유·민주·번영의 가치동맹을 위하여

are mentioned in paragraph 1 of Article 15; for the purposes of this Agreement only, dual nationals; i.e., persons having the nationality of both the Republic of Korea and the United States, who are brought into the Republic of Korea by the United States shall be considered United States nationals;

(c) "dependents" means:

(i) spouse and children under 21;

(ii) parents, children over 21, or other relatives dependent for over half their support upon a member of the United States armed forces or civilian component

Article 2
Facilities and Areas — Grant and Return

1. (a) The United States is granted, under Article 4 of the Mutual Defense Treaty, the use of facilities and areas in the Republic of Korea. Agreements as to specific facilities and areas shall be concluded by the two Governments through the Joint Committee provided for in Article 28 of this Agreement. "Facilities and areas" include existing furnishings, equipment, and fixtures, wherever located, used in the operation of such facilities and areas.

(b) The facilities and areas of which the United States armed forces have the use at the effective date of this Agreement together with those facilities and areas which the United States armed forces have returned to the Republic of Korea with the reserved right of re-entry, when these facilities and areas have been re-entered by the United States armed forces, shall be considered as the facilities and areas agreed upon between the two Governments in accordance with subparagraph (a) above. Records of facilities and areas of which the United States armed forces have the use or the right of re-entry shall be maintained through the Joint Committee after this Agreement comes into force.

2. At the request of either Government, the Governments of the Republic of Korea and the United States shall review such agreements and may

agree that such facilities and areas or portions thereof shall be returned to the Republic of Korea or that additional facilities and areas may be provided.

3. The facilities and areas used by the United States shall be returned to the Republic of Korea under such conditions as may be agreed through the Joint Committee whenever they are no longer needed for the purposes of this Agreement and the United States agrees to keep the needs for facilities and areas under continual observation with a view toward such return.

4. (a) When facilities and areas are temporarily not being used and the Government of the Republic of Korea is so advised, the Government of the Republic of Korea may make, or permit nationals of the Republic of Korea to make, interim use of such facilities and areas provided that it is agreed between the two Governments through the Joint Committee that such use would not be harmful to the purposes for which the facilities and areas are normally used by the United States armed forces.

(b) With respect to facilities and areas which are to be used by the United States Armed forces for limited periods of time, the Joint Committee shall specify in the agreements covering such facilities and areas the extent to which the provisions of this Agreement shall not apply.

Article 3
Facilities and Areas — Security Measures

1. Within the facilities and areas, the United States may take all the measures necessary for their establishment, operation, safeguarding and control. In order to provide access for the United States armed forces to the facilities and areas for their support, safeguarding, and control, the Government of the Republic of Korea shall, at the request of the United States armed forces and upon consultation between the two Governments through the Joint Committee, take necessary measures, within, the scope of applicable laws and regulations, with respect to land, territorial waters and airspace adjacent to, or in the vicinities

한미동맹: 자유·민주·번영의 가치동맹을 위하여

of the faciliies and areas. The United States may also take necessary measures for such purposes upon consultation between the two Governments through the Joint Committee.

2. (a) The United States agrees not to take the measures referred to in paragraph 1 in such a manner as to interfere unnecessarily with navigation, aviation, communication, or land travel, to, from, or within the territories of the Republic of Korea.

   (b) All questions relating to telecommunications including radio frequencies for electromagnetic radiating devices, or like matters, shall continue to be resolved expeditiously in the utmost spirit of coordination and cooperation by arrangement between the designated communications authorities of the two Governments.

   (c) The Government of the Republic of Korea shall, within the scope of applicable laws, regulations and agreements, take all reasonable measures to avoid or eliminate interference with electromagnetic radiation sensitive devices, telecommunications devices, or other apparatus required by the United States armed forces.

3. Operations in the facilities and areas in use by the Government of the United States shall be carried on with due regard to the public safety.

Article 4
Facilities and Areas — Return of Facilities

1. The Government of the United States is not obliged, when it returns facilities and areas to the Government of the Republic of Korea on the expiration of this Agreement or at an earlier date, to restore the facilities and areas to the condition in which they were at the time they became available to the United States armed forces, or to compensate the Government of the Republic of Korea in lieu of such restoration.

2. The Government of te Republic of Korea is not obliged to make any compensation to the Government of the United States for any improvements made in facilities and areas or for the buildings and structures left thereon on the expiration of this Agreement or the earlier

return of the facilities and areas.

3. The foregoing provisions shall not apply to any construction which the Government of the United States may undertake under special arrangements with the Government of the Republic of Korea.

Article 5
Facilities and Areas — Cost and Maintenance

1. It is agreed that the United States will bear for the duration of this Agreement without cost to the Republic of Korea all expenditures incident to the maintenance of the United States armed forces in the Republic of Korea, except those to be borne by the Republic of Korea as provided in paragraph 2.

2. It is agreed that the Republic of Korea will furnish for the duration of this Agreement without cost to the United States and make compensation where appropriate to the owners and suppliers thereof all facilities and areas and rights of way, including facilities and areas jointly used, such as those at airfields and ports as provided in Articles 2 and 3. The Government of the Republic of Korea assures the use of such facilities and areas to the Government of the United States and will hold the Government of the United States as well as its agencies and employees harmless from any third party claims which may be advanced in connection with such use.

Article 6
Utilities and Services

1. The United States armed forces shall have the use of all utilities and services which are owned, controlled or regulated by the Government of the Republic of Korea or local administrative subdivisions thereof. The term "utilities and services" shall include, but not be limited to, transportation and communications facilities and systems, electricity, gas, water, steam, heat, light, power, and sewage disposal. The use of utilities and services as provided herein shall not prejudice the right of the United States to operate military transportation, communication,

power and such other utilities and services deemed necessary for the operations of the United States armed forces. This right shall not be exercised in a manner inconsistent with the operation by the Government of the Republic of Korea of its utilities and services.

2. The use of such utilities and services by the United States shall be in accordance with priorities, conditions, and rates or tariffs no less favorable than those accorded any other user.

Article 7
Respect for Local Law

It is the duty of members of the United States armed forces, the civilian component, the persons who are present in the Republic of Korea pursuant to Article 15, and their dependents, to respect the law of the Republic of Korea and to abstain from any activity inconsistent with the spirit of this Agreement, and, in particular, from any political activity in the Republic of Korea.

Article 8
Entry and Exit

1. The United States may bring into the Republic of Korea persons who are members of the United States armed forces, the civilian component, and their dependents, subject to the provisions of this Article. The Government of the Republic of Korea will be notified at regular intervals, in accordance with procedures to be agreed between the two Governments, of numbers and categories of persons entering and departing.

2. Members of the United States armed forces shall be exempt from passport and visa laws and regulations of the Republic of Korea. Members of the United States armed forces, the civilian component, and their dependents shall be exempt from laws and regulations of the Republic of Korea on the registration and control of aliens, but shall

not be considered as acquiring any right to permanent residence or domicile in the territory of the Republic of Korea.

3. Upon entry into or departure from the Republic of Korea members of the United States armed forces shall be in possession of the following documents:
   (a) personal identity card showing name, date of birth, rank and service number, service, and photograph; and
   (b) individual or collective travel order certifying to the status of the individual or group as a member or members of the United States armed forces and to the travel ordered. For purposes of their identification while in the Republic of Korea, members of the United States armed forces shall be in possession of the foregoing personal identity card which must be presented on request to the appropriate authorities of the Republic of Korea.

4. Members of the civilian component, their dependents, and the dependents of members of the United States armed forces shall be in possession of appropriate documentation issued by the United States authorities so that their status may be verified by the authorities of the Republic of Korea upon their entry into or departure from the Republic of Korea, or while in the Republic of Korea.

5. If the status of any person brought into the Republic of Korea under paragraph 1 of this Article is altered so that he would no longer be entitled to such admission, the authorities of the United States shall notify the authorities of the Republic of Korea and shall, if such person be required by the authorities of the Republic of Korea to leave the Republic of Korea, assure that transportation from the Republic of Korea will be provided within a reasonable time at no cost to the Government of the Republic of Korea.

6. If the Government of the Republic of Korea has requested the removal from its territory of a member of the United States armed forces or civilian component or has made an expulsion order against an ex-member of the United States armed forces or the civilian component or against a dependent of a member or an ex-member, the authorities of the United States shall be responsible for receiving the person

한미동맹: 자유·민주·번영의 가치동맹을 위하여

concerned into its own territory or otherwise disposing of him outside the Republic of Korea. This paragraph shall apply only to persons who are not nationals of the Republic of Korea and have entered the Republic of Korea as members of the United States armed forces or civilian component or for the purpose of becoming such members, and to the dependents of such persons.

Article 9
Customs and Duties

1. Save as provided in this Agreement, members of the United States armed forces, the civilian component, and their dependents shall be subject to the laws and regulations administered by the customs authorities of the Republic of Korea.

2. All materials, supplies and equipment imported by the United States armed forces (including their authorized procurement agencies and their non-appropriated fund organizations provided for in Article 13), for the official use of the United States armed forces or for the use of the members of the United States armed forces, the civilian component, and their dependents, and materials, suppliesand equipment which are to be used exclusively by the United States armed forces or are ultimately to be incorporated into articles or facilities used by such forces, shall be permitted entry into the Republic of Korea; such entry shall be free from customs duties and other such charges. Appropriate certification shall be made that such materials, supplies and equipment are being imported by the United States armed forces (including their authorized procurement agencies and their non-appropriated fund organizations provided for in Article 13), or, in the case of materials, supplies and equipment to be used exclusively by the United States armed forces or ultimately to be incorporated into articles or facilities used by such forces, that delivery thereof is to be taken by the United States armed forces for the purposes specified above. The exemptions provided in this paragraph shall extend to materials, supplies and equipment imported by the United States armed forces for the use of other armed forces in the Republic of Korea under the Unified Command which receive logistical support from the United States armed forces.

3. Property consigned to and for the personal use of members of the United States armed forces, the civilian component, and their dependents, shall be subject to customs duties and other such charges, except that no duties or charges shall be paid with respect to:

(a) furniture, household goods, and personal effects for their private use imported by the members of the United States armed forces or civilian component, when they first arrive to serve in the Republic of Korea or by their dependents when they first arrive for reunion with members of such forces or civilian component;

(b) vehicles and parts imported members of the United States armed forces or civilian component for the private use of themselves or their dependents;

(c) reasonable quantities of personal effects and household goods of a type which would ordinarily be purchased in the United States for the private use of members of the United States armed forces, civilian component, and their dependents, which are mailed into the Republic of Korea through United States military post offices.

4. The exemptions granted in paragraphs 2 and 3 shall apply only to cases of importation of goods and shall not be interpreted as refunding customs duties and domestic excises collected by the customs authorities at the time of entry in cases of purchase of goods on which such duties and excises have already been collected.

5. Customs examination shall not be made in the following cases:

(a) members of the United States armed forces under orders, other than leave orders, entering or leaving the Republic of Korea;

(b) official documents under official seal and First Class letter mail in the United States military postal channels under official postal seal;

(c) military cargo consigned to the United States armed forces.

6. Except as such disposal may be authorized by the authorities of the Republic of Korea and of the United States armed in accordance with mutually agreed conditions, goods imported into the Republic of Korea free of duty shall not be disposed of in the Republic of Korea to persons not entitled to import such goods free of duty.

7. Goods imported into the Republic of Korea free from customs duties

한미동맹: 자유·민주·번영의 가치동맹을 위하여

and other such charges pursuant to paragraphs 2 and 3, may be re-exported free from customs duties and other such charges.

8. The United States armed forces, in cooperation with the authorities of the Republic of Korea, shall take such steps as are necssary to prevent abuse of privileges granted to the United States armed forces, members of such forces, the civilian component, and their dependents in accordance with this Article.

9. (a) In order to prevent offenses against laws and regulations administered by the customs authorities of the Government of the Republic of Korea, the authorities of the Republic of Korea and the United States armed forces shall assist each other in the conduct of inquiries and the collection of evidence.

(b) The United States armed forces shall render all assistance within their power to ensure that articles liable to seizure by, or on behalf of, the customs authorities of the Government of the Republic of Korea are handed over to those authorities.

(c) The United States armed forces shall render all assistance within their power to ensure the payment of duties, taxes, and penalties payable by members of such forces or of the civilian component, or their dependents.

(d) The authorities of the United States armed forces shall provide all practicable assistance to the customs officials dispatched to military controlled piers and airports for the purpose of customs inspection.

(e) Vehicles and articles belonging to the United States armed forces seized by the customs authorities of the Government of the Republic of Korea in connection with an offense against its customs or fiscal laws or regulations shall be handed over to the appropriate authorities of such forces.

Article 10
Access of Vessels and Aircraft

1. United States and foreign vessels and aircraft operated by, for, or under the control of the United States for official purposes shall be accorded access to any port or airport of the Reublic of Korea free from toll or landing charges. When cargo or passengers not accorded

the exemptions of this Agreement are carried on such vessels and aircraft, notification shall be given to the appropriate authorities of the Republic of Korea, and the entry into and departure from the Republic of Korea of such cargo and passengers shall be according to the laws and regulations of the Republic of Korea.

2. The vessels and aircraft mentioned in paragraph 1, United States Government owned vehicles including armor, and members of the United States armed forces, the civilian component, and their dependents shall be accorded access to and movement between facilities and areas in use by the United States armed forces and between such facilities and areas and the ports or airports of the Republic of Korea. Such access to and movement between facilities and areas by United States military vehicles shall be free from toll and other charges.

3. When the vessels mentioned in paragraph 1 enter ports of the Republic of Korea, appropriate notification shall, under normal conditions, be made to the proper authorities of the Republic of Korea. Such vessels shall have freedom from compulsory pilotage, but if a pilot is taken pilotage shall be paid for at appropriate rates.

Article 11
Meteorological Services

The Government of the Republic of Korea undertakes to furnish the United States armed forces with the following meteorological services in accordance with arrangements between the appropriate authorities of the two Governments:
  (a) meteorological observations from land and ocean areas including observations from ships;
  (b) climatological information including periodic summaries and historical data wherever avaiable;
  (c) telecommunications service to disseminate meteorological information;
  (d) seismographic data.

Article 12
Air Traffic Control and Navigational Aids

1. All civil and military air traffic control shall be developed in close coordination and shall be integrated to the extent necessary for the operation of this Agreement. Procedures, and any subsequent changes thereto, necessary to effect this coordination and integration will be established by arrangements between the appropriate authorities of the two Governments.

2. The United States is authorized to establish, construct and maintain aids to navigation for vessels and aircraft, both visual and electronic as required, throughout the Republic of Korea and in the territorial waters thereof. Such navigation aids shall conform generally to the system in use in the Republic of Korea. The authorities of the Republic of Korea and the United States which have established navigation aids shall duly notify each other of their positions and characteristics and shall give advance notification where practicable before making any changes in them or establishing additional navigation aids.

Article 13
Non-appropriated Fund Organizations

1. (a) Military exchange, messes, social clubs, theaters, newspapers and other non-appropriated fund organizations authorized and regulated by the United States military authorities may be established by the United States armed forces for the use of members of such forces, the civilian component, and their dependents. Except as otherwise provided in this Agreement such organizations shall not be subject to Korean regulations, licenses, fee, taxes, or similar controls.
   (b) When a newspaper authorized and regulated by the United States military authorities is sold to the general public, it shall be subject to Korean regulations, licenses, fees, taxes, or similar controls so far as such circulation is concerned.

2. No Korean tax shall be imposed on sales of merchandise or services by such organizations, except as provided in paragraph 1(b) of this Article.

Purchases within the Republic of Korea of merchandise and supplies by such organizations shall be subject to the Korean taxes to which other purchasers of such merchandise and supplies are subject unless otherwise agreed between the two Governments.

3. Except as such disposal may be permitted by the authorities of the Republic of Korea and the United States in accordance with mutually agreed conditions, goods which are sold by such organizations shall not be disposed of in the Republic of Korea to persons not authorized to make purchases from such organizations.

4. The organizations referred to in this Article shall, through consultation between the representatives of the two Governments in the Joint Committee, provide such information to the tax authorities of the Republic of Korea as is required by tax legislation of the Republic of Korea.

Article 14
Taxation

1. The United States armed forces shall not be subject to taxes or similar charges on property held, used or transferred by such forces in the Republic of Korea.

2. Members of the United States armed forces, the civilian component and their dependents shall not be liable to pay any Korean taxes to the Government of the Republic of Korea or to any other taxing agency in the Republic of Koea on income received as a result of their service with or employment by the United States armed forces, including the organizations provided for in Article 13. Persons in the Republic of Korea solely by reason of being members of the United States armed forces, the civilian component, or their dependents shall not be liable to pay any Korean taxes to the Government of the Republic of Korea or to any taxing agency in the Republic of Korea on income derived from sources outside of the Republic of Korea, nor shall periods during which such persons are in the Republic of Korea be considered

한미동맹: 자유·민주·번영의 가치동맹을 위하여

as periods of residence or domicile in the Republic of Korea for the purpose of Korean taxation. The provisions of this Article do not exempt such persons from payment of Korean taxes on income derived from Korean sources, other than those sources referred to in the first sentence of this paragraph, nor do they exempt United States citizens who claim residence in the Republic of Korea for United States income tax purposes from payment of Korean taxes on income.

3. Members of the United States armed forces, the civilian component, and their dependents shall be exempt from taxation in the Republic of Korea on the holding, use, transfer inverse, or transfer by death of movable property, tangible or intangible, the presence of which in the Republic of Korea is due solely to the temporary presence of these persons in the Republic of Korea, provided that such exemption shall not apply to property held for the purpose of investment or the conduct of business in the Republic of Korea or to any intangible property registered in the Republic of Korea.

Article 15
Invited Contractors

1. Persons, including (a) corporations organized under the laws of the United States, (b) their employees who are ordinarily resident in the United tates, and (c) the dependents of the foregoing, present in the Republic of Korea solely for the purpose of executing contracts with the United States for the benefit of the United States armed forces or other armed forces in the Republic of Korea under the Unified Command receiving logistical support from the United States armed forces, who are designated by the Government of the United States in accordance with the provisions of paragraph 2 below, shall, except as provided in this Article, be subject to the laws and regulations of the Republic of Korea.

2. The designation referred to in paragraph 1 above shall be made upon consultation with the Government of the Republic of Korea and shall be restricted to cases where open competitive bidding is not practicable

due to security considerations, to the technical qualifications of the contractors involved, to the unavailability of materials or services required by the United States standards, or to limitations of United States law. The designation shall be withdrawn by the Government of the United States:

(a) upon completion of contracts with the United States armed forces or other armed forces in the Republic of Korea under the Unified Command receiving logistical support from the United States armed forces;

(b) upon proof that such persons are engaged in business activities in the Republic of Korea other than those pertaining to the United States armed forces or other armed forces in the Republic of Korea under the Unified Command receiving logistical support from the United States armed forces;

(c) upon proof that such persons are engaged in practices illegal in the Republic of Korea.

3. Upon certification by the appropriate United States authorities as to their identity, such persons shall be accorded the following benefits of this Agreement:

(a) accession and movement, as provided for in Article 10, paragraph 2;

(b) entry into the Republic of Korea in accordance with the provisions of Article 8;

(c) the exemption from customs duties, and other such charges provided for in Article 9, paragraph 3, for members of the United States armed forces, the civilian component, and their dependents;

(d) if authorized by the Government of the United States, the use of the services of the organizations provided for in Article 13;

(e) those provided in Article 18, paragraph 2, for members of the United States armed forces, the civilian component, and their dependents;

(f) if authorized by the Government of the United States, the use of military payment certificates, as provided for in Article 19;

(g) the use of postal facilities provided for in Article 20;

(h) the use of utilities and services in accordance with those priorities, conditions, rates or tariffs accorded the United States armed forces by Article 6 relating to utilities and services;

(i) exemption from the laws and regulations of the Republic of Korea with respect to terms and conditions of employment, and licensing and registration of businesses and corporations.

4. The arrival, departure, and place of residence in the Republic of Korea of such persons shall from time to time be notified by the United States armed forces to the authorities of the Republic of Korea.

5. Upon certification by an authorized representative of the United States armed forces, depreciable assets, except houses, held, used or transferred by such persons exclusively for the execution of contracts referred to in paragraph1 shall not be subject to taxes or similar charges of the Republic of Korea.

6. Upon certification by an authorized representative of the United States armed forces, such persons shall be exempt from taxation in the Republic of Korea on the holding, such persons shall be exempt from taxation in the Republic of Korea on the holding, use, transfer by death, or transfer to persons or agencies entitled to tax exemption under this Agreement, of movable property, tangible or intangible, the presence of which in the Republic of Korea is due solely to the temporary presence of these persons in the Republic of Korea, provided that such exemption shall not apply to property held for the purpose of investment or the conduct of other business in the Republic of Korea or to any intangible property registered in the Republic of Korea.

7. Such persons shall not be liable to pay income or corporation taxes to the Government of the Republic of Korea or to any ether taxing agency in the Republic of Korea on any income derived under a contract with the Government of the United States in connection with the construction, maintenance or operation of any of the facilities or areas covered by this Agreement. Such persons shall not be liable to pay any Korean taxes to the Government of the Republic of Korea or to any taxing agency in the Republic of Korea on income derived from sources outside of the Republic of Korea nor shall periods during which such persons are in the Republic of Korea be considered periods of residence or domicile in the Republic of Korea for the purposes of Korean taxation. The provisions of this paragraph do not exempt such persons from payment of income or corporation taxes on income

derived from Korean sources, other than those sources referred to in the first sentence of this paragraph, nor do they exempt such persons who claim residence in the Republic of Korea for United States income tax purposes from payment of Korean taxes on income.

8. The authorities of the Republic of Korea shall have the right to exercise jurisdiction over such persons for offenses committed in the Republic of Korea and punishable by the law of the Republic of Korea. In recognition of the role of such persons in the defense of the Republic of Korea, they shall be subject to the provisions of paragraphs 5, 7(b), and 9 and the related Agreed Minutes, of Article 22. In those cases in which the authorities of the Republic of Korea decide not to exercise jurisdiction they shall notify the military authorities of the United States as soon as possible. Upon such notification the military authorities of the United States shall have the right to exercise such jurisdiction over the persons referred to as is conferred on them by the law of the United States.

Article 16
Local Procurement

1. The United States may contract for any materials, supplies, equipment and services (including construction work) to be furnished or undertaken in the Republic of Korea for purposes of, or authorized by, this Agreement, without restriction as to choice of contractor, supplier or person who provides such services. Such materials supplies, equipment and services may, upon agreement between the appropriate authorities of the two Governments, also be procured through the Government of the Republic of Korea.

2. Materials, supplies, equipment and services which are required from local sources for the maintenance of the United States armed forces and the procurement of which may have an adverse effect on the economy of the Republic of Korea shall be procured in coordination with, and, when desirable, through or with the assistance of, the competent authorities of the Republic of Korea.

한미동맹: 자유·민주·번영의 가치동맹을 위하여

3. Materials, supplies, equipment and services procured for official purposes in the Republic of Korea by the United States armed forces, including their authorized procurement agencies, or procured for ultimate use by the United States armed forces shall be exempt from the following Korean taxes upon appropriate certification in advance by the United States armed forces:

(a) commodity tax;

(b) traffic tax;

(c) petroleum tax;

(d) electricity and gas tax;

(e) business tax.

With respect to any present or future Korean taxes not specifically referred to in this Article which might be found to constitute a significant and readily identifiable part of the gross purchase price of materials, supplies, equipment and services procured by the United States armed forces, or for ultimate use by such forces, the two Governments will agree upon a procedure for granting such exemption or relief therefrom as is consistent with the purpose of this Article.

4. Neither members of the United States armed forces, civilian component, nor their dependents, shall by reason of this Article enjoy any exemption from taxes or similar charges relating to personal purchases of goods and services in the Republic of Korea chargeable under legislation of the Republic of Korea.

5. Except as such disposal may be authorized by the authorities of the Republic of Korea and the United States in accordance with mutually agreed conditions, goods purchased in the Republic of Korea exempt from taxes referred to in paragraph 3, shall not be disposed of in the Republic of Korea to persons not entitled to purchase such goods exempt from such taxes.

Article 17
Labor

1. In this Article the expression:
   (a) "employer" refers to the United States armed forces (including non-appropriated fund organizations) and the persons referred to in the first paragraph of Article 15;
   (b) "employee" refers to any civilian (other than a member of the civilian component or a contractor employee under Article 15) employed by an employer, except (1) a member of the Korean service Corps and (2) a domestic employed by an individual member of the United States armed forces, the civilian component or dependent thereof. Such employees shall be nationals of the Republic of Korea.

2. Employers may recruit, employ and administer their personnel. Recruitment services of the Government of the Republic of Korea will be utilized insofar as is practicable. In case employers accomplish direct recruitment of employees, employers will provide such relevant information as may be required for labor administration to the Office of Labor Affairs of the Republic of Korea.

3. To the extent not inconsistent with the provisions of this Article or the military requirements of the United States armed forces, the conditions of employment, compensation, and labor-management relations established by the United States armed forces for their employees shall conform with provisions of labor legislation of the Republic of Korea.

4. (a) In consideration of provision for collective action in labor legislation of the Republic of Korea, any dispute between employers and employees or any recognized employee organization, which cannot be settled through grievance or labor relations procedures of the United States armed forces, shall be settled as follows:
   (i) The dispute shall be referred to the Offic of Labor Affairs of the Republic of Korea for conciliation.
   (ii) In the event that the dispute is not settled by the procedure described in (i) above, the matter will be referred to the Joint Committee, which may refer the matter to a special committee

designated by the Joint Committee for further conciliation efforts.

   (iii) In the event that the dispute is not settled by the procedures outlined above, the Joint Committee will resolve the dispute, assuring that expeditious procedures are followed. The decisions of the Joint Committee shall be binding.

   (iv) Failure of any recognized employee organization or employee to abide by the decision of the Joint Committee on any dispute, or engaging in practices disruptive of normal work requirements during settlement procedures, shall be considered just cause for the withdrawal of recognition of that organization and the discharge of that employee.

   (v) Neither employee organizations nor employees shall engage in any practices disruptive of normal work requirements unless a period of at least 70 days has elapsed after the dispute is referred to the Joint Committee, as stipulated in subparagraph (ii), above.

(b) Employees or any employee organization shall have the right of further collective action in the event a labor dispute is not resolved by the foregoing procedures except in cases where the Joint Committee determines such action seriously hampers military operations of the United States armed forces for the joint defense of the Republic of Korea. In the event an agreement cannot be reached on this question in the Joint Committee, it may be made the subject of review through discussions between appropriate officials of the Government of the Republic of Korea and the diplomatic mission of the United States of America.

(c) In th event of a national emergency, such as war, hostilities, or situations where war or hostilities may be imminent, the application of this Article shall he limited in accordance with emergency measures taken by the Government of the Republic of Korea in consultation with the military authorities of the United States.

5. (a) Should the Republic of Korea adopt measures allocating labor, the United States armed forces shall be accorded allocation privileges no less favorable than those enjoyed by the armed forces of the Republic of Korea.

(b) In the event of a national emergency, such as war, hostilities, or situations where war or hostilities may be imminent, employees who have acquired skills essential to the mission of the United States armed forces shall, upon request of the United States armed forces, be deferred through mutual consultation from Republic of Korea military service or other compulsory service. The United States armed forces shall furnish in advance to the Republic of Korea lists of those employees deemed essential.

6. Members of the civilian component shall not be subject to laws or regulations of the Republic of Korea with respect to their terms and condition of employment.

Article 18
Foreign Exchange Controls

1. Members of the United States armed forces, the civilian component and their dependents, shall be subject to the foreign exchange controls of the Government of the Republic of Korea.

2. The preceding paragraph shall not be construed to preclude the transmission into or out of the Republic of Korea of United States dollars or dollar instruments representing the official funds of the United States or realized as a result of service or employment in connection with this Agreeent by members of the United States armed forces and the civilian component, or realized by such persons and their dependents from sources outside of the Republic of Korea.

3. The United States authorities shall take suitable measures to preclude the abuse of the privileges stipulated in the preceding paragraph or circumvention of the foreign exchange controls of the Republic of Korea.

한미동맹: 자유·민주·번영의 가치동맹을 위하여

Article 19
Military Payment Certificates

1. (a) United States military payment certificates denominated in dollars may be used by persons authorized by the United States for internal transactions. The Government of the United States will take appropriate action to ensure that authorized personnel are prohibited from engaging in transactions involving military payment certificates except as authorized by United States regulations. The Government of the Republic of Korea will take necessary action to prohibit unauthorized persons from engaging in transactions involving military payment certificates and with the aid of United States authorities will undertake to apprehend and punish any person or persons under its jurisdiction involved in the counterfeiting or uttering of counterfeit military payment certificates.

   (b) It is agreed that the United States authorities will, to the extent authorized by United States law, apprehend and punish members of the United States armed forces, the civilian component, or their dependents, who tender military payment certificates to unauthorized persons and that no obligation will be due to such unauthorized persons or to the Government of the Republic of Korea or its agencies from the United States or any of its agencies as a result of any unauthorized use of military payment certificates within the Republic of Korea.

In order to exercise control of military payment certificates the United States may designate certain American financial institutions to maintain and operate, under United States supervision, facilities for the use of persons authorized by the United States to use military payment certificates. Institutions authorized to maintain military banking facilities will establish and maintain such facilities physically separated from their Korean commercial banking business, with personnel whose sole duty is to maintain and operate such facilities. Such facilities shall be permitted to maintain United States currency bank accounts and to perform all financial transactions in connection therewith including receipt and remission of funds to the extent provided by Article 18, paragraph 2, of this Agreement.

Article 20
Military Post Offices

The United States may establish and operate, within the facilities and areas in use by the United States armed forces, United States military post offices for the use of members of the United States armed forces, the civilian component, and their dependents, for the transmission of mail between United States military post offices in the Republic of Korea and between such military post offices and other United States post offices.

Article 21
Accounting Procedures

It is agreed that arrangements will be effected between the Governments of the Republic of Korea and the United States for accounting applicable to financial transactions arising out of this Agreement.

Article 22
Criminal Jurisdiction

1. Subject to the provisions of this Article,
   (a) the military authorities of the United States shall have the right to exercise within the Republic of Korea all criminal and disciplinary jurisdiction conferred on them by the law of the United States over members of the United States armed forces or civilian component, and their dependents;
   (b) the authorities of the Republic of Korea shall have jurisdiction over the members of the United States armed forces or civilian component, and their dependents, with respect to offenses committed within the territory of the Republic of Korea and punishable by the law of the Republic of Korea.

2. (a) The military authorities of the United States shall have the right to exercise exclusive jurisdiction over members of the United

States armed forces or civilian component, and their dependents, with respect to offenses, including offenses relating to its security, punishable by the law of the United States, but not by the law of the Republic of Korea.

(b) The authorities of the Republic of Korea shall have the right to exercise exclusive jurisdiction over members of the United States armed forces or civilian component, and their dependents, with respect to offenses, including offenses relating to the security of the Republic of Korea, punishable by its law but not by the law of the United States.

(c) For the purpose of this paragraph and of paragraph 3 of this Article, a security offense against a State shall include:

    (i)   treason against the State;

    (ii) Sabotage, espionage or violation of any law relating to official secrets of that State, or secrets relating to the national defense of that State.

3. In cases where the right to exercise jurisdiction is concurrent the following rules shall apply:

(a) The military authorities of the United States shall have the primary right to exercise jurisdiction over members of the United States armed forces or civilian component, and their dependents, in relation to:

    (i)   offenses solely against the property or security of the United States, or offenses solely against the person or property of another member of the United States armed forces or civilian component or of a dependent;

    (ii) offenses arising out of any act or omission done in the performance of official duty.

(b) In the case of any other offense, the authorities of the Republic of Korea shall have the primary right to exercise jurisdiction.

(c) If the State having the primary right decides not to exercise jurisdiction, it shall notify the authorities of the other State as soon as practicable. The authorities of the State having the primary right shall give sympathetic consideration to a request from the authorities of the other State for a waiver of its right in cases where that other State considers such waiver to be of particular importance.

4. The foregoing provisions of this Article shall not imply any right for the military authorities of the United States to exercise jurisdiction over persons who are nationals of or ordinarily resident in the Republic of Korea, unless they are members of the United States armed forces.

5. (a) The authorities of the Republic of Korea and the military authorities of the United States shall assist each other in the arrest of members of the United States armed forces, the civilian component, or their dependents in the territory of the Republic of Korea and in handing them over to the authority which is to have custody in accordance with the following provisions.

(b) The authorities of the Republic of Korea shall notify promptly the military authorities of the United States of the arrest of any member of the United States armed forces, or civilian component, or a dependent. The military authorities of the United States shall promptly notify the authorities of the Republic of Korea of the arrest of a member of the United States armed forces, the civilian component, or a dependent in any case in which the Republic of Korea has the primary right to exercise jurisdiction.

(c) The custody of an accused member of the United States armed forces or civilian component, or of a dependent, over whom the Republic of Korea is to exercise jurisdiction shall, if he is in the hands of the military authorities of the United States, remain with the military authorities of the United States pending the conclusion of all judicial proceedings and until custody is requested by the authorities of the Republic of Korea. If he is in the hands of the Republic of Korea, he shall, on request, be handed over to the military authorities of the United States and remain in their custody pending completion of all judicial proceedings and until custody is requested by the authorities of the Republic of Korea. When an accused has been in the custody of the military authorities of the United States, the military authorities of United States may transfer custody to the authorities of the Republic of Korea at any time, and shall give sympathetic consideration to any request for the transfer of custody which may be made by the authorities of the Republic of Korea in specific cases. The military authorities of the United States shall promptly make any such accused available to the authorities of the Republic of Korea upon their request for purposes of investigation and trial, and shall take all appropriate measures to that end and to prevent any prejudice to the course of justice. They shall take full account of any special request regarding custody made by he authorities of the Republic of Korea. The authorities of the Republic of Korea shall give sympathetic consideration to a request from the military authorities of the United States for assistance in maintaining custody of an accused member of the United States armed forces, the civilian component, or a dependent.

(d) In respect of offenses solely against the security of the Republic of Korea provided in paragraph 2(c), an accused shall be in the custody of the authorities of the Republic of Korea.

6. (a) The authorities of the Republic of Korea and the military authorities of the United States shall assist each other in the carrying out of all necessary investigations into offenses, and in the collection and production of evidence, including the seizure and, in proper cases, the handing over of objects connected with an offense. The handing over of such objects may, however, be made subject to their return within the time specified by the authority delivering them.

(b) The authorities of the Republic of Korea and the military authorities of the United States shall notify each other of the disposition of all cases in which there are concurrent rights to exercise jurisdiction.

7. (a) A death sentence shall not be carried out in the Republic of Korea by the military authorities of the United States if the legislation of the Republic of Korea does not provide for such punishment in a similar case.

(b) The authorities of the Republic of Korea shall give sympathetic consideration to a request from the military authorities of the United States for assistance in carrying out a sentence of imprisonment pronounced by the military authorities of the United States under the provisions of this Article within the territory of the Republic of Korea. The authorities of the Republic of Korea shall also give symathetic consideration to a request from the authorities of the United States for the custody of any member of the United States armed forces or civilian component or a dependent, who is serving a sentence of confinement imposed by a court of the Republic of Korea. If such custody is released to the military authorities of the United States, the United States shall be obligated to continue the confinement of the individual in an appropriate confinement facility of the United States until the sentence to confinement shall have been served in full or until release from such confinement shall be approved by competent authorities of the Republic of Korea. In such cases, the authorities of the United States shall furnish relevant information on a routine basis to the authorities of the Republic of Korea, and a representative of the Government of the Republic of Korea shall have the right to have access to a member of the United States armed forces, the civilian component, or a dependent who is serving a sentence imposed by a court of the Republic of Korea in confinement facilities of the United States.

8. Where an accused has been tried in accordance with the provisions of this Article either by the authorities of the Republic of Korea or the military authorities of the United States and has been acquitted, or has been convicted and is serving, or has served, his sentence, or his sentence has been remitted or suspended, or he has been pardoned, he may not be tried again for the same offense within the territory of the Republic of Korea by the authorities of the other State. However, nothing in this paragraph shall prevent the military authorities of the United States from trying a member of its armed forces for any violation of rules of discipline arising from an act or omission which constituted an offense for which he was tried by the authorities of the Republic of Korea.

9. Whenever a member of te United Stales armed forces or civilian component or a dependent is prosecuted under the jurisdiction of the Republic of Korea he shall be entitled:
(a) a prompt and speedy trial:
(b) to be informed, in advance of trial, of the specific charge or charges made against him;
(c) to be confronted with the witnesses against him;
(d) to have compulsory process for obtaining witnesses in his favor, if they are within the jurisdiction of the Republic of Korea;

한미동맹: 자유·민주·번영의 가치동맹을 위하여

(e) to have legal representation of his own choice for his defense or to have free or assisted legal representation under the conditions prevailing for the time being in the Republic of Korea;

(f) if he considers it necessary, to have the services of a competent interpreter; and

(g) to communicate with a representative of the Government of the United States and to have such a representative present at his trial.

10. (a) Regularly constituted military units or formations of the United States armed forces shall have the right to police any facilities or areas which they use under Article 2 of this Agreement. The military police of such forces may take all appropriate measures to ensure the maintenance of order and security within such facilities and areas.

(b) Outside these facilities and areas, such military police shall be employed only subject to arrangements with the authorities of the Republic of Korea and in liaison with those authorities, and insofar as such employment is necessary to maintain discipline and order among the members of the United States armed forces, or ensure their security.

11. In the event of hostilities to which the provisions of Article 2 of the Mutual Defense Teaty apply, the provisions of this Agreement pertaining to criminal jurisdiction shall be immediately suspended and the military authorities of the United States shall have the right to exercise exclusive jurisdiction over members of the United States armed forces, the civilian component, and their dependents.

12. The provisions of this Article shall not apply to any offenses committed before the entry into force of this Agreement. Such cases shall be governed by the provisions of the Agreement between the Republic of Korea and the United States of America effected by an exchange of notes at Taejon on July 12, 1950.

Article 23
Claims

1. Each Party waives all its claims against the other Party for damage to any property owned by it and used by its armed forces, if such damage:
   (a) was caused by a member or an employee of the armed forces of the other Party, in performance of his official duties: or
   (b) arose from the use of any vehicle, vessel or aircraft owned by the other Party and used by its armed forces, provided either that the vehicle, vessel or aircraft causing the damage was being used for official purposes or that the damage was caused to property being so used.

Claims for maritime salvage by one Party against the other Party shall be waived, provided that the vessel or cargo salved was owned by the other Party and being used by its armed forces for official purposes.

2. (a) In the case of damage caused or arising as stated in paragraph 1 to other property owned by either Party, the issue of liability of the other Party shall be determined and the amount of damage shall be assessed, unless the two Governments agree otherwise, by a sole arbitrator selected in accrdance with subparagraph (b) of this paragraph. The arbitrator shall also decide any counterclaims arising out of -the same incident.
   (b) The arbitrator referred to in subparagraph (a) above shall be selected agreement between the two Governments from among the nationals of the Republic of Korea who hold or have held high judicial office.
   (c) Any decision taken by the arbitrator shall be binding and conclusive upon the Parties.
   (d) The amount of any compensation awarded by the arbitrator shall be distributed in accordance with the provisions of paragraph 5(e)(i), (ii) and (iii) of this Article.
   (e) The compensation of the arbitrator shall be fixed by agreement between the two Governments and shall, together with the necessary expenses incidental to the performance of his duties, be defrayed in equal proportions by them.
   (f) Each Party waives its claim in any such case up to the amount of 1,400 United States dollars or its equivalent in Korean currency at the rate

of exchange provided for in the Agreed Minute to Article 18 at the time the claim is filed.

3. For the purpose of paragraphs 1 and 2 of this Article the expression "owned by a Party" in the case of a vessel includes a vessel on bare boat charter to that Party or requisitioned by it on bare boat terms or seized by it in prize (except to the extent that the risk of loss or liability is borne by some person other than such Party).

4. Each Party waives all its claims against the other Party for injury or death suffered by any member of its armed forces while such member was engaged in the performance of his official duties.

5. Claims (other than contractual claims and those to which paragraph 6 or 7 of this Article apply) arising out of acts or omissions of members or employees of the United States armed forces, including those employees who are nationals of or ordinarily resident in the Republic of Korea, done in the performance of official duty, or out of any other act, omission or occurrence for which the United States armed forces are legally responsible, and causing damage in the Republic of Korea to third Parties, other than the Government of the Republic of Korea, shall be dealt with by the Republic of Korea in accordance with the following provisions:

(a) Claims shall be filed, considered and settled or adjudicated in accordance with the laws and regulations of the Republic of Korea with respect to the claims arising from the activities of its own armed forces.

(b) The Republic of Korea may settle any such claims, and payment of the amount, agreed upon or determined by adjudication shall be made by the Republic of Korea in won.

(c) Such payment, whether made pursuant to a settlement or to adjudication of the case by a competent tribunal of the Republic of Korea, or the final adjudication by such a tribunal denying payment, shall be binding and conclusive upon the Parties.

(d) Every claim paid by the Republic of Korea shall be communicated to the appropriate United States authorities together with full particulars and a proposed distribution in conformity with subparagraph (e)(i) and (ii) below. In default of a reply within two months, the proposed distribution shall be regarded as accepted.

(e) The cost incurred in satisfying claims pursuant to the preceding subparagraph and paragraph 2 of this Article shall be distributed between the Parties as follows:

(i) Where the United States alone is responsible, the amount awarded or adjudged shall be distributed in the proportion of 25 percent cargeable to the Republic of Korea and 75 percent chargeable to the United States.

(ii) Where the Republic of Korea and the United States are responsible for the damage, the amount awarded or adjudged shall be distributed equally between them. Where the damage was caused by the armed forces of the Republic of Korea or of the United States and it is not possible to attribute it specifically to one or both of those armed forces, the amount awarded or adjudged shall be distributed equally between the Republic of Korea and the United States.

(iii) Every half year, a statement of the sums paid by the Republic of Korea in the course of the half-yearly period in respect of every case regarding which the liability, amount, and proposed distribution on a percentage basis has been approved by both Governments shall be sent to the appropriate authorities of the United States, together with a request for reimbursement. Such reimbursement shall be made in won within the shortest possible time. The approval by both Governments as referred to in this subparagraph shall not prejudice any decision taken by the arbitrator or adjudication by a competent tribunal of the Republic of Korea as set forth in paragraphs 2(c) and 5(c) respectively.

(f) Members or employees of the United States armed forces, including those employees who are nationals of or ordinarily resident in the Republic of Korea, shall not be subject to any proceedings for the enforcement of any judgment given against them in the Republic of Korea in a matter arising from the performance of this official duties.

(g) Except insofar as subparagraph (e) of this paragraph applies to claims covered by paragraph 2 of this Article, the provisions of this paragraph shall not apply to any claim arising out of or in connection with the navigation or operation of a ship or the loading, carriage, or dicharge of a cargo, other than claims for death or personal injury to which paragraph 4 of this Article does not apply.

6. Claims against members or employees of the United States armed forces (except employees who are nationals of or ordinarily resident in the Republic of Korea) arising out of tortious acts or omissions in the Republic of Korea not done in the performance of official duty shall be dealt with in the following manner:
 (a) The authorities of the Republic of Korea shall consider the claim and assess compensation to the claimant in a fair and just manner, taking into account all the circumstances of the case, including the conduct of the injured person, and shall prepare a report on the matter.
 (b) The report shall be delivered to the appropriate United States authorities, who shall then decide without delay whether they will offer an exgratia payment, and if so, of what amount.
 (c) If an offer of exgratia payment is made, and accepted by the claimant in full satisfaction of his claim, the United States authorities shall make the payment themselves and inform the authorities of the Republic of Korea of their decision and of the sum paid.
 (d) Nothing in this paragraph shall affect the jurisdiction of the courts of the Republic of Korea to entertain an action against a member or employee of the United States armed forces unless and until there has been payment in full satisfaction of the claim.

7. Claims arising out of the unauthorized use of any vehicle of the United States armed forces shall be dealt with in accordance with paragraph 6 of this Article, except insofar as the United States armed forces are legally responsible.

8. If a dispute arises as to whether a tortious act or omission of a member or an employee o the United States armed forces was done in the performance of official duty or as to whether the use of any vehicle of the United States armed forces was unauthorized, the question shall be submitted to an arbitrator appointed in accordance with paragraph 2(b) of this Article, whose decision on this point shall be final and conclusive.

9. (a) The United States shall not claim immunity from the jurisdiction of the courts of the Republic of Korea for members or employees of the United States armed forces in respect of the civil jurisdiction of the courts of the Republic of Korea except in respect of proceedings for the enforcement of any judgement given against them in the Republic of Korea in a matter arising from the performance of their official duties or except after payment in full satisfaction of a claim.

(b) In the case of any private movable property, excluding that in use by the United States armed forces, which is subject to compulsory execution under the law of the Republic of Korea, and is within the facilities and areas in use by the United States armed forces, the authorities of the United States shall, upon the request of the courts of the Republic of Korea, render all assistance within their power to see that such property is turned over to the authorities of the Republic of Korea.

(c) The authorities of the Republic of Korea and the United States shall cooperate in the procurement of evidence for a fair disposition of claims under this Article.

10. Disputes arising out of contracts concerning the procurement of materials, supplies, equipment, or services by or for the United States armed forces, which are not resolved by the Parties to the contract concerned, may be submitted to the Joint Committee for conciliation, provided that the provisions of this paragraph shall not prejudice any right, which Parties to te contract may have, to file a civil suit.

11. Paragraph 2 and 5 of this Article shall apply only to claims arising incident to non-combat activities.

12. For the purposes of this Article, members of the Korean Augmentation to the United States Army (KATUSA) shall be considered as members of the United States armed forces.

13. The provisions of this Article shall not apply to any claims which arose before the entry into force of this Agreement. Such claims shall be processed and settled by the authorities of the United States.

Article 24
Vehicle and Driver's Licenses

1. The Republic of Korea shall accept as valid, without a driving test or fee, the driving permit or license, or military driving permit issued by the United States, or political subdivision thereof, to a member of the United States armed forces, the civilian component, and their dependents.

2. Official vehicles of the United States armed forces and the civilian component shall carry distinctive numbered plates or individual markings which will readily identify them.

3. The Government of the Republic of Korea will license and register those vehicles privately owned by members of the United States armed forces, the civilian component, or dependents. The names of the owners of such vehicles and such other pertinent information as is required by the law of the Republic of Korea to effect the licensing and registration of such vehicles shall be furnished to the Government of the Republic of Korea by officials of the Government of the United States through the Joint Committee. Except for the actual cost of the issuance of license plates, members of the United States armed forces, the civilian compnent, and their dependents shall be exempt from the payment of all fees and charges relating to the licensing, registration, or operation of vehicles in the Republic of Korea and, in accordance with the provisions of Article 14, from the payment of all taxes relating thereto.

Article 25
Security Measures

The Republic of Korea and the United States will cooperate in taking such steps as may from time to time be necessary to ensure the security of the United States armed forces, the members thereof, the civilian component, the persons who are present in the Republic of Korea pursuant to Article 15, their dependents and their property. The Government of the Republic of Korea agrees to seek such legislation and to take such other action as may be necessary to ensure the adequate security and protection within its territory of installations, equipment, property, records, and official information of the United States and, consistent with Article 22, to ensure the punishment of offenders under the applicable laws of the Republic of Korea.

Article 26
Health and Sanitation

Consistent with the right of the United States to furnish medical support for its armed forces, civilian component and their dependents, matters of mutual concern pertaining to the control and prevention of diseases and the coordination of other public health, medical, sanitation, and veterinary services shall be resolved by the authorities of the two Governments in the Joint Committee established under Article 28.

Article 27
Enrollment and Training of Reservists

The United States may enroll in its reserve forces and train, in he Republic of Korea, eligible United States citizens who are in the Republic of Korea.

Article 28
Joint Committee

1. A Joint Committee shall be established as the means for consultation between the Government of the Republic of Korea and the Government of the United States on all matters requiring mutual consultation regarding the implementation of this Agreement except where otherwise provided. In particular, the Joint Committee shall serve as the means for consultation in determining the facilities and areas in the Republic of Korea which are required for the use of the United States in carrying out the purposes of this Agreement,

2. The Joint Committee shall be composed of representative of the Government of the Republic of Korea and a representative of the Government of the United States, each of whom shall have one or more deputies and a staff. The Joint Committee shall determine its own procedures, and arrange for such auxiliary organs and administrative services as may be required. The Joint Committee shall be so organized that it may meet immediately at any time at the request of the representative of either the Government of the Republic of Korea or the Government of the United States.

3. If the Joint Committee is unable to resolve any matter, it shall refer that matter to the respective Governments for further consideration through appropriate channels.

Article 29
Entry into Force of Agreement

1. This Agreement shall enter into force three months after the date of a written notification from the Government of the Republic of Korea to the Government of the United States that it has approved the Agreement in accordance with its leal procedures.

2. The Government of the Republic of Korea shall undertake to seek from its legislature all legislative and budgetary action necessary to give effect to the provisions of this Agreement.

3. Subject to the provisions of Article 22, paragraph 12, this Agreement shall, upon its entry into force, supersede and replace the Agreement between the Government of the Republic of Korea and the Government of the United States on jurisdictional matters, effected by an exchange of notes at Taejon on July 12, 1950.

4. Within the scope of this Agreement, paragraph 13 of Article 3 of the Agreement on Economic Coordination between the Republic of Korea and the Unified Command of May 24, 1952, shall not apply to members of the United States armed forces, civilian component, invited contractors, or dependents thereof.

Article 30
Revision of Agreement

Either Government may at any time request the revision of any Article of this Agreement, in which case the two Governments shall enter into negotiations through appropriate channels.

Article 31
Duration of Agreement

This Agreement, and agreed revisions thereof, shall remain in force while the Mutual Defense Treaty between the Republic of Korea and the United States remains in force unless terminated earlier by agreement between the two Governments.

IN WITNESS WHEREOF the undersigned, being duly authorized by their respective Governments, have signed this Agreement.

DONE in duplicate, in the Korean and English languages. Both texts shall have equal authenticity, but in case of divergence the Engish text shall prevail.
DONE at Seoul this ninth day of July, 1966.

For the Republic of Korea;
America;
/s/ Tong Won Lee
/s/ Bok Kee Min

For the United States of

/s/ Dean Rusk
/s/ Winthrop G. Brown

AGREED MINUTES TO THE AGREEMENT UNDER ARTICLE 4 OF THE MUTUAL DEFENSE TREATY BETWEEN THE REPUBLIC OF KOREA AND THE UNITED STATES OF AMERICA, REGARDING FACILITIES AND AREAS AND THE STATUS OF UNITED STATES ARMED FORCES IN THE REPUBLIC OF KOREA

The Plenipotentiaries of the Republic of Korea and the United States of America wish to record the following understanding which they have reached during the negotiations for the Agreement under Article 4 of the Mutual Defense Treaty between the Republic of Korea and the United States of America, Regarding Facilities and Areas and the Status of United States Armed Forces in the Republic of Korea, signed today:

Article 1

With regard to subparagraph (b), it is recognized that persons possessing certain skills, not available from Korean or United States sources, who are nationals of third states, may be brought into the Republic of Korea by the United States armed forces solely for employment by the United States armed forces. Such persons, and third state nationals who are employed by, serving with, or accompanying the United States armed forces in the Republic of Korea when this Agreement becomes effective, shall be considered as members of the civilian component.

Article 3

It is agreed that in the event of an emergency, the United States armed forces shall be authorized to take such measures in the vicinity of the facilities and areas as may be necessary to provide for their safeguarding and control.

Article 4

1. All removable facilities erected or constructed by or on behalf of the United States at its expense and all equipment, material and supplies brought into or procured in the Republic of Korea by or on behalf of the United States in connection with the construction, development, operation, maintenance, safeguarding and control of the facilities and areas will remain the property of the United States Government and may be removed from the Republic of Korea.

2. All removable facilities, equipment and material or portions thereof provided by the Republic of Korea under this Agreement and located within the facilities and areas referred to in this Article shall be returned to the Republic of Korea whenever they are no longer needed for the purpose of this Agreement.

Article 6

1. It is understood that any changes determined by the authorities of the Republic of Korea in priorities, conditions, and rates or tariffs, applicable to the United States armed forces shall be the subject of consultation in the Joint Committee prior to their effective date.

2. This Article will not be construed as in any way abrogating the Utilities Claims Settlement Agreement of December 18, 1958, which continues in full force and effect unless otherwise agreed by the two Governments.

3. In an emergency the Republic of Korea agrees to take appropriate measures to assure provision of utilities and services necessary to meet the needs of the United States armed forces.

Artice 8

1. With regard to paragraph 3(a), United States armed forces law enforcement personnel (such as Military Police, Shore Patrol, Air Police,

한미동맹: 자유·민주·번영의 가치동맹을 위하여

Office of Special Investigations, Criminal Investigation Division, and Counterintelligence Corps), who engage in military police activities in the Republic of Korea, will carry a bilingual identity card containing the bearer´s name, position, and the fact that he is a member of a law enforcement agency. This card will be shown upon request to persons concerned when the bearer is in the performance of duty.

2. The United States armed forces will furnish, upon request, to the authorities of the Republic of Korea the form of the identification cards of the members of the United States armed forces, the civilian component, and their dependents and descriptions of the various uniforms of the United States armed forces in the Republic of Korea.

3. The final sentence of paragraph 3 means that members of the United States armed forces will display their identity cards upon request but will not be required to surrender them to authorities of the Republic of Korea.

4. Following a change of status pursuant to paragraph 5, the responsibilities of the United States authorities under paragraph 6 shall arise only if the expulsion order is issued within a reasonable time after the notice under paragraph 5 has been communicated to the authorities of the Republic of Korea.

Article 9

1. The quantity of goods imported under paragraph 2 by non-appropriated fund organizations of the United States armed forces for the use of persons authorized by Article 13 and its Agreed Minute shall be limited to the extent reasonably required for such use.

2. Paragraph 3(a) doe not require concurrent shipment of goods with travel of owner nor does it require single loading or shipment. In this connection, members of the United States armed forces or civilian component and their dependents may import free of duty reasonable quantities of their furniture, household goods and personal effects

during a period of six months from the date of their first arrival.

3. The term "military cargo" as used in paragraph 5(c) is not confined to arms and equipment but refers to all cargo consigned to the United States armed forces (including their authorized procurement agencies and their non-appropriated fund organizations provided for in Article 13). Pertinent information on cargo consigned to non-appropriated fund organizations will be furnished on a routine basis to the authorities of the Republic of Korea. The extent of the pertinent information will be determined by the Joint Committee.

4. The United States armed forces will take every practicable measure to ensure that goods will not be imported into the Republic of Korea by or for the members of the United States armed forces, the civilian component, or their dependents, the entry of which would be in violation of customs laws and regulations of the Republic of Korea. The United States armed forces will promptly notify customs authorities of the Republic of Korea whenever the entry of such is discovered.

5. The customs authorities of the Republic of Korea may, if they consider that there has been an abuse or infringement in connection with the entry of goods under Article 9, take up the matter with the appropriate authorities of the United States armed forces.

6. The words "The United States armed forces shall render all assistance within their power", etc., in paragraph 9(b) and (c) refer to reasonable and practicable measures by te United States armed forces.

7. It is understood that the duty-free treatment provided in paragraph 2 shall apply to materials, supplies, and equipment imported for sale through commissaries and non-appropriated fund organizations, under such regulations as the United States armed forces may promulgate, to those individuals and organizations referred to in Article 13 and its Agreed Minute.

Article 10

1. "United States and foreign vessels⋯⋯operated by, for, or under the control of the United States for official purposes" means public vessels and chartered vessels (bare boat charter, voyage charter and time charter). Space charter is not included. Commercial cargo and private passengers are carried them only in exceptional cases.

2. The ports of the Republic of Korea mentioned herein will ordinarily mean "open ports."

3. The exemption from making the "appropriate notification" referred to in paragraph 3 will apply only in unusual cases where such is required for security of the United States armed forces or similar reasons.

4. The laws and regulations of the Republic of Korea will be applicable except as specifically provided otherwise in this Article.

Article 12

Installation by the United States armed forces of permanent navigational aids for vessels and aircraft outside of facilities and areas in use by the United States armed forces will be effected in accordance with the procedures established under paragraph 1 of Article 3.

Article 13

The United States armed forces may grant the use of the organiztions referred to in paragraph 1 of Article 13 to: (a) other officers or personnel of the Government of the United States ordinarily accorded such privileges; (b) those other non-Korean armed forces in the Republic of Korea under the Unified Command which receive logistical support from the United States armed forces, and their members; (c) those non-Korean persons whose presence in the Republic of Korea is solely for the purpose of providing contract services financed by the Government of the United States; (d) those organizations which are present in the Republic of Korea primarily for the benefit and service of the United States armed forces, such as the American Red Cross and the United Service Organizations, and their non-Korean personnel; (e) dependents of the foregoing; and (f) other persons and organizations with the express consent of the Government of the Republic of Korea.

Article 15

1. The execution of contracts with the United States in addition to those in paragraph 1 of Article 15 shall not exclude the persons provide for in Article 15 from the application of that Article.

2. Contractor employees who are present in the Republic of Korea or the effective date of this Agreement and who would qualify for the privileges contained in Article 15 but for the fact that they are not ordinarily resident in the United States shall be entitled to enjoy such privileges so long as their presence is for the purpose stated in paragraph 1 of Article 15.

Article 16

1. The United States armed forces will furnish the authorities of the Republic of Korea with appropriate information as far in advance as practicable on anticipated major changes in their procurement program in the Republic of Korea.

2. The problem of a satisfactory settlement of difficulties with respect to procurement contracts arising out of differences between economic laws and business practice of the Republic of Korea and the United States will be studied by the Joint Committee or other appropriate representatives.

3. The procedures for securing exemptions from taxation on purchases of goods for ultimate use by the United States armed forces will be as follows:

(a) Upon appropriate certification by the United States armed forces that materials, supplies and equipment consigned to or destined for such forces, are to be used, or wholly or partially used up, under the supervision of such forces, exclusively in the execution of contracts for the construction, maintenance or operation of the facilities and areas referred to in Article 5 or for the support of the forces therein, or are ultimately to be incorporated into articles or facilities used by such forces, an authorized representative of such forces shall take delivery of such materials, supplies and equipment directly from manufacturers thereof. In such circumstances the collection of taxes referred to in Article 16, paragraph 3 shall be held in abeyance.

(b) The receipt of such materials, supplies and equipment in the facilities and areas shall be confirmed by an authorized representative of the United States armed forces to the authorities of the Republic of Korea.

(c) Collection of the taxes on such materials, supplies and equipment shall be held in abeyance until:
  (i) the United States armed forces confirm and certify the quantity or degree of consumption of the above referred to materials, supplies and equipment, or
  (ii) the United States armed forces confirm and certify the amount of the above referred to materials, supplies, and equipment which have been incorporated into articles or facilities used by the United States armed forces.

(d) Materials, supplies and equipment certified under (c)(i) or (ii) shall he exempt from taxes referred to in Article 16, paragraph 3 insofar as the price thereof is paid out of appropriations of the Government of the United States or out of funds contributed by the Government of the Republic of Korea for disbursement by the Government of the United States.

4. Regarding paragraph 3 it is understood that "materials, supplies, equipment and services procured for official purposes" refers to direct procurement by the United States armed forces or their authorized procurement agencies from Korean suppliers. "Materials, supplies, equipment and services procured for ultimate use" refers to procurement by contractors of the United States armed forces from Korean suppliers

of items to be incorporated into or necessary for the production of the end product of their contracts with the United States armed forces.

Article 17

1. It is understood that the Government of the Republic of Korea shall be reimbursed for direct costs incurred in providing assistance requested pursuant to paragraph 2.

2. The undertaking of the Government. of the United States to conform to the provisions of labor legislation of the Republic of Korea does not imply any waiver by the Government of the United States of its immunities under international law. The Government of the United States may terminate employment at any time the continuation of such employment is inconsistent with the military requirements of the United States armed forces.

3. Employers will withhold from the pay of their employees, and pay over to the Government of the Republic of Korea, withholdings required by the income tax legislation of the Republic of Korea.

4. When employers cannot conform with provisions of labor legislation of the Republic of Korea applicable under this Article on account of the military requirements of the United States armed forces, the matter shall be referred, in advance, to the Joint Committee for consideration and appropriate action. In the event mutual agreement cannot be reached in the Joint Committee regarding appropriate action, the issue may be made the subject of review through discussions between appropriate officials of the Government of the Republic of Korea and the diplomatic mission of the United States of America.

5. A union or other employee group shall be recognized by the employers unless its objectives are inimical to the common interests of the Republic of Korea and the United States. Membership or non-membership in such groups shall not be a factor in employment or other actions affecting employees.

한미동맹: 자유·민주·번영의 가치동맹을 위하여

Article 18

Payment in the Republic of Korea by the United States armed forces, including those organizations provided for in Article 13, to persons other than members of the United States armed forces, civilian component, their dependents and those persons referred to in Article 15 shall be effected in accordance with the Foreign Exchange Control Law and regulations of the Republic of Korea. The funds to be used for these transactions shall be convertible into currency of the Republic of Korea at the highest rate in terms of the number of Korean won per United States dollar which, at the time the conversion is made, is not unlawful in the Republic of Korea.

Article 20

United States military post offices may be used by other officers and prsonnel of the Government of the United States, and their dependents, ordinarily accorded such privilieges abroad.

Article 22

The provisions of this Article shall not affect existing agreements, arrangements, or practices, relating to the exercise of jurisdiction over personnel of the United Nations forces present in the Republic of Korea other than forces of the United States.

Re Paragraph l(a)
It is understood that under the present state of United States law, the military authorities of the United States have no effective criminal jurisdiction in peacetime over members of the civilian component or dependents. If the scope of United States military jurisdiction changes as a result of subsequent legislation, constitutional amendment, or decision by appropriate authorities of the United States, the Government of the United States shall inform the Government of the Republic of Korea through diplomatic channels.

Re Paragraph 1(b)

1. In the event that martial law is declared by the Republic of Korea, the provisions of this Article shall be immediately suspended in the part of the Republic of Korea under martial law, and the military authorities of the United States shall have the right to exercise exclusive jurisdiction over members of the United States armed forces or civilian component, and their dependents, in such part until martial law is ended.

2. The jurisdiction of the authorities of the Republic of Korea over members of the United States armed forces or civilian component, and their dependents, shall not extend to any offenses committed outside the Republic of Korea.

Re Paragraph 2

The Republic of Korea, recognizing the effectiveness in appropriate cases of the administrative and disciplinary sanctions which may be imposed by the United States authorities over members of the United States armed forces or civilian component, and their dependents, may, at the request of the military authorities of the United States, waive its right lo exercise jurisdiction under paragraph 2.

Re Paragraph 2(c)

Each Government shall inform the other of the details of all security offenses mentioned in this subparagraph, and of the provisions regarding such offenses in its legislation.

Re Paragraph 3(a)

1. Where a member of the United States armed forces or civilian component is charged with an offense, a certificate issued by competent military authorities of the United States stating that the alleged offense, if committed by him, arose out of an act or omission done in the performance of official duty shall be sufficient evidence of the fact for the purpose of determining primary jurisdiction. The term "official duty" as used in this Article and Agreed Minute is not meant to include all acts by members of the United States armed forces and the civilian component during periods when they are on duty, but is meant to apply only to acts which are required to be done as functions of those duties which the individuals are performing.

2. In those exceptional cases where the Chief Prosecutor for the Republic of Korea considers that there is proof contrary to a certificate of official duty, it shall be made the subject of review through discussions between appropriate officials of the Government of the Republic of Korea and the diplomatic mission of the United States in the Republic of Korea.

Re Paragraph 3(b).

1. The authorities of the Republic of Korea, recognizng that it is the primary responsibility of the military authorities of the United States to maintain good order and discipline where persons subject to United States military laws are concerned, will, upon the request of the military authorities of the United States pursuant to paragraph 3(c), waive their primary right to exercise jurisdiction under paragraph 3(b) except when they determine that it is of particular importance that jurisdiction be exercised by the authorities of the Republic of Korea.

2. With the consent of the competent authorities of the Republic of Korea, the military authorities of the United States may transfer to the courts or authorities of the Republic of Korea for investigation, trial and decision, particular criminal cases in which jurisdiction rests with the United States.

With the consent of the military authorities of the United States, the competent authorities of the Republic of Korea may transfer to the military authorities of the United States for investigation, trial and decision, particular criminal cases in which jurisdiction rests with the Republic of Korea.

3. (a) Where a member of the United States armed forces or civilian component, or a dependent, is arraigned before a court of the United States, for an offense committed in the Republic of Korea against Korean interests, the trial shall be held within the Republic of Korea,

   (i) except where the law of the United States requires otherwise, or

   (ii) except where, in cases of military exigency or in the interests of justice, the military authorities of the United States intend to hold the trial outside the Republic of Korea. In this event they shall afford the authorities of the Republic of Korea timely opportunity to comment on such intention and shall give due consideration to any comments the latter may make.

(b) Where the trial is held outside of the Republic of Korea the military authorities of the United States shall inform the authorities of the Republic of Korea of the place and date of the trial. A representative of the Republic of Korea shall be entitled to be present at the trial. The authorities of the United States shall inform the authorities of the Republic of Korea of the judgment and final outcome of the proceedings.

4. In the implementation of the provisions of this Article, and to facilitate the expeditious disposal of offenses, arrangements may be made between the competent authorities of the Republic of Korea and the military authorities of the United States.

Re Paragraph 6
1. The authorities of the Republic of Korea and the military authorities of the United States shall assist each other in obtaining the appearance of witnesses necessary for the proceedings conducted by such authorities within the Republic of Korea.
When a member of the United States armed forces in the Republic of Korea is summoned to appear before a court of the Republic of Korea as a witness or as a defendant, United States military authorities shall, unless military exigency requires otherwise, secure his attendance provided such attendance is compulsory under the law of the Republic of Korea. If military exigency prevents such attendance, the military authorities of the United States shall furnish a certificate stating the estimated duration of such disability.
Service of process upon a member of the United States armed forces or civilian component, or a dependent required as a witness or a defendant must be personal service in the English language. Where the service of process is to be effected by a process server of the Republic of Korea upon any person who is inside a mlitary installation or area, the military authorities of the United States shall take all measures necessary to enable the process server to effect such service.
In addition, the authorities of the Republic of Korea shall promptly give copies of all criminal writs (including warrants, summonses, indictments, and subpoenas) to an agent designated by the United States military authorities to receive them in all cases of criminal proceedings of the Republic of Korea

involving a member of the United States armed forces or civilian component, or a dependent.

When citizens or residents of the Republic of Korea are required as witnesses or experts by the military authorities of the United States, the courts and authorities of the Republic of Korea shall, in accordance with law of the Republic of Korea, secure the attendance of such persons. In these cases the military authorities of the United States shall act through the Attorney General of the Republic of Korea, or such other agency as is designated by the authorities of the Republic of Korea.

Fees and other payments for witnesses shall be determined by the Joint Committee established under Article 28.

2. The privileges and immunities of witnesses shall be those accorded by the law of the court, tribunal or authority before which they appear. In no event shall a witness be required to provide testimony which may tend to incriminate him.

3. If, in the course of criminal proceedings before authorities of the Republic of Korea or the United States, the disclosure of an official secret of either of these States or the disclosure of any information which may prejudice the security of either appears necessary for the just disposition of the proceedings, the authorities concerned shall seek written permission to make such disclosure from the appropriate authrity of the State concerned.

Re Paragraph 9(a)
The right to a prompt and speedy trial by the courts of the Republic of Korea shall include public trial by an impartial tribunal composed exclusively of judges who have completed their probationary period. A member of the United States armed forces, or civilian component, or a dependent, shall not be tried by a military tribunal of the Republic of Korea.

Re Paragraph 9(b)
A member of the United States armed forces or civilian component, or a dependent, shall not be arrested or detained by the authorities of the Republic of Korea without adequate cause, and he shall be entitled to an immediate hearing at which such cause must be shown in open court in his

presence and the presence of his counsel. His immediate release shall be ordered if adequate cause is not shown. Immediately upon arrest or detention he shall be informed of the charges against him in a language which he understands. He shall also be informed a reasonable time prior to trial of the nature of the evidence that is to be used against him. Counsel for the accused shall, upon request, be afforded the opportunity before trial to examine and copy the statements of witnesses obtained by authorities of the Republic of Korea which are included in the file forwarded to the court of the Republic of Korea scheduled to try the ease.

Re Paragraph 9(c) and (d)

A member of the United States armed forces or civilian component, or a dependent, who is prosecuted by the authorities of the Republic of Korea shall have the right to be present throughout the testimony of all witnesses, for and against him, in all judicial examinations, pretrial hearings, the trial itself, and subsequent proceedings, and shall be permitted full opportuity to examine the witnesses.

Re Paragraph 9(e)

The right to legal representation shall exist from the moment of arrest or detention and shall include the right to have counsel present, and to consult confidentially with such counsel, at all preliminary investigations, examinations, pretrial hearings, the trial itself, and subsequent proceedings, at which the accused is present.

Re Paragraph 9(f)

The right to have the services of a competent interpreter shall exist from the moment of arrest or detention.

Re Paragraph 9(g)

The right to communicate with a representative of the Government of the United States shall exist from the moment of arrest or detention, and no statement of the accused taken in the absence of such a representative shall be admissible as evidence in support of the guilt of the accused. Such representative shall be entitled to be present at all preliminary investigations, examinations, pretrial hearings, the trial itself, and subsequent proceedings, at which the accused is present.

Re Paragraph 9

A member of the United States armed forces or civilian component, or a dependent, tried by the authorities of the Republic of Korea shall be accorded every procedural and substantive right granted by law to the citizens of the Republic of Korea. If it should appear that an accused has been, or is likely to be, denied any procedural or substantive right granted by law to the citizens of the Republic of Korea, representatives of the two Governments shall consult in the Joint Committee on the measures necessary to prevent or cure such denial of rights.

In addition to the rights enumerated in items (a) through (g) of paragraph 9 of this Article, a memberof the United States armed forces or civilian component, or a dependent, who is prosecuted by the authorities of the Republic of Korea:

(a) shall have the right to appeal a conviction or sentence;

(b) shall have credited to any sentence of confinement his period of pretrial confinement in a confinement facility of the Republic of Korea or the United States;

(c) shall not be held guilty of a criminal offense on account of any act or omission which did not constitute a criminal offense under the law of the Republic of Korea at the time it was committed;

(d) shall not be subject to a heavier penalty than the one that was applicable at the time the alleged criminal offense was committed or was adjudged by the court of first instance as the original sentence;

(e) shall not be held guilty of an offense on the basis of rules of evidence or requirements of proof which have been altered to his prejudice since the date of the commission of the offense;

(f) shall not be compelled to testify against or otherwise incriminate himself;

(g) shall not be subject to cruel or unusual punishment;

(h) shall not be subject to prosecution or punishment by legislative or executive act;

(i) shall not be prosecuted or punished more than once for the same offense;

(j) shall not be required to stand trial if he is physically or mentally unfit to stand trial and participate in his defense;

(k) shall not be subject to trial except under conditions consonant with the dignity of the United States armed forces, including appearing in appropriate military or civilian attire and unmanacled.

No confession, admisson or other statement, obtained by torture, violence, threat, deceit, or after prolonged arrest, or detention, or which has been made involuntarily, and no real evidence which has been obtained by torture, violence, threat, deceit, or as a result of an unreasonable search and seizure without a warrant, will be considered by the courts of the Republic of Korea as evidence in support of the guilt of the accused under this Article.

In any case prosecuted by the authorities of the Republic of Korea under this Article no appeal will be taken by the prosecution from a judgment of not guilty or an acquittal nor will an appeal be taken by the prosecution from any judgment which the accused does not appeal, except upon grounds of errors of law.

The military authorities of the United States shall have the right to inspect any confinement facility of the Republic of Korea in which a member of the United States armed forces, civilian component, or a dependent is confined, or in which it is proposed to confine such an individual.

In the event of hostilities, the Republic of Korea will take all possible measures to safeguard members of the United States armed forces, members of the civilian component, and their dependents who are confined in confinement facilities of the Republic of Korea, whether awaiting trial or serving a sentence imposed by the courts of the Republic of Korea. The Republic of Korea shall give sympathetic consideration to requests for release of these persons to the custody of responsible United States military authorities. Necessary implementing provisions shall be agreed upon between the two Governments through the Joint Committee.

Facilities utilized for the execution of a sentence to death or a period of confinement, imprisonment, or penal servitude, or for the detention of members of the United States armed forces or civiliancomponent or dependents, will meet minimum standards as agreed by the Joint Committee. The military authorities of the United States shall have the right upon request to have access at any time to members of the United States armed forces, the civilian component, or their dependents who are confined or detained by authorities of the Republic of Korea. During the visit of these persons at confinement facilities of the Republic of Korea, military authorities of the United States shall be authorized to provide supplementary care and provisions for such persons, such as clothing, food, bedding, and medical and dental treatment.

Re Paragraph 10(a) and (b)

1. The military authorities of the United States will normally make all arrests within facilities and areas in use by the United States armed forces. This shall not preclude the authorities of the Republic of Korea from making arrests within facilities and areas in cases where the competent authorities of the United States armed forces have given consent, or in cases of pursuit of a flagrant offender who has committed a serious crime.

Where persons whose arrest is desired by the authorities of the Republic of Korea, and who are not members of the United States armed forces or civilian component or dependents, are within facilities and areas in use by the United States armed forces, the military authorities of the United States will undertake, upon request, to arrest such persons. Any person arrested by the military authorities of the United States who is not a member of the United States armed forces or a civilian component or a dependent shall immediately be turned over to the authorities of the Republic of Korea. The military authorities of the United States may arrest or detain in the vicinity of a facility or area any person in the commission or attempted commission of an offense aainst the security of that facility or area. Any such person who is not a member of the United States armed forces or civilian component or a dependent shall immediately be turned over to the authorities of the Republic of Korea.

2. The authorities of the Republic of Korea will normally not exercise the right of search, seizure, or inspection with respect to any person or property within facilities and areas in use by the United States armed forces or with respect to property of the United States wherever situated, except in cases where the competent military authorities of the United States consent to such search, seizure, or inspection by the authorities of the Republic of Korea of such persons or property. Where search, seizure, or inspection with respect to persons or property within facilities and areas in use by the United States armed forces or with respect to property of the United States in the Republic of Korea is desired by the authorities of the Republic of Korea, the military authorities of the United States will undertake, upon request, to make such search, seizure, or inspection. In the event of a judgment concerning such property, except property owned or utilized by the

Government of the United States or its instrumentalities, the United States will in accordance with its laws turn over such property to the authorities of the Republic of Korea for disposition in accordance with the judgment.

Article 23

1. Unless otherwise provided, the provisions of paragraphs 5, 6, 7 and 8 of this Article will become effective six months from the date of entry into force of this Agreement with respect to claims arising from incidents in the Seoul Special City area, and one year from that date with respect to claims arising elsewhere in the Republic of Korea.

2. Until such time as the provisions of paragraphs 5, 6, 7 and 8 become effective in any given area,
   (a) The United States shall process and settle claims (other than contractual claims) arising out of the acts or omissions of members or employees of the United States armed forces done in the performance of official duty or out of any other act, omission or occurrence for which the United States armed forces are legally responsible, which cause damage in the Republic of Korea to Parties other than the two Governments;
   (b) The United States shall entertain other non-contractual claims against members or employees of the armed forces and may offer an exgratia payment in such cases and in such amounts as is determined by the appropriate United States authorities; and
   (c) Each Party shall have the right to determine whether a member or employee of its armed forces was engaged in the performance of official duties and whether property owned by it was being used by its armed forces for official purposes.

3. For the purposes of subparagraph 2(d), subparagraph 5(e) shall be effective throughout the Republic of Korea from the date of entry into force of this Agreement.

Article 28

The exception provided for in the first sentence of paragraph 1 is relevant only to paragraph 2, subparagraphs (b) and (c) of Article 3.

Seoul, July 9, 1966

/Initial/   /Initial/
T.W.L,   W.G.B

AGREED UNDERSTANDINGS TO THE AGREEMENT UNDER ARTICLE 4 OF THE MUTUAL DEFENSE TREATY BETWEEN THE REPUBLIC OF KOREA AND THE UNITED STATES OF AMERICA, REGARDING FACILITIES AND AREAS AND THE STATUS OF UNITED STATES ARMED FORCES IN THE REPUBLIC OF KOREA AND RELATED AGREED MINUTES

Article 9

PARAGRAPH 5

1. Examination of parcels in the United States Military Post Office mails in the Republic of Korea by customs inspectors of the Republic of Korea will be conducted so as not to damage the contents of the parcels inspected or delay delivery of the mail.
2. Such examinations will be conducted in United States military post office installations in the presence of United States officials.
3. No parcel in the military post office mails will be removed from United States postal channels except as mutually agreed.
4. It is understood that the right of inspection will be exercised on a "sample check" basis so as not to unduly delay delivery or increase the administrative burden of the postal authorities.

AGREED MINUTE 3

1. Pertinent information shall include cargo manifests and shipping documents.
2. In addition to information provided on a routine basis, other pertinent information will be provided on request through the Joint Committee.

Article 13

AGREED MINUTE
It is understood that the present use of Non-appropriated Fund organizations by organizations and persons other than those referred to in items (a), (b), (c), (d), and (e) shall immediately be suspended at the time of the entry into force of this Agreement. The extent of organizations and persons to be granted the use of such organizations under item (f) of this minute shall be left to further negotiations between the apropriate authorities of the two Governments.

Article 15

PARAGRAPH 1
If the United States authorities determine that there would be significant advantage for Republic of Korea-United States mutual defense to utilize one or more third-country corporations as United States Armed Forces invited contractors, the authorities of the Government of the Republic of Korea shall give sympathetic consideration to a United States request to extend the benefits of this agreement to such non-United States corporations.

PARAGRAPH 8
Unless otherwise agreed in the Joint Committee, the privileges provided for in the second sentence of paragraph 8 of this Article shall he extended only to United States Nationals.

Article 17

PARAGRAPH 1(b)
1. Local residents, who are third-country nationals and are also local-hire United States armed forces employees, and local-hire invited contractor employes paid in won, on the effective date of the Agreement, shall be excluded from the application of this provision.
2. The provisions of paragraph 1(b) do not preclude the United States armed forces from bringing into the Republic of Korea, without privileges, third-country contractor employees possessing special skills

not available from the Korean labor force.
PARAGRAPH 3 AND AGREED MINUTE 4

It is understood that the deviation from labor legislation of the Republic of Korea need not be referred to the Joint Committee in cases when such referral would seriously hamper military operations in an emergency.

Article 19

The Republic of Korea and the United States agree that nothing in this Agreement in any way prevents the appropriate authorities of either the Republic of Korea or the United States from raising any appropriate matter at any time with each other. The United States authorities recognize the desire of the authorities of the Republic of Korea to discuss the disposal of military payment certificates under custody of the Government of the Republic of Korea. However, bath the Republic of Korea and United States authorities have agreed to remove from the text of the Status of Forces Agreement any reference to the question of compensation for military payment certificates held by unauthorized persons. This agreement does not prejudice the position of either Party in connection with discussion of this question through other channels.

Article 22

AGREED MINUTE RE PARAGRAPH 1(a)

The Government of the Republic of Korea agrees that, upon notification under the second sentence of the Agreed Minute Re Paragraph 1(a), the military authorities of the United States may exercise jurisdiction over such persons in accordance with the terms of the Criminal Jurisdiction Article.

PARAGRAPH 1(b)

The civil authorities of the Republic of Korea will retain full control over the arrest, investigation and trial of a member of the United States armed forces or civilian component or a dependent.

AGREED MINUTE RE PARAGRAPH 2

It is understood that the United States authorities shall exercise utmost restraint in requesting waivers of exclusive jurisdiction as provided for in the Agreed Minute Re Paragraph 2 of this Article.

AGREED INUTE RE PARAGRAPH 3(a)

1. With regard to the Agreed Minute Re Paragraph 3(a), a substantial departure from the acts a person is required to perform in an particular duty usually will indicate an act outside of his "official duty."

2. A duty certificate shall be issued only upon the advice of a Staff Judge advocate, and the competent authority issuing the duty certificate shall be a general grade officer.

3. (a) The certificate will be conclusive unless modification is agreed upon. The United States authorities shall give due consideration to any objection which may be raised by the Chief Prosecutor for the Republic of Korea.

  (b) The accused should not be deprived of his entitlement to a prompt and speedy trial as a result of protracted reconsideration of the duty certificate.

AGREED MINUTE RE PARAGRAPH 3(b)

1. It is understood that the term "of particular importance" has reference to those cases in which, after a careful examination of each specific case, the exercise of jurisdiction by the Republic of Korea is deemed essential, and the term has reference, in general but not exclusively, to the following types of offense:

 (a) security offenses against the Republic of Korea;

 (b) offenses causing the death of a human being, robbery, and rape, except where the offenses are directed against a member of the United States armed forces, the civilian component, or a dependent; and

 (c) attempts to commit such offenses or participation therein.

2. In respect of the offenses referred to in the above paragraph, the authorities concerned shall proceed in particularly close cooperation from the beginning of the preliminary investigtion in order to provide the mutual assistance envisaged in paragraph 6 of Article 22.

3. In cases where, in the view of the United States authorities, any question arises concerning the determination that a case is one "of particular importance", the United States diplomatic mission reserves the right and expects to be afforded an opportunity to confer with the proper

authorities of the Republic of Korea.

PARAGRAPH 5
With regard to the custody of the accused in the hands of the authorities of the Republic of Korea in connection with security offenses:
1. There must be mutual Republic of Korea-United States agreement as to the circumstances in which such custody is appropriate.
2. Confinenment facilities of the Republic of Korea must be adequate by the United States standards.

AGREED MINUTE RE PARAGRAPH 9, SUB-PARAGRAPH (a) OF SECOND UNNUMBERED PARAGRAPH

Under the appellate procedure of the courts of the Republic of Korea, the accused may request a re-examination of the evidence, including new evidence and witnesses, as a basis for new findings of fact by the appellate court.

Article 23

PARAGRAPH 12
The liability for claims generated by Korean Service Corps personnel will be determined by other negotiations between the Republic of Korea and the United States.

Article 25

In cooperating with each other under this Article, the two Governments agree that each will take such measures as may be necessary to ensure the security and protection of the United States armed forces, the members thereof, the civilian component, the persons who are present in the Republic of Korea pursuant to the Article dealing with invited contractors, their dependents and their property.

EXCHANGE OF LETTERS ON JULY 9, 1966 BETWEEN THE MINISTER OF FOREIGN AFFAIRS OF THE REPUBLIC OF KOREA AND THE AMBASSADOR OF THE UNITED STATES OF AMERICA TO THE REPUBLIC OF KOREA, REGARDING ARTICLE 22 AND AGREED MINUTES RE PARAGRAPH 3 (b)

Letter from the Foreign Minister to the U.S. Ambassador

July 9, 1966

Dear Mr. Ambassador:

Today the Governments of the Republic of Korea and the United States have formally signed the Agreement between the United Stats of America and the Republic of Korea regarding facilities and areas and the status of United States armed forces in the Republic of Korea. Article 22 of that Agreement and its Agreed Minutes provide for the exercise of jurisdiction over members of the United States armed forces, the civilian component, and their dependents in the Republic of Korea. In this regard, the Government of the Republic of Korea, conscious of the strong ties of mutual respect and friendship which bind our two countries, and recognizing the vital role which United States armed forces play in the defense of the Republic of Korea, proposes the following understandings for procedural arrangements pursuant to Paragraph 4 of the Agreed Minute Re Paragraph 3(b):

That, to facilitate the processing of cases resulting from the presence of United States armed forces deployed in the Republic of Korea for mutual defense purposes, in implementation of the provisions of the Agreed Minute Re Paragraph 3(b), the Government of the Republic of Korea wil not require the military authorities of the United States to make a request for a waiver in each particular case, and the military authorities of the United States shall have jurisdiction unless the Government of the Republic of Korea determines in a specific case that it is of particular importance.

That, in the interest of expediting the administration of justice, any such determination by the Government of the Republic of Korea shall be provided in writing by that jurisdiction be exercised therein by the authorities of the Republic of Korea; the Minister of Justice to the appropriate military authorities of the United States within fifteen days after the Republic of Korea is notified or is otherwise apprised of the commission of an offense falling within its primary jurisdiction, or such shorter period as may be mutually agreed upon pursuant to Paragraph 4 of the Agreed Minute in Paragraph 3(b). The military authorities of the United States shall not exercise jurisdiction before the fifteen days or other agreed period.

I would be grateful for your confirmation of the above understandings.

Sincerely yours,

/Signed/
Tong Won Lee
Minister of Foreign Affairs

His Excellency
Winthrop G. Brown
Ambassador of the United States of America

Letter from the U.S. Ambassador to the Foreign Minister

July 9, 1966

Dear Mr. Minister:

I have received your letter of this date on the subject of the Agreement signed today between the Republic of Korea and the United States of America rgarding facilities and areas and the status of United States armed forces in the Republic of Korea, and confirm the following understandings contained therein with respect to the exercise of jurisdiction over members of the United States armed forces, the civilian component, and their dependents:

That, to facilitate the processing of cases resulting from the presence of United States armed forces deployed in the Republic of Korea for mutual defense purposes, in implementation of the provisions of the Agreed Minute Re Paragraph 3(b), the Government of the Republic of Korea will not require the military authorities of the United States to make a request for a waiver in each particular case, and the military authorities of the United States shall have jurisdiction unless the Government of the Republic of Korea determines in a specific case that it is of particular importance that jurisdiction be exercised therein by the authorities of the Republic of Korea;

That, in the interest of expediting the administration of justice, any such determination by the Government of the Republic of Korea shall be provided in writing by the Minister of Justice to the appropriate military authorities of the United States within fifteen days after the Republic of Korea is notified or is otherwise apprised of the commission of an offense falling within its primary jurisdiction, or such shorter period as may be mutually agreed upon pursuant to Paragraph 4 of the Agreed Minute Re Paragraph 3(b). The military authorities of the United States shall not exercise jurisdiction before the expiration of the fifteen days or other agreed period.

Very sincerely yours,

Winthrop G. Brown
Ambassador

His Excellency
Tong Won Lee
Minister of Foreign Affairs of the Republic of Korea
Seoul, Korea

한미동맹 70주년 기념 한미 정상 공동성명

2023년 4월 26일

오늘 조셉 R. 바이든 미합중국 대통령과 윤석열 대한민국 대통령은 한미동맹 70주년을 기념하기 위해 워싱턴에서 만났다. 이는 바이든-해리스 행정부의 두 번째 국빈 방문이다. 양국은 깊이 있고 흔들림 없는 안보협력에 의해 서로 뗄 수 없이 결속되어 있고, 오늘 워싱턴선언에 담긴 상호방위와 동맹의 억제 태세를 어느 때보다 더 강력하게 발전시키겠다는 양 정상의 의지를 통해 그러한 안보협력이 더욱 강화된 가운데, 한미동맹의 가장 큰 성공은 동맹이 한국과 미국 국민을 위한 더 안전하고 밝은 미래를 달성하는 것에 분명하고 확대되는 주안점을 두고 있다는 데 있다. 양국이 함께, 우리는 다음 70년 동안 포괄적 글로벌 협력을 증대시키고, 강력한 역내 관여를 심화하며, 철통같은 양국 관계를 확장함으로써 21세기의 가장 어려운 과제들에 정면으로 대응해 나갈 것이다. 한미 양국은 보편적 인권, 자유, 법치 수호에 대한 공동의 공약에 기반하여 미래세대에게 번영과 안보를 위한 확고한 기반을 제공할 동맹을 구축해 나가고 있다.

글로벌 포괄적 전략 동맹

인도태평양 지역의 평화와 번영의 핵심축인 한미동맹은 민주주의, 경제적 번영, 안보, 기술혁신을 증진하는 데 있어서의 글로벌 리더로서 양국의 필수적인 역할을 반영하면서 한반도를 훨씬 넘어 성장해 왔다. 양 정상은 유엔 헌장에 담긴 원칙들에 관한 의지를 재확인하였다. 바이든 대통령은 차기 민주주의 정상회의를 주최하고, 공동의 가치를 토대로 북대서양조약기구(NATO)와 주요 7개국 정상회의(G7)와의 파트너십을 더욱 발전시키며, 유엔 평화유지군 활동에 대한 기여를 지속 확대하는 등 더욱 큰 국제적인 책임을 수행하고자 하는 대한민국의 이니셔티브를 평가하였다. 윤 대통령은 AUKUS의 출범을 포함하여 역내 평화와 안보를 보장하기 위한 미국의 협력적 노력에 대한 지지를 표하였다. 윤 대통령과 바이든 대통령은 국제 개발협력이 국제 안정을 증진시키기 위한 주요 방안이라고 보며, 한미 양국의 개발 협력을 더욱 강화하는 새로운 제도적 기반이 되는 문서에 서명한 것을 환영하였다.

윤 대통령과 바이든 대통령은 러시아의 우크라이나에 대한 침략 전쟁을 규탄함에 있어 국제사회와 함께 연대한다. 한미 양국은 자국의 주권과 영토 보전을 수호하는 우크라이나와 함께 하며, 양 정상은 민간인과 핵심 기반시설을 대상으로 하는 러시아의 행위를 가장 강력한 언어로 규탄하였다. 양국은 제재 및 수출통제 조치를 통해 책임을 물음으로써 러시아의 명백한 국제법 위반에 단호히 대응하였으며, 또한 양국은 전력 생산과 송전을 확대하고 주요 기반시설을 재건하기 위한 것을 포함하여 필수적인 정치, 안보, 인도적, 경제적 지원 제공을 통해 우크라이나를 계속 지지할 것이다.

바이든 대통령과 윤 대통령은 한반도에서의 지속적인 평화를 달성할 수 있는 유일한 수단으로서 북한과의 외교에 대한 의지를 재확인하며, 북한이 협상으로 복귀할 것을 촉구한다. 양 정상은 한반도의 모든 구성원들을 위해 더 나은 미래를 만들어 나가기로 하고, 자유롭고 평화로운 통일 한반도를 지지한다. 한미 양국은 가장 취약한 북한 주민들에게 인도적 지원을 제공할 준비가 되어 있으며, 북한 내 인권을 증진하고 납북자, 억류자, 미송환 국군포로 문제를 해결하기 위한 협력을 강화할 것이다. 바이든 대통령은 대한민국의 '담대한 구상'의 목표에 대한 지지를 재확인하였다. 양국은 북한이 북한 주민의 인권과 존엄성을 노골적으로 침해하고, 희소한 자원을 대량살상무기(WMD) 개발에 투입하는 결정을 내림으로써 한미동맹에 심각한 안보적 도전을 야기하는 것을 규탄한다. 이러한 맥락에서 양 정상은 북한의 핵·탄도미사일 프로그램을 규탄하며 이러한 개발을 중단할 것을 촉구한다. 한미 양국은 북한과 개인 및 단체의 유엔 안보리 결의 위반 행위에 대응하기 위해 유엔 안보리 및 국제사회와 협력해 나가기로 하였다. 바이든 대통령과 윤 대통령은 한반도의 완전한 비핵화를 위한 공약을 재확인하고, 북한의 핵실험이 국제사회의 강력하고 단호한 대응에 직면할 것임을 재확인한다.

양 정상은 기후변화와 생물다양성 손실의 영향이 증가하고 있는 데 대해 깊은 우려를 표명하였고, 기후위기에 대응하기 위한 글로벌 행동을 촉진하기로 약속하였다.

윤 대통령과 바이든 대통령은 파리협정 하 양국의 국별 온실가스 감축목표(NDC)와 2050 탄소중립 목표를 재확인하였다. 이러한 목표 달성을 위해서는 전력 부문에서 야심찬 탈탄소화가 필요하다고 인식하면서, 양 정상은 재생 및 원자력 에너지를 포함한 청정 전력 비중을 현저히 확대하기로 합의하였다. 양 정상은 탄소 감축, 재생에너지 및 수소 기술의 개발 및 보급에서 협력하고, 산업, 건설 및 수송 분야에서 에너지 효율을 강화하기로 하였다. 양 정상은 청정 수소, 화석 연료 부문에서의 메탄 감축, 녹색 해운과 함께 무배출 경량차(ZEVs) 보급을 가속화하기 위한 양자 협력 강화를 모색하기로 하였다.

양국은 원자력 에너지의 평화적 이용에 대해 약속한다. 양 정상은 에너지 안보 위기 극복과 탄소 중립 목표 달성의 중요한 요소로서 원자력 에너지의 중요성을 확인하였다. 양 정상은 각국의 수출 통제 규정과 지적재산권을 상호 존중하는 가운데, 국제원자력기구(IAEA) 추가의정서에 일치하는 방식으로 세계적 민간 원자력 협력에 참여하기로 약속한다. 양 정상은 재원조달 수단을 활용하고, 수원국의 역량을 강화하며, 보다 회복력 있는 원자력 공급망을 구축함으로써 전 세계적인 민간 원자력의 책임있는 개발과 배치를 증진하기로 약속하였다.

윤 대통령과 바이든 대통령은 디지털 콘텐츠와 클라우드 컴퓨팅의 성장을 촉진하는 투자 증가로 이어질 연구 및 개발에 관한 양국간 협력을 강화하기로 약속한다. 한미 양국은 개방적이고 글로벌하며 상호 운용가능하고 신뢰할 수 있고 안전한 인터넷을 통해 데이터가 신뢰를 바탕으로 국경간 자유롭게 이동하는 것이 중요함을 인정한다. 양 정상은 높은 수준의 디지털 무역 규범이 개방적이고 공정한 디지털 경제로 나아가는 길이라고 본다. 통신 보안과 사업자 다양성의 중요성을 인지하면서, 양 정상은 또한 국내외에서 개방형 무선접속망(Open-RAN) 접근법을 사용하여 개방적이고 투명하며 안전한 5G 및 6G 네트워크 장비와 구조를 발전시켜 나가기 위해 협력하기로 약속한다.

인도-태평양 전역에서의 협력 확대

　양 정상은 자유롭고 개방된 인도-태평양 지역이 서로 연결되고 번영하며 안전하고 회복력 있도록 유지해야 할 중요성을 인식하였고, 동 지역에 걸쳐 상호 협력을 강화하기로 하였다. 이러한 측면에서 바이든 대통령은 한국의 첫 인도-태평양 전략을 양국이 공유하는 역내에 대한 공약을 반영하는 것으로서 환영하였다. 양 정상은 각자의 인도-태평양 전략 이행에 있어 협력해 나갈 것임을 확인하였고, 특히 기후변화, 지속가능한 에너지에 대한 접근 및 식량 불안정에 대응함에 있어 다자적 논의의 장에서의 인도-태평양의 목소리가 중요하다는 점을 인식하였다.

　대한민국과 미합중국은 포용적이고 자유로우며 공정한 무역 체제를 지지하며, 한미동맹과 인도-태평양 지역의 번영하는 미래를 보장하기 위한 위협 대응에 있어서 유사입장국들과 협력하기로 약속한다. 양국은 경제적 강압과 외국기업과 관련된 불투명한 수단의 사용을 포함한 경제적 영향력의 유해한 활용에 대해 깊은 우려를 공유하고, 반대를 표명하며, 경제적 강압에 대응하기 위해 유사입장국과 협력해 나갈 것이다. 양국은 지역 파트너십을 구축하고 잠재적 공급망 교란의 탐지 및 대응과 회복력 강화를 위한 조치들을 조율하기로 약속한다. 한미 양국은 인도-태평양 경제프레임워크(IPEF)가 높은 수준의 성과를 내도록 지원하기 위해 기술지원, 역량개발 및 여타 협력 이니셔티브를 위한 자원을 제공하고자 하며, 이러한 목적을 위한 관련 재정적 자원 확보를 위해 노력할 것이다. 바이든 대통령은 인도-태평양 경제프레임워크(IPEF) 4차 협상을 부산에서 금년 중 개최할 것이라는 윤 대통령의 발표를 환영하였다. 양국은 또한 아시아·태평양경제협력체(APEC) 포럼에서의 양자간 협력을 보다 강화하기로 약속하였다.

　양 정상은 공동의 가치를 따르고, 혁신을 동력으로 하며, 공동의 번영과 안보에 대한 의지에 기반한 한미일 3국 협력의 중요성을 강조하였다. 바이든 대통령은 한일 관계 개선을 위한 윤 대통령의 대승적 조치를 환영하였고, 지역 및 경제 안보에 관한 3국 협력 심화로 이어지는 한일 간 협력 확대를 강력하게 지지하였다. 양 정상은 북한 미사일 경보 정보의 실시간 공유 관련 진전을 환영하였고, 북한의 고도화되는 핵·미사일 위협을 보다 효과적으로 억제하고 대응하기 위한 대잠전 및 해상미사일 방어 훈련이 정례화되었음을 확인하였다. 또한 양 정상은 해양차단훈련 및 대해적훈련을 재개하고 재난대응 및 인도지원 관련 추가적 형태의 3국간 훈련을 식별하기 위한 계획을 논의하였다.

양 정상은 역내 안보와 번영의 필수 요소로서 대만해협의 평화와 안정 유지의 중요성을 재확인하였다. 양 정상은 불법적인 해상 영유권 주장, 매립지역의 군사화 및 강압적 행위를 포함하여 인도-태평양에서의 그 어떤 일방적 현상 변경 시도에도 강력히 반대하였다. 윤 대통령과 바이든 대통령은 또한 유엔 해양법 협약에 명시된 바에 따라 남중국해 및 그 이원 지역을 포함한 지역에서의 방해받지 않는 상업, 항행 및 상공 비행의 자유, 해양의 여타 합법적 사용을 보존하겠다는 공약을 재확인하였다.

양 정상은 회복력 있는 보건 시스템, 지속가능한 개발, 기후 복원력과 적응, 에너지 안보 및 디지털 연계성의 증진을 위해 동남아시아와 태평양도서국과의 협력을 확대하기로 하였다. 양 정상은 아세안 중심성에 대한 공약과 함께, 신규 직원 간 교류와 동료 간 학습 등을 통한 역내 개발원조, 그리고 특히 메콩 소지역 내에서의 프로그램에 대한 직접적인 협력을 제고해 나가는 데 대한 공약을 공유하였다. 양 정상은 5월에 최초의 한-태평양도서국 정상회의를 개최키로 한 한국의 결정과 함께 「푸른 태평양 동반자」 협력 등을 통해 태평양 지역에 기여하겠다는 양국의 공약을 재확인하였다.

철통같은 양자 협력 강화

한미 관계는 양국 간 오랫동안 지속되어 온 투자, 교역, 기술 및 인적 교류로 규정되며, 이는 양국에 상당한 경제적 기회와 번영으로 이어져 왔고 향후 70년간 계속 그러할 것이다. 한미 양국은 한미 자유무역협정 이행위원회들과 여타 관련 채널들을 통해 반도체, 철강 및 여타 핵심 물자를 포함하여 통상 관련 우려를 다루기로 하였다. 양국은 지속가능한 성장과 금융 안정을 촉진하기 위하여 외환시장 동향에 대해 계속해서 긴밀히 협의해 나가기로 하였으며, 양 정상은 2022년 5월과 9월 논의된 외환 시장 협력에 대한 인식을 재확인하였다.

바이든 대통령과 윤 대통령은 청정에너지 경제를 구축하고, 양국의 핵심 기술을 위한 상호 호혜적인 공급망 생태계를 구축·강화하기 위해 과감한 투자가 필요함을 확인하였다. 이러한 점에서 양 정상은 인플레이션 감축법(IRA)과 반도체과학법에 관한 한국 기업들의 우려를 완화하기 위해 한미 양국이 기울여 온 최근의 노력을 평가하였다. 양 정상은 동 법이 기업활동에 있어 예측가능성 있는 여건을 조성함으로써 상호 호혜적인 미국내 기업 투자를 독려하도록 보장하기 위하여 긴밀한 협의를 계속해 나가기로 약속하였다. 양 정상은 또한 최첨단 반도체, 첨단 패키징, 첨단 소재 분야에서 연구·개발 협력 기회를 식별해 나가기로 하였다.

양 정상은 미국의 국가안보보좌관과 한국의 국가안보실장이 이끄는 「차세대 핵심·신흥기술 대화」창설을 포함하여 핵심·신흥기술에 대한 협력을 심화 및 확대함으로써 양국의 경제안보를 더욱 증진하기로 약속하였다. 양 정상은 최첨단 반도체, 배터리, 양자에 관한 공공 및 민간 협력을 증진하기 위해 디지털 기술 표준과 규정의 정신을 보다 긴밀히 일치시켜 나가기로 하였다. 양 정상은 또한 인공지능(AI), 바이오 기술, 인공지능(AI) 운용 의료 제품, 바이오 제조에 대한 협력에도 주목하였다. 회복력 있는 글로벌 반도체 공급망을 유지하고 급격한 기술 진보를 따라가는 가운데, 국가안보를 보장하기 위한 적절한 조치를 취할 필요성을 인식하면서, 양 정상은 양국의 해외투자심사 및 수출통제 당국간 협력 심화의 중요성을 재확인하였다. 양 정상은 한미 양자정보과학기술협력 공동성명 서명을 환영하였으며, 글로벌 방위산업에서의 협력 강화를 위해 한미 국방상호조달협정 체결을 위한 노력을 촉구하였다.

윤 대통령과 바이든 대통령은 동맹이 사이버 공간에 적용된다는 것을 인식하였으며, 한미 전략적 사이버안보 협력 프레임워크를 체결하기로 하였다. 한미 양국은 이 프레임워크를 활용하여 사이버 적대세력 억지에 관한 협력을 확대하고, 핵심 기반시설의 사이버안보를 증진하며, 사이버 범죄에 대처하고, 가상화폐 및 블록체인 애플

리케이션을 보호하기로 한다. 양 정상은 북한의 불법적인 대량살상무기 및 탄도미사일 프로그램의 자금을 조달하는 북한의 불법 사이버 활동에 대해 우려를 표명하였으며, 북한의 사이버 위협에 대응하고 사이버 외화수익을 차단하기 위해 정보공유를 확대하고 국제사회의 인식을 제고하기로 하였다.

우리의 동맹은 우주에도 적용되며, 윤 대통령과 바이든 대통령은 모든 분야에 걸쳐 우주 협력의 다양한 채널을 통하여 한미동맹을 한층 강화해 나가기로 약속하였다. 양 정상은 우주 탐사에 대한 투자를 확대하려는 대한민국의 의향을 환영하였으며, 달과 화성 탐사 협력 개념에 대한 연구 계획을 발표하였다. 미국은 협력 사업을 기대하면서, 대한민국의 우주항공청 신설을 환영하였다. 한미 양측은 한미 간 상업 우주협력 강화를 촉구하였으며, 양국 간 확대된 상업 및 정부간 우주 협력 기반을 제공하는 위성 및 위성 부품에 관한 수출통제 정책을 미국이 최근 명확히 한 것을 환영하였다. 양측은 미래 상업 우주 정거장에 관한 산업적 협력 가능성을 환영하였다. 양 정상은 또한 대한민국의 파괴적 직접상승 위성요격 미사일 실험 중단 공약을 포함하여 우주안보 협력이 심화되고 있음을 환영하였다. 양측은 점증하는 우주 위험 및 위협에 대응하여 양국간 우주상황인식 협력을 강화하는 한편, 책임있는 행위 규범을 더욱 발전시킴으로써 안전하고, 안정적이며, 지속가능한 우주 환경을 유지하기 위해 노력할 것이다.

한미 양국은 우수한 교육을 통한 이해 확대와 심화를 촉진한다는 공동의 목표에 따라 양국 국민들 간의 인적 유대와 인문학·사회과학 및 과학, 기술, 공학 및 수학(STEM) 분야에서도 미래 세대를 위한 교육 협력을 심화하기로 하였다. 양 정상은 양국이 공동으로 6,000만불에 달하는 재정을 공동지원하는 새로운 교육 교류 이니셔티브를 발표하였으며, 이는 한미동맹 70주년을 기념하여 2023년을 상징하는 2,023명의 한국인과 2,023명의 미국인을 대상으로 한다. 동 이니셔티브는 풀브라이트 장학 프로그램에 따른 200명의 장학생을 포함할 것이며, 이는 풀브라이트 역사상 STEM 분야에서 선발된 최대 규모의 장학생이다. 바이든 대통령과 윤 대통령은 우리의 상호 번영과 글로벌 경쟁력이 우리의 모든 국민들, 특히 여성들이 모든 분야와 모든 수준에서 경제에 참여하고 기여할 수 있도록 역량을 증진하는 우리의 능력에 달려있다는 점에 주목하였다.

회복력 있는 공급망 발전과 반도체·핵심광물과 같은 핵심 기술 및 전략분야에 대한 투자에서부터 기후위기 대응과 청정에너지 전환 가속화에 이르기까지 - 한미 양국은 양국 관계의 모든 측면을 눈부신 속도로 심화하고 확대해 나가고 있다. 한미동맹의 다가올 70년은 지금까지 중 가장 찬란할 것이다. 바이든 대통령과 윤 대통령은 '미래로 전진하는 행동하는 동맹'으로서 양국 관계를 더욱 확대하고 심화하기 위해 끊임없이 노력하겠다는 공동의 의지를 재확인하였다.

윤 대통령은 바이든 대통령의 따뜻한 환대에 감사를 표명하였고 상호 편리한 시기에 바이든 대통령이 다시 한국을 방문해줄 것을 초청하였다.

Leaders' Joint Statement in Commemoration of the 70th Anniversary of the Alliance between the United States of America and the Republic of Korea

April 26, 2023

Today President Joseph R. Biden Jr. of the United States (U.S.) and President Yoon Suk Yeol of the Republic of Korea (ROK) met in Washington to commemorate the 70th anniversary of the U.S.-ROK Alliance. This is the second State Visit of the Biden-Harris Administration. While our two nations are inseparably tied by our deep and unwavering security cooperation—reinforced today by the Presidents' commitments in the Washington Declaration to develop ever-stronger mutual defense and deterrence—the greatest success of the Alliance is its clear and expanding focus on achieving a secure and brighter future for the American and Korean people. Together, we will increase our comprehensive global cooperation, deepen our robust regional engagement, and broaden our ironclad bilateral ties during the next 70 years of our Alliance to face the 21st century's most difficult challenges head-on. Guided by our shared commitment to defend universal human rights, freedom, and the rule of law, the United States and the ROK are constructing an Alliance that will provide future generations with a firm foundation upon which to build prosperity and security.

Global Comprehensive Strategic Alliance

As the linchpin for peace and prosperity in the Indo-Pacific, our Alliance has grown far beyond the Korean Peninsula, reflecting the vital role of our two countries as global leaders in advancing democracy, economic prosperity, security, and technological innovation. The two Presidents reiterated their commitment to the principles enshrined in the UN Charter. President Biden applauded the ROK's initiative to embrace greater global responsibilities, including by hosting the next Summit for Democracy, further developing the partnership with the North Atlantic Treaty Organization and the G7 on the basis of shared values, and continuing to expand contributions to UN peacekeeping activities. For his part, President Yoon expressed support

부록

for the United States' cooperative efforts to ensure peace and security in the region, including through the launch of AUKUS. President Biden and President Yoon see global development cooperation as a key way to advance global stability and welcomed the signing of new institutional frameworks that strengthen U.S.-ROK development cooperation and beyond.

President Yoon and President Biden join the international community in condemning Russia's war of aggression against Ukraine. The United States and the ROK stand with Ukraine as it defends its sovereignty and territorial integrity, and the two Presidents condemned in the strongest possible terms Russia's actions against civilians and critical infrastructure. Both countries have responded resolutely to Russia's clear violations of international law by promoting accountability through sanctions and export control measures, and we are continuing to support Ukraine through the vital provision of political, security, humanitarian, and economic assistance, including to increase power generation and transmission and rebuild critical infrastructure.

President Biden and President Yoon reiterate their commitment to diplomacy with the Democratic People's Republic of Korea (DPRK) as the only viable means of achieving lasting peace on the Korean Peninsula and call on the DPRK to return to negotiations. The two Presidents are committed to build a better future for all Korean people and support a unified Korean Peninsula that is free and at peace. The United States and the ROK stand ready to provide humanitarian aid to the most vulnerable North Koreans and will strengthen cooperation to promote human rights in the DPRK as well as to resolve the issues of abductions, detainees, and unrepatriated prisoners of war. President Biden reaffirmed his support for the goals of the ROK's Audacious Initiative. The United States and the ROK condemn the DPRK's blatant violation of human rights and the dignity of its own people and its decision to distribute its scarce resources to weapons of mass destruction development, which presents a crucial security challenge for the Alliance. In this vein, the two Presidents condemn the DPRK's nuclear and ballistic missile programs and call on the DPRK to halt their development. The United States and the ROK are committed to working with the UN Security Council and the international community to address actions by the DPRK and individuals and entities that violate UN Security Council resolutions. President Biden and President Yoon reiterate their commitment to the complete denuclearization of the Korean Peninsula and reaffirm that a DPRK nuclear test would be met with a strong and resolute response from the international community.

The Presidents expressed their deep concern regarding the growing impact of climate change and biodiversity loss, and they committed to galvanize global action to address the climate crisis. President Yoon and President Biden reaffirmed their Nationally Determined Contributions under the Paris Agreement and 2050 net-zero targets. Recognizing the need for ambitious power sector decarbonization to meet these goals, the Presidents agreed to significantly enhance the clean electricity share, including renewables and nuclear energy. The Presidents committed to cooperate in the development and deployment of carbon reduction, renewable, and hydrogen technologies and enhance energy efficiency in industry, construction, and transportation. The Presidents seek to strengthen bilateral cooperation in clean hydrogen, methane abatement in the fossil fuel sector, green shipping, and accelerating the deployment of light-duty, zero-emissions vehicles (ZEVs).

Our two nations are committed to the peaceful use of nuclear energy. The two leaders affirmed the importance of nuclear energy as a key means for overcoming the energy security crisis and achieving their goal of net zero emissions. The Presidents reaffirmed that both countries are committed to engaging in global civil nuclear cooperation consistent with the International Atomic Energy Agency (IAEA) Additional Protocol, while mutually respecting each other's export control regulations and intellectual property rights. They committed to promoting the responsible development and deployment of civil nuclear energy globally by leveraging financing tools, building capacity in recipient countries, and establishing a more resilient nuclear supply chain.

President Yoon and President Biden commit to strengthen the U.S.-ROK collaboration on research and development leading to increased investment that promotes the growth of digital content and cloud computing. The United States and the ROK acknowledge the importance of the free flow of data with trust across borders through an open, global, interoperable, reliable, and secure Internet. The Presidents view high-standard digital trade rules as a path toward an open and fair digital economy. Recognizing the importance of telecommunications security and vendor diversity, the Presidents also commit to work together to develop open, transparent, and secure 5G and

6G network devices and architectures using Open RAN approaches, both at home and abroad.

Expanding Cooperation Throughout the Indo-Pacific

The two Presidents recognized the importance of maintaining a free and open Indo-Pacific that is connected, prosperous, secure, and resilient and committed to strengthening mutual cooperation across the region. In this regard, President Biden welcomed the ROK's first Indo-Pacific Strategy as a reflection of our shared regional commitment. The two Presidents affirmed that the two countries will cooperate in implementing their respective Indo-Pacific strategies and acknowledged the importance of Indo-Pacific voices in multilateral forums, especially in addressing climate change, sustainable energy access, and food insecurity.

The United States and the ROK are committed to an inclusive, free, and fair trading system and to working with likeminded partners against threats to ensure a prosperous future for the Alliance and the Indo-Pacific region. We share deep concerns about and express opposition to harmful uses of economic influence, including economic coercion as well as use of opaque tools with respect to foreign firms, and will cooperate with like-minded partners to counter economic coercion. The two nations are committed to building regional partnerships and coordinating measures to detect and address potential supply chain disruptions and strengthen resiliency. The United States and the ROK intend to provide resources for technical assistance, capacity building, and other cooperative initiatives to support high-standard outcomes in the Indo-Pacific Economic Framework and will make efforts to secure related financial resources for these purposes. President Biden welcomed President Yoon's announcement that the ROK will host the fourth IPEF negotiating round in Busan later this year. The two nations also committed to further strengthen bilateral cooperation at the Asia-Pacific Economic Cooperation forum.

The two Presidents emphasized the importance of U.S.-ROK-Japan trilateral cooperation, guided by shared values, driven by innovation, and committed to shared prosperity and security. President Biden welcomed President Yoon's bold steps toward improving ROK-Japan relations and extended strong support for expanding ROK-Japan collaboration, which opens the door to deeper trilateral cooperation on regional and economic security. The Presidents welcomed the progress made in sharing DPRK missile warning data in realtime and affirmed the regularization of anti-submarine and missile defense exercises to deter and respond to the DPRK's advancing nuclear and missile threats more effectively. They also discussed plans for restoring maritime interdiction and anti-piracy exercises and identifying additional forms of trilateral training for disaster relief and humanitarian assistance.

The Presidents reiterated the importance of preserving peace and stability in the Taiwan Strait as an indispensable element of security and prosperity in the region. They strongly opposed any unilateral attempts to change the status quo in the Indo-Pacific, including through unlawful maritime claims, the militarization of reclaimed features, and coercive activities. President Yoon and President Biden also reaffirmed their commitment to preserve unimpeded commerce, freedom of navigation and overflight, and other lawful use of the sea, including in the South China Sea and beyond, as reflected in the UN Convention on the Law of the Sea.

The two Presidents committed to increase cooperation with Southeast Asia and the Pacific Island Countries to promote resilient health systems, sustainable development, climate resilience and adaptation, energy security, and digital connectivity. They shared a commitment to ASEAN centrality as well as to enhancing cooperation on the provision of regional development assistance—including through new staff exchanges and peer-to-peer learning—and direct collaboration on programs, particularly in the Mekong sub-region. Both Presidents reaffirmed their commitment to contributing to the Pacific including through the Partners in the Blue Pacific initiative as well as the ROK's decision to host the
first Korea-Pacific Islands Summit in May.

Strengthening Ironclad Bilateral Collaboration

The U.S.-ROK relationship is marked by our longstanding investment, trade, technological, and people-to-people ties, which have led to significant economic opportunity and prosperity for both countries and will continue to do so for the next 70 years. The United States and the ROK committed to address trade concerns through the committees of the U.S.-Korea Free Trade Agreement and other relevant channels, including for semiconductors, steel, and other critical goods. The United States and the ROK will continue to consult closely on foreign exchange market developments to promote sustainable growth and financial stability, and the two Presidents reaffirmed recognition of foreign exchange market cooperation as discussed in May and September of 2022.

President Biden and President Yoon affirmed the need to make bold investments to build clean energy economies and to build and strengthen mutually beneficial supply chain ecosystems for our critical technologies. In that regard, the two leaders appreciated the recent efforts made by the ROK and the United States to alleviate concerns of Korean businesses over the Inflation Reduction Act (IRA) and the CHIPS and Science Act. The two Presidents committed to continue close consultations with a view to ensuring those Acts encourage mutually beneficial corporate investment in the United States by creating predictable conditions for business activities. They also committed to identifying opportunities for research and development collaboration in the fields of leading-edge semiconductors, advanced packaging, and advanced materials.

The two Presidents pledged to further improve our economic security by deepening and broadening cooperation on critical and emerging technologies, including through the establishment of a Next Generation Critical and Emerging Technologies Dialogue led by their National Security Advisors. They committed to more closely aligning on the spirit of digital technology standards and regulations to enhance public and private cooperation on leading-edge semiconductors, batteries, and quantum. They also noted cooperation on artificial intelligence(AI), biotechnology, medical products using AI, and biomanufacturing. They reaffirmed the importance of deepening cooperation between our foreign investment screening and export control authorities, recognizing the necessity to take appropriate measures to ensure national security, while maintaining resilient global semiconductor supply chains and keeping up with rapid technological advancement. The two Presidents welcomed the signing of a joint statement on U.S.-ROK cooperation in quantum information science and technology, and they called for efforts to conclude a U.S.-ROK Reciprocal Defense Procurement Agreement to strengthen cooperation in the global defense industry.

President Yoon and President Biden recognized that the Alliance applies to cyberspace and committed to establish a U.S.-ROK Strategic Cybersecurity Cooperation Framework. The United States and the ROK commit to using this framework to expand cooperation on deterring cyber adversaries, increase the cybersecurity of critical infrastructure, combat cybercrime, and secure cryptocurrency and blockchain applications. The Presidents expressed concern regarding the DPRK's illicit cyber activities that fund its unlawful WMD and ballistic missile programs and committed to expanding information sharing and enhancing international awareness to combat DPRK cyber threats and block its cyberenabled revenue generation.

Our Alliance also applies to space, and President Yoon and President Biden committed to further strengthening the U.S.-ROK Alliance across all sectors and through multiple channels of space cooperation. The two Presidents welcomed the ROK's intention to expand its investments in space exploration and announced plans to study concepts for cooperation on the exploration of the Moon and Mars. The United States welcomed the ROK's new Korea Aero Space Administration, anticipating collaborative projects. Both sides called for strengthening U.S.-ROK commercial space cooperation and welcomed the United States' recent clarification of its export control policies on satellites and satellite components, which provides a foundation for expanded bilateral commercial and governmental space cooperation. Both sides welcomed the potential for industrial collaboration on future commercial space stations. The two Presidents also welcomed deepening space security cooperation, including the ROK's commitment not to conduct destructive, direct-ascent anti-satellite missile testing. Both sides will work towards advancing bilateral space situational awareness cooperation in response to growing space risks and threats, and ensuring a safe, secure, and sustainable space environment through further development of norms of responsible behaviors.

The United States and the ROK are committed to deepening their people-to-people ties and educational cooperation for future generations in the fields of humanities and social sciences, as well as science, technology, engineering, and mathematics (STEM) with the shared objective of fostering greater and deeper understanding through excellence in education. The Presidents announced a new educational exchange initiative amounting to $60 million, funded jointly, that aims to serve 2,023 Koreans and 2,023 Americans, symbolic of the year 2023 and in commemoration of the 70th anniversary of the Alliance. The initiative will include 200 grantees under the Fulbright scholarship program, making it the largest number of grantees selected for STEM in Fulbright's history. President Biden and President Yoon noted that our mutual prosperity and global competitiveness depends on our ability to empower all our people, particularly women, to participate in and contribute to our economy, in all sectors and at all levels.

From developing resilient supply chains and investing in critical technologies and strategic sectors, such as semiconductors and critical minerals, to combating the climate crisis and accelerating the clean energy transition—our two nations are deepening and broadening all aspects of our relationship at a breakneck speed. These next 70 years of the U.S.-ROK Alliance will be the brightest yet. President Biden and President Yoon reaffirmed their joint commitments to working tirelessly to broaden and deepen our ties as an Alliance in action toward the future.

President Yoon expressed his gratitude for President Biden's warm hospitality and extended an invitation for President Biden to visit the ROK again at a time of mutual convenience.

한미동맹: 자유·민주·번영의 가치동맹을 위하여

상하 양원 합동의회에서의 연설

1954년 7월 28일

의장 각하! 대통령 각하! 상하 양원의원 여러분!

신사숙녀 여러분! 나는 미국의 저명한 시민 여러분이 모인 이 존엄한 자리에서 연설할 기회를 가지게 되었음을 흔쾌히 생각하는 바입니다. 여러분은 이 역사 깊은 의사당에 모여 주심으로서 나에게 커다란 명예를 베풀었습니다. 나는 내가 할 수 있는 단 한 가지 방법으로서, 나의 마음속에 있는 것을 솔직히 여러분에게 말함으로 여러분의, 후의에 보답하려 합니다.

내가 말하고자 하는 것은 미국의 민주주의와 자유정부의 위대한 전통에 관련된 것이며 이 전통이야말로 내가 반세기 이상이나 신봉해온 것입니다. 나도 여러분처럼 와싱톤이나 제퍼슨이나 링컨에게서 자극을 받아왔습니다. 나도 여러분처럼 여러분의 광휘(光輝) 있는 선조들이 전인류를 위하여 탐구했던 자유를 수호 보전하려고 스스로 맹세해 온 사람입니다. 나는 무엇보다도 먼저 여러분과 미국국민들이 행한 일에 대한 한국과 한국국민의 끝없는 감사의 뜻을 표시하려는 바입니다.

여러분은 독립무원한 나라를 파멸로부터 구출하여 주었으며, 그 순간에 있어서 진정한 집단안전보장(集團安全保障)의 횃불은 일찍이 없이 찬란히 빛났던 것입니다. 우리 전선의 방어를 위해서, 또는 피난민과 기타 이재민들의 구호를 위해서 여러분이 재정적으로, 군사적으로 그리고 다른 방면으로 보내준 원조는 청산할 수 없는 감사의 채무가 되어 있습니다. 우리는 또한 한국파병의 중대 결정을 나림으로 우리로서 하여금 해중(海中)으로 밀려 나지 않게끔 구원해 준 트르만 전 대통령과 대통령 당선자로서 또 그 후에는 미국의 행정부 수반으로서 적의 위협을 잘 이해하고 우리를 원조하여 준 아이젠하워 대통령에게 많은 신세를 지고 있습니다.

여러분의 대통령 당선자는 40년간이나 일본의 잔학한 정복 하에 놓였던 한국에 왔습니다. 우리 국토에 발을 들여 놓을 수 있었던 외국인 친우들은 그 수가 극히 드물었던 것입니다. 그러나 오직 여러분의 군대만이 우리의 자유를 회복하여 주었기 때문에 여러분이 대통령으로 선출한 위대한 인물이 역사상 처음으로 우리나라에 오게 되었던 것입니다. 그는 한국인을 돕기 위하여 할 수 있는 일이 무엇인가를 알아내고저 왔던 것입니다.

나는 이 기회에 미국군인의 어머니들에게 마음속에서 울어나는 깊은 감사를 표시하지 않을 수 없습니다. 우리는 그들이 미국 육, 해, 공군 및 해병대에서 복무하는 자식을, 남편을, 그리고 형제를 우리가 가장 암담한 처지에 놓여 있던 시기에 한국으로 보내준 데 대하여 감사하는 바입니다. 한미 양국 군인들의 영혼이 우리나라의 계곡이나 산중에서 하나님 앞으로 함께 올라갔다 함을 우리는 영원히 잊을 수 없습니다.

나는 우리가 그들의 유로(遺勞)을 애중히 여기듯이 전능의 신이 그들을 애중하여 주시기를 빌어 마지 않습니다. 미국 국회의 신사숙녀 여러분! 이들 여러분의 거룩한 동포는 맥아더 장군, 뛴 장군, 워커 장군, 아몬드 장군, 릿쥬웨이 장군, 크라크 장군, 헐 장군 및 레일러 장군과 같은 훌륭한 지휘관을 가지고 있습니다.

그리고 1951년에는 밴프리트 장군이 제8군을 지휘하기 위하여 부산에 도착하였습니다. 한국청년들의 용감한 정신과 자기들의 가정과 조국을 위하여 싸우기 위한 총을 달라는 이들의 열렬한 요구를 발견한 사람은 바로 이 밴프리트 장군이었습니다. 장군은 그다지 큰 난관을 겪음이 없이 이들 한국청년을 제주도, 광주(光州), 논산(論山), 기타 제(諸) 처에 끌어놓고 주한미군사고문단(駐韓美軍事顧問團)의 장교들을 보내서 주야로 이들을 훈련케 하였던 것입니다. 수개월 이내로 이들은 일선에 나가게 되었으며 경이적인 성과를 올렸던 것입니다.

오늘날 이 군대는 아세아 전역에서 최강의 반공군으로 알려져 있습니다. 이 군대는 전 전선의 3분의 2 이상을 담당하고 있습니다. 밴프리트 장군은 GI(미국군인)들에게 군센 락스(ROK's)라고 불리워지고 있는 대한민국육군의 아버지로서 알려져 있습니다. 이제 만약 미국이 이 군대를 적절한 비율의 공해군력(公海軍力)과 함께 증강하도록 원조해 준다면 한국 전선에서는 미국 사병과 싸울 필요가 없게 될 것이라 함을 나는 여러분에게 보장할 수 있습니다. 수많은 미국인들은 정의를 위하여 그들이 가졌던 일체의 것을 바쳤습니다.

그러나 그들이 승리를 위해서 목숨을 받친 그 싸움은 아직도 승리하지 못하고 있읍니다. 공산주의 폭군의 노력은 상금(尙今) 전세계를 통해서 이니샤티브를 장악하고 있읍니다. 한국 전선에서는 현명치 못한 휴전으로 말미암아 포화는 잠시 중단되고 일시적인 침묵을 지키고 있지만, 적은 이 기회를 이용하여 무력을 증강하고 있는 것입니다. 이제야 제네바회담(Geneva Conference)도 예기한 바와 같이 하등의 성과 없이 끝났으니 만큼 휴전의 종결을 선언할 적당한 시기는 도래하였습니다.

우리나라의 북반부는 백만이란 소련의 중국인 노예에 의해서 점령 지배되고 있습니다. 적병이 가득한 공산군 참호는 우리 수도에서 불과 40리 이내의 거리에 있읍니다. 휴전협정 조항을 무시하고 새로이 건설되었으며 젯트폭격기가 공급되어 있는 공산군의 비행기는 우리 국회까지 10분 이내에 올 수 있는 위치에 놓여져 있습니다. 그러나 주검은 화부(華府)에보다 서울에 더 근접해 있는 것은 아닙니다. 왜냐하면 미국을 파괴하는 것이야말로 크레무린 내의 음모자들의 최고 목표이기 때문입니다.

소련의 수소폭탄은 파괴된 우리나라의 도시 위에 떨어지기보다도 오히려 먼저 미국의 대도시에 떨어질른지도 모를 일인 것입니다. 세계 정복을 위하여 소련이 사용하는 전략의 본질은 절도적(竊盜的) 공격에 의해서 미국의 비행장들과 생산중심지들을 분쇄할 만한 충분한 수소폭탄과 대륙간 왕복용 비행기를 보유하게 될 때까지는 평화를 운위함으로서 미국인들로 하여금 주검의 잠을 자게 하려는 데 있는 것입니다.

이것이 미국의 국제도의 기준에 대한 소련의 예의인 것입니다. 그러나 이것은 악독스러운 예의입니다. 왜냐하면 소련정부는 미국의 보복능력을 삼제(芟除)할 수 있다고 확신하기에 충분한 섬멸무기(殲滅武器)를 가지게 될 때에는 그것을 사용할 것이기 때문입니다. 그런 고로 책임 있는 정치가로서 우리는 소련정부가 그러한 무기를 소유하게 될 때에라도 그들이 감히 그것을 사용하지 못하게 하기 위한 대책을 청구해야만 하는 것입니다.

우리는 소련의 언약을 신용할 수 없다 함을 잘 알고 있읍니다. 36년간의 경험을 통해서 우리가 배운 것은 공산주의자들은 어떠한 맹약이라도 그것을 깨트리는 것이 자기들에게 유리하다고 생각할 때는 결코 그것을 존중하지는 않는다는 것입니다. 그들은 여하한 도덕적 가책이나 인도적 원칙이나 종교적 제재에도 구속을 받지 않습니다. 그들은 세계정복의 야욕을 달성하기 위해서는 여하한 수단—즉, 집단학살과 같은 가장 잔인한 수단까지도—가리지 않고 사용하여 왔읍니다. 소련은 그러한 전략을 스스로의 자유의사에 의해서 중지하지는 않을 것이므로 이것은 우리가 중지시켜야만 하는 것입니다.

그렇다면 미국과 그 우방들은 지금 소련의 공장들에 대해서 폭탄을 투하해야 할 것입니까? 또는 도살장에서 주검을 기다리는 거세우(去勢牛)처럼 우두커니 서있어야 하겠읍니까? 전세계 자유인민들이 생존할 수 있는 길은 우리—한국인들이 알고 있는 오직 하나만의 길은—평화가 없을 때에 부러운 눈치로 평화를 기다리기만 하는 것은 아니며, 소련정부로 하여금 그 무도한 세계 정복 노력을 포기하도록 우리가 어떻게든지 설득시킬 수 있다고 믿는 길도 아니며, 오직 세계의 세력균형을 강렬히 요동시켜서 공산 측에게 불리하게 쏠리게 함으로서 설사 그들이 섬멸무기를 소유하게 도리지라도 감히 그것을 사용하지 못하도록 하는 길 뿐인 것입니다. 우리에게 시간적 여유는 얼마 없읍니다. 수년 이내로 소련은 미국을 정복할 방편을 가지게 될 것입니다. 우리는 지금 행동을 개시하여야 합니다. 우리가 행동을 개시할 수 있는 곳은 어디 있겠읍니까. 극동(極東)에서 개시할 수 있습니다.

신사숙녀 여러분! 한국 전선은 우리가 승리하고저 원하는 싸움—아세아를 위한 싸움, 세계를 위한 싸움, 자유를 위한 싸움—의 일개 소부분에 지나지 않습니다. 대한민국은 여러분에게 무장된 20개 사단을 제공하였으며, 또 20개 사단을 더 편성할 수 있는 인원을 제공하고 있습니다. 150만의 한국청년들은 인류의 자유와 자기들의 명예와 자기들의 조국을 위하여 싸우는 것 이상으로 더 좋은 것을 바라지는 않고 있읍니다. 우리 군인들의 용감성은 전장에서 실증된 바이며, 밴프리트 장군이 한국군사들은 세계의 여하한 군인들에게도 비견할만 하다고 언명한 이래로는 미국인 중에서 이 사실을 의심하는 사람은 아무도 없었읍니다. 대만에 있는 중화민국정부도 또한 여러분에게 무장군 63만 명과 그 위에 예비병력을 제공하고 있습니다.

중국 본토의 공산정권은 극히 취약한 발을 가진 괴물인 것입니다. 이 정권은 대중의 증오를 받고 있읍니다. 중공은 그들을 반대하는 자를 150만 명이나 학살하였지만, 아직도 허다한 자유중국 유격대들이 중국 본토 내에서 투쟁하고 있읍니다. 중공의 육군은 200만이라는 군력을 가지고 있으나 그들의 충성은 결코 믿을만한 것이 못되는 것입니다. 그것은 한국에게 포로된 중공군 출신자 중 14,369명은 대만으로 갈 것을 택하였으며, 중공으로 귀환하는 길을 택한 자는 불과 220명이였다는 사실이 입증한 바입니다.

그 위에 중공의 경제상태는 극도로 취약합니다. 중공에 도달되는 수입물자의 60퍼센트는 해로를 거치고 있으며, 연안 해운은 그들의 남북교통의 최주요 방편이 되어 있읍니다. 그러므로 만일 미국해군이 중국 해안을 봉쇄한다면 중공의 교통망에는 일대 혼란이 야기될 것입니다. 중국정권에 대한 반격의 성공을 보장하기 위해서는 미국의 해군과 공군이 필요할 것이나 미국의 지상군은 필요치 않을 것이라 함을 나는 다시 한번 강조하는 바입니다. 중국본토가 자유진영의 편으로 환원하게 된다면 한국 및 인도지나의 전쟁은 자동적으로 승리적 귀결을 짖게 될 것이며, 세력균형은 소련에 대해서 극히 불리하게 기우러지게 되어 소련은 감히 민국과의 전쟁위험을 기도하지 못하게 될 것입니다. 우리가 중국을 다시 찾지 못하는 한 자유진영의 궁극적 승리는 바랄 수 없을 것입니다.

그러면 소련정부는 이 중국전쟁에 그 지상군과 공군을 투입하지 않을 것인가? 아마 투입할른지도 모르겠읍니다. 그러나 그렇게만 된다면 오히려 자유진영을 위하여 다행한 일이 될 것입니다. 왜냐하면 소련의 참전은 소련이 대량적으로 수소폭탄을 생산해 놓기 전에 그 생산중심지를 미공군이 파괴하는 것을 정당화하여 줄 것이기 때문입니다. 나는 이 이론이 강(剛)하다는 것을 잘 알고 있읍니다. 그러나 공산주의자들은 이 세계를 유(柔)하면 노예가 되어 버리고 마는 어렵고도 무서운 세계로 만들어 놓았든 것입니다.

미국국회의 신사숙녀 여러분! 인류문명의 운명은 바야흐로 우리의 최고 결정을 기다리고 있읍니다. 우리는 미국독립의 아버지들인 쪼지 와싱톤과 토매스 제퍼슨에 의해서 선양(宣揚)되었으며, 그 후에 다시 반자유(半自由), 반노예(半奴隸)의 상태로서는 생존할 수 없었던 유니온에 의해서 선양되었던 이상과 원칙을 수호하기 위하여 용기를 내어서 궐기해야 할 것입니다.

친우들이여! 우리는 반공산주의 반민주주의 상태의 세계에서는 평화가 회복될 수 없다는 것을 명심해야 합니다. 아세아의 자유를 안정하게 하기 위한 여러분의 중대 결정이 지금 필요합니다. 왜냐하면 그렇게 되면 구라파와 아프리카(阿弗利加)와 그리고 미주에 있어서의 세계공산주의 문제는 자동적으로 해결될 것이기 때문입니다.

한미동맹: 자유·민주·번영의 가치동맹을 위하여

전진의 동반자: 변화하는 세계속의 한미 관계
미국 상·하양원 합동회의 연설

1989년 10월 18일

의장, 상원의장, 그리고 존경하는 상, 하양원 의원 여러분.

나는 먼저 미국 상, 하양원 합동회의에서 연설하는 귀한 특전을 나에게 주신 데 대하여 여러분께 감사드립니다. 새롭게 민주주의를 열고 있는 나라에서 민주적으로 선출된 대통령으로 오늘 이 자리에 서게 된 것을 나는 영예롭고 자랑스럽게 생각합니다. 영예로운 것은 바로 이 전당에서 민주주의가 꽃피었을 뿐 아니라, 이 의회가 이룬 일들로 세계와 인류는 더욱 자유롭고 풍요로울 수 있었기 때문입니다. 자랑스러운 것은 내가 지금부터 드리려는 말씀이 불과 한 세대 안에 온갖 시련과 고난을 딛고 일어나 자유롭고 활력에 넘친 민주주의의 나라를 일군 우리 국민의 땀에 젖은 이야기이기 때문입니다.

나는 지금 1954년 한국의 이승만 대통령이 이 연단에 섰던 때를 생각합니다. 이 대통령은 이 자리에서 자유와 민주주의를 지키기 위해 미국 국민이 보여준 용기와 고귀한 희생에 대해 한국 국민의 깊은 사의를 전했습니다. 그때는 참혹한 전쟁이 휴전으로 멈추었으나 국민의 귓전엔 마지막 포성의 여운이 가시지 않았던 때였습니다. 그로부터 35년… 많은 것이 변하였습니다. 처절한 전쟁이 가져간 절망의 골짜기로부터 희망과 자신이 샘솟았습니다. 그것이 내를 이루고 마침내 거대한 발전의 물결로 넘쳤습니다. 이같은 힘으로 우리 국민은 쉼없이 전진해 왔습니다.

작년 서울올림픽을 통해 세계가 본 것은 헐벗은 어린이나 굶주린 피난민의 기나

긴 행렬이 아니라 미래를 향하여 힘차게 전진하는 자신감에 넘친 국민이었습니다.

의장.

참으로 많은 것이 변했으나, 변하지 않은 것이 있습니다. 우리 두 나라의 굳은 유대와 피와 땀을 나누며 함께 추구한 높은 이상은 변하지 않았습니다. 전쟁으로 우리의 생존이 위태로웠을 때 미국은 한국의 안전과 자유를 지키는 데 결정적인 도움을 주었습니다. 우리가 전화와 가난을 딛고 일어나 오늘의 번영하는 민주국가를 이룩하기까지 미국은 한국 국민의 곁에 서서 이것을 도왔습니다. 이 모든 것을 고맙게 생각하는 한국 국민의 마음은 오랜 세월이 지난 지금도 변함이 없습니다. 나 스스로도 미국에 대해 깊은 우정을 느낍니다. 북한 공산군의 전면남침으로 나라가 불바다가 되었을 때 나는 고교생의 교복을 입고 지원병으로 나아가 자유를 위해 싸웠습니다. 미국 병사들은 그때 우리와 함께 사선을 넘었습니다. 한국의 자유를 위하여 참으로 많은 사람이 생명을 바쳤습니다. 나는 월남에서도 미국의 젊은이들과 함께 싸웠습니다. 오늘 이 자리 의원 여러분 중에도 많은 옛 전우들이 계십니다. 우리의 자유를 위해 싸워주신 의원 여러분과 수십만 용감한 미국 시민에게 감사합니다. 우리 국민은 여러분을 길이 기억할 것입니다.

미국은 한국에게 무엇인가를 우리 국민에게 묻는다면, 그 대답은 짧고 명쾌할 것입니다. 우리의 맹방입니다. 한국은 미국에게 무엇인가를 미국 시민에게 묻는다면 그 대답 또한 마찬가지일 것입니다. 우리에게 '맹방'이란 말은 우정과 믿음, 변함없는 유대의 깊은 뜻을 새기게 합니다. 한미유대가 이처럼 굳게 발전해 온 것은 단지 두 나라의 이해관계가 일치했기 때문만은 아닙니다. 자유와 인간의 존엄성을 공동의 이상으로 지녀왔기 때문입니다. 생명과 자유, 그리고 행복의 추구를 천부의 권리로 규정한 미국 독립선언문의 정신은 "사람은 하늘처럼 존귀하다"고 여겨온 우리 겨레의 오랜 믿음과 합치하는 것입니다.

의장, 상원의장.

지금 세계에는 전후 40년을 지배해 온 질서를 흔드는 거대한 변화가 일고 있습니

한미동맹: 자유·민주·번영의 가치동맹을 위하여

다. 냉전체제의 벽 저 편에 자유를 억압하는 사회를 자유로운 사회로, 인간의 본성을 억누르는 체제를 그것을 북돋는 체제로 바꾸려는 몸부림이 지축을 흔들고 있습니다. 인간의 자유를 실현하려는 훈풍이 경직된 체제의 낡은 옷을 벗게 하고 있습니다. 자유로운 사회를 향한 염원이 세계 곳곳에서 드높아 가고 있습니다. 세계에 넘치는 개방과 화해의 물결이 우리 모두에게 희망을 더해 주고 있습니다. 한국은 아직 분단의 고통과 전쟁의 위험을 안고 있지만 세계의 평화와 번영을 위해 기여하는 나라가 되고 있습니다. 한국은 이에 앞서 스스로를 새로운 나라로 바꾸어 놓았습니다.

지난날의 권위주의에서 벗어나 자유와 민주주의, 개방된 사회의 엄청난 힘이 충만합니다. 이같은 힘을 바탕으로 서울올림픽이 성공할 수 있었습니다. 이같은 힘이 한국에서 선진국이나 어느 개발도상국도 경험하지 못한 독특한 변화를 이루게 했습니다. 한국 국민은 민주주의를 향하여 획기적인 진전을 이룩했고 이 과정에서 도전 또한 맞고 있습니다.

여러분은 2년 전 한국의 도시 온 거리가 민주화를 열망하는 군중으로 메워졌던 상황을 기억하실 것입니다. 당시 대통령후보였던 나는 권력은 오직 국민들로부터 나온다는 민주주의의 원칙을 새삼 확신하여 뜨거운 국민의 열망을 그대로 받아 '6·29 민주화선언'을 발표하였습니다. 그로부터 완전한 민주주의로 가는 과정이 시작되었습니다.

역사상 처음으로 여야 합의에 따른 개헌이 이루어졌습니다. 자유롭고 치열한 선거운동 과정을 통해 국민의 직접선거로 대통령이 선출되었으며, 이에 따라 정부의 오랜 정통성 시비는 끝이 났습니다. 작년 4월 총선거의 결과는 사상 처음 야당의 다수의석 획득으로 나타났고 견제와 균형을 통한 대의민주주의가 틀을 잡아가고 있습니다. 여소야대의 국회를 현실로 맞게 됨에 따라 민주주의의 원칙을 실천하겠다는 정부의 다짐은 더욱 굳건한 것이 되었습니다. 민주화 과정은 정치에만 국한된 것이 아니었습니다. 언론은 대통령을 포함한 모든 대상을 거침없이 비판하는 완전한 자유를 누리고 있습니다. 인권을 침해하는 그 누구도 여론의 비판과 법의 징벌을 면할 수 없습니다. 한국의 변화는 가히 혁명적이라고 할 만큼 급속하고 다양하고 모든 분야에 미치는 것이었습니다.

나는 민주주의를 제도화하여 그것을 움직이게 하는 일이 경제성장보다 결코 쉽지 않다는 것을 새삼 실감하고 있습니다. 급속한 민주화는 사회 각계각층의 기대를 상승시켜 오랫동안 억눌려 온 욕구가 한꺼번에 분출되는 현상을 빚었습니다. 이에 따라 기존의 정치, 사회, 노사관계 모두가 흔들리고 이를 재정립해야 하는 벅찬 과제를 새 정부는 안게 되었습니다. 때로는 사회적 안정이 교란되어 이에 대처해야 했습니다. 극렬세력 중에는 민주주의를 악용하여 폭력과 불법행위로 목적을 이루려는 집단도 있습니다. 이 가운데 극소수는 계급혁명을 통해 민주주의의 기본질서를 뒤엎기 위해 폭력행위를 서슴지 않습니다. 반미구호를 외치고 시설물을 점거하는 일도 저지릅니다. 그러나 나는 구미 여러 나라가 경험했던 것처럼 한국의 극렬세력도 민주주의와 번영이 더욱 확산됨에 따라 소멸의 길을 걷게 될 것이라고 믿습니다. 한국의 민주화 과정을 연 사람으로서 나는 우리의 민주주의에 대한 그 어떤 도전에도 당당히 대응할 것입니다.

나는 나의 민주화 공약이 국민에 대한 엄숙한 약속이라고 믿고 자랑스럽게 이를 실천해 왔습니다. 이제 한국에서 민주주의는 누구도 거역할 수 없는 거대한 힘이 되었습니다. 한국은 모든 것이 파괴된 전쟁의 잿더미 위에서 불사조처럼 일어나 '신흥산업국가'로 변모했습니다. 부지런하고 창의력 높은 국민의 노력이 시장경제체제와 자유무역에 힘입어 이처럼 큰 변화를 이룬 것입니다. 미국은 전후 복구를 돕기도 했지만 미국의 열린 시장은 우리의 발전에 큰 힘이 되었습니다. 미국은 우리나라 최대의 무역상대국입니다. 한국은 미국의 일곱 번째로 큰 시장이며 미국 농삼품의 경우 두 번째로 큰 시장이 되었습니다. 교역의 규모가 커짐에 따라 마찰의 요인도 자연 일게 되지만, 이같은 문제는 양국 간에 깊은 이해와 긴밀한 협의를 통해 풀어 나갈 수 있을 것입니다. 나는 한, 미 양국정부가 이제껏 통상현안을 원만히 타결하고 있는 것을 고무적으로 생각합니다.

우리 경제는 개방, 자유, 자율화로 과감히 나가고 있습니다. 이것이 세계경제는 물론 한국경제를 위해서도 최선의 선택이라는 확고한 믿음 때문입니다. 시장개방, 자본자유화, 관세인하를 한국처럼 급속히 추진하고 있는 나라는 흔치 않을 것입니다. 이 자리 미국 의원 여러분이 선거구민으로부터 미국산업의 경쟁력, 종사자의 이해, 일자리를 보호하라는 큰 압박을 받고 있는 실정을 나도 이해합니다. 우리 정부도 마찬가지 압박을 받고 있습니다. 예컨대 농업분야를 생각해 보십시오. 인구 20%가 좁은 농토에서 전통적 경작방식으로 농사를 짓고 있습니다. 농산물 수입의 확대는 전국민의 5분의 1이나 되는 농민들의 이해관계로 큰 정치, 사회적 문제가 됩니다. 농업분야에서 큰 충격을 피하면서 개방을 이루어 가려면 산업구조를 점진적으로 조정하는 길밖에 없습니다. 이것은 시간을 요하는 일입니다. 한국은 자유무역의 원칙에 적응하기 위해 이같은 고통을 감수하면서도 놀라운 진전을 이루고 있습니다. 여러분은 앞으로 4~5년 안에 OECD 선진국 수준으로 개방된 한국의 시장을 기대해도 좋을 것입니다.

의원 여러분.

온 세계에 변화를 몰아오고 있는 화해의 물결 속에서도 변하지 않은 것이 있습니다. 전화를 멈춘 뒤 36년간을 하루같이 팽팽한 긴장이 지속되고 있는 한반도의 대결 상황입니다. 인구 1천만 명의 수도 서울에서 26마일 북쪽에 있는 휴전선 155마일에는 150만 명 이상 세계에서 가장 밀집된 군사력이 남북으로 대치해 있습니다. 바로 이 의사당에서 델레스 공항이 위치한 거리에 전투태세를 완비한 적대적인 군사력이 포진하고 있는 현실을 상상해 보십시오. 한반도에서 휴전 이후 안정이 유지되어 온 것은 북한의 기도나 태도에 변화가 있었기 때문이 결코 아니었습니다. 그것은 강력한 한미안보체제를 통해 또 다른 전쟁이 억제되어 왔기 때문입니다. 미국의 안보공약이 약화된다거나 주한미군이 급격히 감축될 것이라는 어떠한 징후도 북한이 한반도의 평화유지에 대한 미국의 결의를 오판하게 만들 것입니다. 그 결과는 참혹한 것이 될 것입니다.

지금까지 우리 두 나라 사이의 안보협조관계는 강력하게 잘 유지되어 왔습니다. 변화가 필요할 때까지는 그대로 두어둡시다. 나는 한국 국민이 원하고 한국이 필요로 하는 한, 주한미군은 남아 있을 것이라는 부시 대통령과 미국 정부의 다짐을 환영합니다. 여기서 나는 이 문제에 관한 한국 국민의 목소리는 분명하고 솔직하다는 것을 말씀드립니다. 최근 여론조사 결과 94.1%의 한국 국민이 미군의 주둔을 강력히 지지하고 있는 것으로 나타나고 있습니다. 언제나 큰 목소리를 내는 한국의 야당들도 주한미군 문제에는 모두 주둔을 지지하고 있습니다. 한국 국민은 미국의 어느 맹방보다 무거운 방위비를 부담해 왔습니다. 우리나라는 국민총생산의 약 5%, 예산의 30% 이상을 국방비로 지출해 왔습니다. 한국의 경제성장에 따라 우리는 공동방위에 있어 책임과 역할을 늘려 갈 것입니다. 북한의 긍정적 변화를 유도하기 위해서라도 확고한 한미보안유대는 필수적인 것입니다.

의장.

세계에 개방의 물결이 이처럼 높은데도 북한만이 변화를 거부한 채 무한정 극단적인 고립에 매달려 있을 수 없을 것입니다. 우리는 북한이 무력으로는 아무것도 이룰 수 없다는 현실을 깨닫게 만들면서 그들이 화해와 통일의 길로 나오도록 모든 노력을 다하고 있습니다. 나는 작년 7월, 남북한이 오랜 적대관계를 청산하고 서로가 서로의 발전에 기여하는 동반자관계로 나가기 위해 획기적인 정책을 밝혔습니다. 나는 지난달 남북한이 하나의 '민족공동체'로 통합해 나가 통일을 이룰 구체적인 방안을 제시했습니다. 남북한이 먼저 통일에 이르는 중간단계로서 '남북연합'을 형성하고 종국적으로 자주, 평화, 민주의 원칙 아래 하나의 나라로 통일하자는 방식입니다. 나는 남북한정상회담에서는 불가침선언, 군축을 포함한 모든 현안이 아무 전제조건 없이 자유롭게 논의될 수 있을 것입니다. 나는 작년 바로 오늘, 유엔총회 연설을 통해 '동북아평화협의회의'를 열 것을 제의했습니다. 이제 동북아시아에 지속적인 평화와 번영의 공고한 바탕을 구축하는 문제를 관계국들이 진지하게 협의할 때가 되었다고 봅니다. 우리는 적극적인 개방정책을 통해 그동안 단절되었던 사회주의 국가들과 교류, 교역하고 외교관계를 여는 길을 터가고 있습니다. 우리와 사회주의 국가들 간의 관계개선은 북한의 침략을 억제하고 한반도의 긴장을 완화하며 북한을 개방된 세계로 나오게 하는 데 기여할 것입니다.

의원 여러분.

자유의 힘은 통제된 사회의 바탕을 허물고 있으며 시장경제의 효율성과 개방사회의 우월성은 이제 의심의 여지가 없게 되었습니다. 미국이 높이 든 이 보편적 가치는 억압된 사회의 성벽을 무너뜨리고 있습니다. 어떤 사회체제가 인간의 염원을 잘 실현해 주는지 모두가 알게 되었으며 더 이상 선택을 주저할 필요가 없습니다. 자유의 공통된 이상에 바탕을 둔 자유사회의 번영이 온 세계곳곳에서 사상과 행동에 변혁의 불을 지피고 있습니다.

의원 여러분.

태평양 연안국가들은 개방사회와 시장경제를 통하여 이 지역을 이 세계에서 가장 빠른 성장을 이루도록 만들었습니다. 미국에게 태평양은 더욱 중요하게 될 것입니다. 한국은 이 지역의 평화와 번영에 더욱 기여하는 나라가 될 것입니다. 한국은 갈수록 더욱 중요한 미국의 맹방이 될 것입니다. 나는 한국과 미국은 새로운 시대를 함께 여는 '전진의 동반자'가 될 것으로 확신합니다. 새로운 시대는 우리 두 나라가 함께 추구하는 자유와 번영을 이 지상의 모든 국가가 누리는 시대일 것입니다. 번영을 키워 가기 위해, 세계의 진보에 기여하기 위해 양국의 동반자 관계를 우리 다 함께 더한층 발전시켜 갑시다.

의장, 상원의장, 의원 여러분.

나는 이제 이 연단을 떠나려 합니다. 그러나 나의 이야기는 아직 끝나지 않았습니다. 언젠가 한국의 대통령이 다시 이 자리에 서서 오늘 내가 한 이야기가 내일의 꿈이 아니라 현실이 되고 있다고 말할 날이 올 것이기 때문입니다. 미래의 한국 대통령이 이 연단에서 우리가 이 시대에 함께 이룬 승리를 이야기할 때 우리 모두는 크나큰 보람을 안게 될 것입니다. 우리는 우리 시대의 도전을 이겨내어 우리가 물려받은 세계보다 훨씬 훌륭한 세계, 더욱 평화롭고 번영을 누리며 더욱 공정하고 행복한 세계를 우리들의 다음 세대에게 넘겨줄 것이기 때문입니다. 미합중국에 무궁한 축복이 있기를 바랍니다.

여러분, 감사합니다.

21세기 아래 시대를 향한 협력
미 상·하 양원 합동회의 연설

1995년 7월 26일

의장, 상원의장, 그리고 존경하는 의원 여러분!

위대한 미국 국민을 대표하는 이 숭고한 민주주의의 전당에서 연설하는 영예를 주신 여러분에게 진심으로 감사드립니다. 나는 고향을 찾아 템 친구를 만난 듯한 따뜻하고 편안한 마음으로 이 자리에 섰습니다. 그것은 아마도 스물다섯의 나이로 국회의원이 된 이래 40년 가까운 의정생활을 통해 의회는 어느덧 나의 '고향'이 되었기 때문일 것입니다. 또한 나의 고난에 찬 기나긴 민주화 투쟁을 한결같이 성원해 주신 의원 여러분에게 평소 깊은 감사와 함께 동지의식을 지녀 왔기 때문일 것입니다. 우리 국민들은 오직 피와 땀과 눈물로 오늘의 한국을 이루기까지 언제나 든든한 벗이 되어 온 미국 국민에게 뜨거운 우정을 느끼고 있습니다. 나아가 온 인류에게 새로운 지평을 열어줄 새로운 세기를 향해 우리 두 나라의 두터운 유대관계를 더욱 성숙시켜 나가기를 간절히 바라고 있습니다.

의장!

1945년 2차대전의 종전은 우리 민족에게 해방과 독립이라는 축복을 안겨 주었습니다. 그러나 그것도 잠시, 우리는 민족분단이라는 역사적 비운을 다시 맞게 되었으며, 5년 후 동족상잔이라는 참극으로 이어졌습니다. 한국인은 식민통치의 잔재와 빈곤의 유산, 그리고 전쟁의 폐허와 공산주의의 위협 속에 나라를 세워야 했습니다. 우리는 미래에 대한 희망과 번영을 향한 의지, 단지 그것만으로 지난 40여 년을 줄기차게 달려 왔습니다.

이렇게 하여 최빈국으로 출발했던 한국은 이제 경제규모에 있어 세계 열한 번째의 나라로 뛰어 올랐습니다. 그러나 우리 국민이 이룩한 것 중에 보다 중요한 것은 바로 민주주의를 활짝 꽃피운 것입니다. 한반도의 분단과 남북 간의 군사적 대치는 한국의 민주주의에 두텁고 어두운 그림자를 드리웠습니다. 여기에서도, 한국 국민은 인간의 자유와 존엄을 향한 끈질긴 투쟁 끝에 마침내 문민민주주의 시대를 열었습니다. 우리는 지난 2년여 동안 과감한 변화와 개혁을 통해 군사독재시대의 적폐를 청산하고 참다운 민주주의 사회를 건설하기 위해 혼신의 노력을 기울여 왔습니다. 또한 지난해부터 우리는 세계화 정책을 추진함으로써 지구공동체의 번영에 크게 기여하는 나라를 만들기 위해 매진하고 있습니다. 이것이 아무것도 없이 맨주먹으로 일어나 짧은 기간에 민주화와 산업화를 모두 이룩하고 이제 세계로, 미래로 나아가는 한국의 이야기입니다.

의원 여러분!

한국의 성공은 무엇보다도 평화가 가져온 결실입니다. 한반도의 평화가 지켜지지 않았다면, 한국 국민은 오늘의 자유도, 번영도 결코 누릴 수 없었을 것입니다. 평화는 대가없이 얻어질 수 있는 것이 아닙니다. 한반도의 평화를 위해 많은 미국의 젊은이들이 피를 흘렸습니다. 내일은 우리 모두가 이 의사당 맞은편 포토맥 강변에서 한국전의 영웅들을 다시 만나는 뜻깊은 날입니다. 6·25전쟁의 휴전 42주년이 되는 이날을 맞아 제막될 한국전 참전 기념비는 우리에게 언제나 평화의 소중함을 웅변해 줄 것입니다.

나는 이 자리에서 우리 국민을 대신하여 한국의 전선에서 고귀한 젊음을 바친 영령들을 추모하고 모든 참전용사들에게 깊은 감사를 드립니다. 당시 약관 19세의 나이로 참전하신 찰스 랑겔 의원을 비롯한 스물여덟 분의 의원들께도 경의를 표합니다. 아울러 지난 40여 년간 한국의 전선을 지켜온 모든 미군장병과 그 가족에게 한국 국민의 사의를 전합니다. 반세기 전까지만 해도 태평양 너머 멀리 느껴졌던 우리 두 나라는 이제 가장 가까운 벗이 되었습니다. 일방적인 도움을 주고받던 관계가 아

한미동맹: 자유·민주·번영의 가치동맹을 위하여

니라 서로가 도움을 주고받으며 자유와 번영을 향해 함께 나아가는 성숙한 동반자가 된 것입니다. 우리 두 나라가 함께 키워온 평화의 유대는 값진 열매를 맺었습니다. 한국의 성공은 한, 미 양국 국민의 공동 승리입니다.

의장 그리고 의원 여러분!

아시아, 태평양 시대의 막은 이미 올랐습니다. 한, 미 두 나라는 더욱 강력한 결속으로 본격적인 아, 태 시대를 열어 나가야 합니다. 아, 태 지역이 역동적 성장을 거듭하여 세계의 새로운 중심으로 떠오르게 된 것은 미국이 장기간 이 지역의 안정과 평화를 유지해 왔기 때문입니다. 아, 태 시대가 활짝 꽃피기 위해서는 미국이 앞으로도 이 지역의 안정과 평화를 위해 역할을 계속해야 합니다. 특히 동북아의 중심에 위치한 한반도의 평화보장은 이 지역 전체의 안정에 관건이 되고 있습니다. 한반도는 아직도 150만의 중무장한 병력이 첨예하게 대치하고 있는 지구상의 마지막 냉전지대입니다. 주한미군은 지난 40여 년간 한반도에서 전쟁을 억제하고 평화를 유지하는데 결정적으로 기여해 왔습니다. 한반도의 평화는 물론 아, 태 지역 전체의 안정을 위해 주한미군은 꼭 필요한 존재입니다. 북한의 핵문제를 둘러싸고 고조되었던 긴장은 한반도가 얼마나 불안정한 지역인가를 잘 말해주고 있습니다.

우리는 핵문제와 관련하여 미, 북 간에 이루어진 쿠알라룸푸르 합의를 지지하는 바입니다. 북한 핵문제 해결을 위한 한, 미 간의 공동보조는 북한의 핵개발 의혹이 분명히 풀릴 때까지 강력하게 유지되어야 할 것입니다. 따라서 우리 정부는 미, 북 제네바 합의가 충실히 이행될 수 있도록 최선의 노력을 기울일 것입니다.

의장!

한반도의 평화는 그 실질적 당사자인 남북 간의 대화와 협력에 의해서만 정착될 수 있습니다. 대화 없이는 그 어느 것도 이룰 수 없습니다. 나는 클린턴 대통령과 미국 의회가 그동안 남북대화의 핵심적인 중요성을 강조해 온 데 대하여 감사하게 생각합니다. 우리는 광복 50주년이자 분단 50주년인 올해를 남북관계에 새로운 장을 여는 역사적인 해로 만들고자 최선의 노력을 다하고 있습니다. 남과 북이 평화공존과 화해협력을 통해 점진적으로 하나의 민족공동체를 형성해 나감으로써 궁극적으로 1민족 1국가를 만들자는 것이 한국의 통일 정책입니다. 이에는 북한의 안정이 필수적이며, 이에 따라 우리는 남과 북이 함께 번영하는 '민족공동발전계획'을 추진하고 있습니다. 한국이 북한 경수로 건설비용의 대부분을 부담하면서 한국형 원자로를 제공하고 그 중심적 역할을 하고자 하는 것은 바로 이러한 뜻에서입니다. 같은 취지에서 남북 경제협력을 확대하고 있습니다. 우리는 또 순수한 동포애적 차원에서 북한의 어려운 식량사정을 덜어주기 위해 북한에 쌀을 지원하고 있습니다. 한반도의 통일로 가는 길이 비록 멀고 험하더라도 우리는 인내심을 가지고 쉬지 않고 전진해 갈 것입니다. 한반도가 다시 하나가 되는 그날, 동북아에는 진정한 평화와 번영이 올 것입니다. 분단된 한국보다 통일된 한국이 인류와 세계에 더욱 크게 기여할 것입니다.

의원 여러분!

아시아, 태평양 지역 전체의 번영을 위해서는 이 지역에 자유무역과 개방주의가 뿌리내리게 해야 합니다. 2차대전 후 미국의 지도력 아래 자유세계에서 이루어져 온 자유무역은 빈곤과 공산주의를 퇴치하는 원동력이 되었습니다. 한국 역시 자유무역으로부터 많은 혜택을 입었습니다. 나는 아, 태 지역의 모든 나라가 자유무역의 수혜자가 되어야 한다고 믿습니다. 바로 이런 이유에서 나는 클린턴 대통령과 더불어 APEC의 발전을 위해 남다른 노력을 기울여 왔습니다. 한국정부는 또한 WTO규범에 따른 다자간 협력도 적극 지지하고 있습니다. 미국은 한국의 최대교역국이며 한국도 이제 미국의 여섯 번째 시장으로 성장했습니다. 지난해 양국 간 교역은 400억 불을 넘어섰고 금년에는 500억 불 수준에 달할 것입니다.

한, 미 간의 무역은 대체로 균형을 이루어 왔으나, 최근에 이르러 한국의 대미 적자쪽이 급속도로 확대되고 있습니다. 우리 정부는 세계화 정책을 통해 경제를 비롯한 사회 각 부문의 개방과 자율화를 적극 추진해 왔습니다. 우리는 나아가 OECD가입을 통하여 선진국 수준의 개방화 시책을 본격적으로 펴 나갈 것입니다. 한국은 개발도상국으로서는 가장 빠른 속도로 문을 열어 왔습니다. 앞으로도 한국은 지속적인 자율과 개방정책을 통해 아, 태 지역의 번영을 촉진하는 미국의 강력한 동반자가 될 것입니다.

의장, 상원의장 그리고 의원 여러분!

우리 앞에는 21세기의 신세계가 펼쳐지고 있습니다. 미국의 역할은 아직 끝나지 않았습니다. 한국도 국제사회에서의 역할과 책임을 확대해 나갈 것입니다. 우리의 발전경험을 살려 개도국에 대한 지원을 확대하고, 범세계적 문제의 해결을 위한 국제적 노력에도 적극 동참할 계획입니다. 한국 국민은 한, 미 양국이 '21세기 아, 태 시대를 향한 협력' 아래 역사의 수레바퀴를 함께 전진시켜 나가려는 희망에 차 있습니다. 통일한국을 이루어 미국 국민과 함께 '평화와 번영의 동반자'로서 세계와 인류에 더욱 크게 기여하자는 의지로 충만해 있습니다. 이것이 내가 오늘 여러분에게 전하고자 하는 한국 국민의 메시지입니다. 그것은 이 신대륙에 위대한 나라를 세운 미국의 정신에도 합치할 것입니다. 우리, 어깨를 나란히 하여 앞으로 나아갑시다. 그리하여 인류에게 무한한 꿈과 희망과 가능성을 안겨줄 새로운 세기, 새로운 세계를 함께 열어 나갑시다. 모든 것은 유한하나 평화와 번영을 향한 인류의 열망은 영원할 것입니다.

감사합니다.

김대중 대통령 미 의회 연설

미국 의회 상하 양원 합동회의 연설
한국의 경제위기 극복과 미국의 역할

1998년 6월 10일

존경하는 의장, 상원의장, 상하 양원의 의원 여러분, 그리고 신사 숙녀 여러분!

지금까지 이 영광된 자리에서 연설한 세계의 많은 지도자들이 있었습니다. 그러나 미국이 두 번이나 죽음의 위기에 서 결정적으로 그 생명을 구해 준 당사자가 국가원수로 이 자리에 선 예는 내가 처음일 것입니다. 여러분은 1973년 내가 군사정권에 의해서 납치되어 살해될 뻔했던 때와 1980년 독재정권하에서 사형선고가 내려졌을 때, 내 생명을 구해 주었던 것입니다.

나는 일생동안 다섯 번 죽을 고비를 넘겼습니다. 첫 번째는 한국전쟁 당시 공산군의 감옥에 갇혔을 때이고, 나머지 네 번은 역대 군사독재자들에 의해서였습니다. 나는 지난 40년의 감시생활 중에서 6년을 옥중에서 보냈고, 또 다른 10년 이상을 가택연금과 망명 속에서 살아야 했습니다.

1973년 나는 일본 동경의 한 호텔에서 한국의 KCIA요원에 의해서 납치되어 그들의 공작선에 실려졌습니다. 그들은 내 전신을 결박해서 바다에 던지려 하였습니다. 그 순간 나는 죽음의 문턱에 섰던 사람이나 알 수 있는 예수님의 모습을 보았습니다. 그 분께서 내 곁에 서 계셨습니다. 나는 그분께 구원을 청했으며, 하느님이 나를 구해 주실 것을 믿었습니다. 바로 그 때 비행기 한 대가 배 위로 날아와 납치범들을 제지하였습니다. 나중에 알게 된 사실이지만 그 비행기는 나를 살리기 위해 미국의 통보를 받고 날아왔던 일본 비행기였습니다.

1980년 나는 군사쿠데타 주동자들에 의해서 체포되어 사형을 선고받았습니다. 그 당시 정부이양 단계에 있었던 카터 대통령과 레이건 대통령 당선자의 적극적인 개입이 없었던들 오늘의 이 연단은 비워져 있었을 것입니다. 감옥에서도 내 생명에 대한 위협은 끊이지 않았습니다.그러나 나는 독재정권에 협력하여 일신의 편안함을 추구할 수는 없었습니다. 결코 국민을 배신할 수 없었습니다. 그들이 나에게 이제 곧 죽을 것이라고 말했을 때, 사실 나는 죽음이 두려웠습니다. 그러나 끝까지 포기하지 않았습니다.

지금도 때때로 거울속의 나 자신을 물끄러미 들여다보면서 깊은 상념에 잠깁니다. 그리고 40년에 걸친 수난의 세월을 어떻게 견디어 낼 수 있었을까를 생각합니다. 그 당시의 고뇌와 회의는 지금도 말로 표현하기 어려울 정도입니다. 몇 년 후, 나는 여러분의 위대한 지도자였던 '아브라함 링컨'의 이야기를 알게 되었습니다. "나는 준비할 것이다. 그리고 언젠가는 나에게도 기회가 올 것이다."라는 말의 참뜻을 알게 되었던 것입니다.

가장 유명한 민주주의의 산실이라고 할 수 있는 이곳까지 나를 이끌었던 믿기 힘든 지난 역경을, 국민의 공복이 된 지금도 나는 결코 잊지 못합니다. 그리고 민주주의를 위해 싸워 왔던 미국 국민, 내 생명을 구해 주었던 많은 사람들, 그리고 자리를 함께 하고 있는 여러분이 내게 제공했던 안전한 피난처를 나는 결코 잊지 않을 것입니다. 아울러 미국과 나 사이에 강한 정치적 유대감을 만들어 준 그 운명도 절대로 잊지 않을 것입니다.

의장, 상원의장, 그리고 의원 여러분!

한, 미 간에 국교가 수립된 지도 116년이 되었습니다. 그간 한, 미 양국은 우호적 관계를 일관되게 유지해 왔습니다. 미국은 한국이 일제의 쇠사슬로부터 해방되는 데 도움을 주었으며, 공산주의자의 남침을 방어하는 데도 결정적인 기여를 했습니다.

나는 이 자리에서 공산독재자의 침략으로부터 한국을 지키기 위해 귀중한 생명을 바쳤던 3만3천 명의 미국 젊은이들의 영령 앞에 머리 숙여 감사를 드립니다. 반세기 전 한국전쟁에서 싸웠던 용감한 미국인들에게 어떻게 감사를 드려야 할 지 모르겠습니다. 한국전쟁에 참전했던 몇몇 분들이 여기 이 자리에 함께 하고 있습니다. 그 헌신에 대해 진심으로 감사의 뜻을 전합니다. 여러분의 도움으로 우리는 자유를 누릴 수 있게 되었습니다.

그러나 한국에는 아직도 평화가 정착되지 않고 있습니다. 지금 이 시간에도 한, 미 두 국가 군은 북한 공산군과 대치하고 있습니다. 우리는 이런 상황을 변화시켜야 합니다. 한반도에 진정한 평화를 정착시키고, 북한을 화해와 협력의 방향으로 유도해야 할 것입니다. 나는 다시 한번 북한의 지도자에게 말합니다.

첫째, 어떠한 상황에서도 북한의 무력도발을 용납하지 않을 것입니다. 둘째, 우리는 북한을 해치거나 흡수통일을 할 의사가 없다는 점을 분명히 밝힙니다. 그리고 셋째, 남북 간의 전면적인 교류, 협력을 실현하자는 것입니다. 이러한 우리의 정책방향은 우리 국민 모두와 미국을 위시한 일본, 중국, 러시아 그리고 세계 각국으로부터 적극적인 지지를 받고 있습니다. 무엇보다도 우리는 북한의 무력도발을 용납해서는 안 됩니다. 힘에 의한 평화를 확고히 지켜나가야 합니다. 우리의 목적은 전쟁이 아닙니다. 북한과의 평화적 교류 협력을 추구할 뿐입니다. 제네바 미, 북 합의(Geneva Agreed Framework)는 이 점에서 한반도의 평화와 안정을 추구하고 세계의 핵확산금지체제를 강화시키는 데 중요한 역할을 계속해야 합니다.

한국은 현재의 경제적 어려움에도 불구하고 KEDO 프로젝트에 대한 약속을 성실히 이행할 것입니다. 미국도 미, 북 합의의 원활한 이행을 계속해 주기 바랍니다. 북한을 화해로 이끌기 위해서 한미 양국은 강력한 안보태세에 바탕을 두고 개방을 유도하는 "햇볕정책"을 추구해야 합니다. 그리고 북한에 대해서 선의와 진실을 가지고 대함으로써, 북한으로 하여금 의구심을 떨치고 개방의 길로 나오도록 해야 합니다.

무엇보다도 먼저 유연한 정책이 필요합니다. 지나가는 행인의 코트를 벗기기 위해서는 강력한 바람보다는 햇볕이 보다 효과적이기 때문입니다. 우리는 정경분리원칙 아래 광범위한 분야에서 경제협력을 추진하고 있습니다. 우리는 이러한 노력에 대한 미국의 지원을 바랍니다. 한미 양국은 대북 정책에 있어서 보다 자신감을 갖고 차분한 자세로 협조해 나갈 필요가 있습니다. 이러한 정책은 북한으로 하여금 심리적인 여유를 갖게 하여, 결국 마음을 열고 문호를 개방하도록 할 것입니다.

우리는 북한에 대한 경계를 결코 게을리 하지는 않겠지만, 평화를 위한 기회를 만들어 나가는 데도 전혀 두려워하지 않을 것입니다. 나는 이를 확신하고 있습니다. 바로 이런 접근방식과 원칙이야말로 한반도는 물론 동북아시아와 미국, 그리고 전 세계를 안정시킬 수 있다고 생각합니다.

동북아시아는 군사적으로나 경제적으로나 세계에서 매우 중요한 지역 중의 하나입니다. 미국, 일본, 중국, 러시아 등 4대국이 이 지역에 이해관계를 가지고 있습니다. 이들 4대국 사이에 둘러싸여 있는 한국의 국익과 안전은 이들 나라들에 의해 크게 영향을 받고 있습니다. 미군이 한국을 포함한 동아시아에 계속 주둔하는 것이 이 지역의 평화와 안정에 긴요하고 미국의 국익에도 부합한다고 나는 확신하고 있습니다.

의장, 상원의장!

한국은 지난 30년 동안 지속적인 경제성장을 이룩해 왔습니다. 그러나 작년 말 갑자기 불어닥친 외환위기로 중대한 경제적 어려움에 직면하게 되었습니다. 이러한 상황에서 미국은 한국이 당면한 경제적 어려움을 헤쳐나가는 것을 돕기 위해 국제적 협력을 선도해 왔습니다. 어려울 때의 친구가 진정한 친구라고 생각합니다. 작년 12월 대통령에 당선된 직후 나는 클린턴 대통령으로부터 받은 격려의 전화를 지금도 생생하게 기억하고 있습니다. 뿐만 아니라 이곳에 계시는 의원 여러분이 보내준 메시지도 기억하고 있습니다.

한국경제가 이렇게까지 악화된 원인은 분명합니다. 그것은 내 전임자들이 민주주의와 시장경제를 실천하지 않았기 때문입니다. 민주주의는 없었고, 정경유착과 관치금융이 있었을 뿐입니다. 부정부패가 만연했습니다. 비정상적인 대출관행들이 우리나라 은행과 기업들의 체질을 약화시켰던 것입니다.

한국은 길고도 험난한 도전에 직면해 있습니다. 실업자는 사상 최대로 늘어나고 있고 불경기와 기업도산이 계속되고 있습니다. 그러한 가운데 한국 국민과 정부는 하나가 되어 외환위기를 극복하고 경제구조를 개혁하는 데 전력을 다하고 있습니다. 노사정이 경제재건을 위해 제몫을 다하고 있습니다. 이를 위한 법률도 마련했습니다. 지금 변화가 이루어지고 있습니다.

그 결과, 상당한 성과가 나타나기 시작했습니다. 내가 대통령에 당선되었던 작년 12월 18일 39억 달러에 불과했던 외환보유고가 지금은 350억 달러로 늘어났습니다. 그리고 한때 하늘 높은 줄 모르고 치솟던 환율과 금리도 차츰 하향안정세를 보이고 있습니다.

우리는 한국경제를 다시 일으켜 세우기 위해 전력을 집중하고 있습니다. 현재 우리에게 그 무엇보다도 절실하고 중요한 것은 외국인의 투자입니다. 외환위기 이후 외국자본 유치에 대한 한국 국민의 태도는 긍정적으로 바뀌었습니다. 최근 실시한 여론조사에 의하면, 한국인들 중 87%는 외국인 투자가 한국경제에 이익이 된다고 믿고 있습니다. 이러한 국민의 지지에 힘입어 한국 정부는 외국 투자가가 국내 투자가와 똑같은 조건아래 기업활동을 할 수 있도록 관련 법률을 과감하게 개정했습니다. 이제 한국은 외국 투자가들이 세계에서 가장 안전하고 자유롭게 기업활동을 할 수 있는 나라 중의 하나가 될 것입니다.

우리는 아주 값진 기회들을 결코 놓치지 않을 것입니다. 국제무역에 있어서도 우리는 시장을 개방할 것입니다. 불공정한 규제를 철폐하고, 외국상품에 대한 법적 차별도 결코 허용치 않을 것입니다. 자유무역은 우리의 성공을 위해서도 꼭 필요합니다.

우리가 이러한 방대한 개혁을 추진해 나가는 데 있어서는 외부의 지원이 필요합니다. 무엇보다도 미국의 아낌없는 지원이 긴요합니다. 한국은 미국의 여덟 번째 가는 무역파트너이며, 미국의 확실한 동맹국 중의 하나입니다. 오늘 이 자리를 빌려 나는 여러분과 미국 국민에게 다음과 같이 호소합니다. 우리 한국의 구조개혁 노력이 성공하기 위해서, 그리고 한국이 미국의 강력한 무역파트너로 다시 부상하기 위해서, 우리는 미국 국민의 격려를 필요로 하고 있다고 말입니다.

사실 한국은 중요한 때마다 미국에 대해 협력을 아끼지 않았습니다. 미국의 경제 사정이 어려웠던 1980년대 한국은 특별구매사절단을 미국에 보내어 수십억 달러의 상품을 구매했습니다. 또한 지금 수개의 한국 대기업들이 미국에 대해 각기 10억 달러가 넘는 투자를 하고 있습니다. 1996년 우리나라의 대미 무역적자는 그해 총무역 적자의 반 이상인 116억 달러나 되었습니다. 대한항공은 최근에 20억 달러에 달하는 비행기 구매계약을 미국항공기 제조업체와 체결했습니다.

의장, 상원의장, 그리고 의원 여러분!

나는 IMF와 IBRD 등 국제금융기관의 협조에 감사드리고자 합니다. 우리는 IMF의 적극적인 지원에 힘입어 과감하고, 그리고 성공적으로 우리 경제의 구조를 선진국 수준으로 조정해 나가고 있습니다.

미국의 연방준비은행이 미국 금융시장에서 최종대부자로서의 역할을 하듯이, IMF는 국제금융시장에서 그러한 역할을 하고 있습니다. 앞으로도 IMF는 국제금융 위기를 방지하고 안정화시키는 데 있어서 결정적인 역할을 계속해 나가야 할 것입니다. 따라서 IMF에 대한 지속적인 지원이 필요하다는 것을 말씀드리지 않을 수 없습니다.

한국은 올해 1년을 전면적인 경제개혁의 해로 설정했습니다. 이 개혁이 성공하기 위해서는 한국 국민이 당면한 물가고와 실업, 불경기, 기업도산 등과 같은 가혹한 시련을 이겨내야만 합니다. 그러나 많은 전문가들은 내년 후반부터는 모든 여건이 상당히 개선될 것이라고 말하고 있습니다. 그렇게 될 때 한국경제는 탄탄한 성장을 지속할 수 있을 것이며, 2000년부터는 전진과 도약의 단계로 다시 접어들 수 있을 것입니다.

한국은 할 수 있습니다. 우리는 전쟁의 폐허 속에서 일어나 30년간의 노력 끝에 한국을 주요 경제대국으로 성장시킨 적이 있습니다. 우리는 그런 잠재력을 갖고 있습니다. 우리는 생동력을 갖고 있습니다. 다만 지금 우리에게는 여러분의 도움이 필요합니다.

의장, 상원의장!

오랜 세월동안 평탄치 않은 삶을 살아 온 나로서도 흥분되는 이 순간, 수백만의 한국 국민들도 지금 나의 연설을 듣고 있을 것입니다. 그들은 민주적 과정을 통해 자신들이 선출한 대통령이 민주주의의 전당인 이곳에서 연설을 하고 있는 것을 자랑스럽게 생각할 것입니다. 한국 국민은 분명히 우리 두 국가가 보다 가까워지며, 한 차원 높은 동반자 관계와 우호관계를 이루어 내기를 바라고 있을 것입니다.

지금 아시아 각국은 큰 교훈을 배우고 있다고 생각합니다. 그것은 민주주의가 없이는 진정한 시장경제가 있을 수 없고, 시장경제의 활성화 없이는 세계화시대의 경쟁력을 갖출 수 없다는 사실입니다. 이제 세계와 아시아의 많은 사람들이 민주주의와 시장경제는 함께 발전할 수 있고, 또 발전해야 한다는데 동의하기 시작했습니다.

이제 한국이 당면한 경제위기를 극복하고 다시 일어설 수 있도록 우리 두 나라는 서로에 대한 역할을 함께 모색해야 하는 근본적인 도전에 직면해 있습니다. 그리하여 전 세계를 위한 모범을 함께 창출해야 합니다.

존경하는 의장, 상원의장!

민주화된 한국의 대통령으로서 내가 여러분 앞에 설 수 있도록 도와주신 것을 다시 한번 감사드립니다.

미국이 두 차례나 죽음으로부터 건져낸 나의 운명을 어찌 생각하지 않을 수 있겠습니까. 우리 두 나라가 진정으로 가치있는 일이라고 여겼던 한국의 민주화를 위해, 우리는 그 오랜 기간 동안 힘겨운 투쟁을 벌여 나가야 했습니다. 이제 우리 양국 국민은 그 투쟁이 정말 가치있는 일이었다는 사실을 확인할 의무를 지게 됐다고 말씀드립니다.

25년 전 그리고 18년 전, 미국은 결정적인 행동으로 한 개인이 지불할 수 있는 최고의 대가인 죽음으로부터 나를 결정적으로 구해냈습니다. 오늘 나는 여러분에게 우리가 깊은 우정으로 손을 맞잡고 민주주의의 빛나는 모범을 만들어 보자고 말씀드립니다.

미국 방문
미국 의회 상·하원 합동회의 연설

2011년 10월 13일

존경하는 베이너 하원의장, 바이든 부통령, 상·하원 의원 여러분과 내외 귀빈 여러분!

자유와 민주주의의 상징인 이곳 미국 국회의사당에서 의원 여러분과 미국국민 앞에 연설할 기회를 갖게 된 것을 매우 기쁘게 생각합니다. 특히 오늘, 내가 이 자리에 오기에 앞서 어젯밤 코러스(KORUS) FTA를 상·하원 의회 지도부의 각별한 노력과 의원 여러분의 전폭적인 지지로, 전례 없이 신속하게 통과시켜 준 것을 높이 평가하고, 경의를 표하는 바입니다.

먼 길을 날아와 여러분 앞에 선 지금, 나는 대한민국과 미국의 오랜 우정을 생각하면서 깊은 감회를 느낍니다. 우리 한국 사람들에게 미국은 먼 나라가 아닙니다. 가까운 이웃이자 친구이며, 동맹이자 동반자입니다.

지난 60여 년의 한미 동반자 관계를 나타내는 한국어 표현이 있습니다. 한국말로 바로 "같이 갑시다." 이것을 영어로 하면, "We go together."가 될 것입니다. 그렇습니다. 우리는 60년을 함께해 왔습니다. 60년의 세월이 흐르는 동안 한미 양국 모두 놀라운 변화를 이루어 냈습니다.

미국은 지구를 넘어 새로운 프런티어를 개척해 왔습니다. 우주 시대를 열었고, 정보화 시대를 열었습니다. 과학기술, 의약, 기계 분야에서 선구적 역할을 담당했습니다. 이러한 미국의 개척정신은 미국을 넘어 세계 평화와 인류 번영을 이끄는 강력한 동력이자 위대한 영감이었습니다.

대한민국의 지난 60년 또한 심대한 변화의 시대였습니다. 세계에서 가장 가난했던 나라가 풍요로운 나라가 되었고, 독재에서 벗어나 완전한 민주주의 국가로 탈바꿈했습니다. '은둔의 나라'는 '성숙한 세계국가'로 거듭났습니다.

한국의 이야기는 바로 여러분의 이야기이기도 합니다. 서울의 변화된 모습을 보면 좀 더 명확히 이해할 수 있습니다. 6·25전쟁 당시 서울은 완전히 파괴되었습니다. 그러나 서울은 다시 태어났습니다. 황폐했던 남산에 이제는 서울타워가 우뚝 서 있고, 그 아래로는 번영하는 현대적 도시가 펼쳐져 있습니다. 엄마와 아이들이 땔감을 찾으러 다녔던 거리에는 머지않아 전기자동차가 달리게 될 것입니다.

오늘날 서울은 지구상에서 인터넷이 가장 잘 연결된 도시이기도 합니다. 이제 서울은 세계에서 가장 국제화된 도시, 가장 활력이 넘치는 도시 중 하나가 되었습니다. 지난해에는 G20 정상회의를 개최했고, 내년 3월에는 50여 개국 정상이 참가하는 제2차 핵안보정상회의를 엽니다.

지난해에는 6·25전쟁 발발 60주년을 맞아서 한국정부가 해외의 참전용사들을 한국에 초청했습니다. 그들은 전쟁 때 기억했던 대한민국의 모습을 더는 찾아볼 수가 없었습니다. 오히려 이곳 미국에서 언제나 보고 경험하는 것을 한국에서도 똑같이 할 수 있었습니다.

빠르고 역동적인 현대사회, 끊임없이 도전하고 혁신하는 기업가 정신, 낙관적 태도로부터 나오는 자신감과 긍지, 자유민주주의, 자유로운 시장, 언론의 자유, 즉 자유에 대한 확고한 신념, 이 모두는 한미 양국이 공유하는 가치입니다.

미국의 위대한 지도자였던 토머스 제퍼슨 전 대통령은 "한 사회의 궁극적인 권력의 원천은 바로 국민 자신"이라고 역설한 바 있습니다. 미국 사회에 깊게 뿌리내린 이러한 가치는 한국의 가치이기도 합니다.

한국에서 성군으로 존경받는 세종대왕은 약 600년 전 "백성이 하늘이고, 민심이 곧 천심이다. 하늘처럼 백성을 섬기라."고 말씀하셨습니다. 나는 태평양 건너 이곳, 미 의사당에서 국민을 섬긴다는 양국 선조들의 가르침이 그대로 울려 퍼지고 있음을 느낍니다. 한국과 미국, 양국 국민은 정치적 자유와 경제적 자유가 함께 가야 한다는 신념도 공유하고 있습니다.

1960년대 당시, 한국 국민은 민주주의와 자유를 원했습니다. 나는 학생운동을 주도해 투옥되기도 했지만, 이를 통해 민주주의, 인간의 존엄성, 인권과 같은 가치가 결코 타협의 대상이 될 수 없음을 더욱 확신하게 되었습니다.

다른 한편 한국 국민은 '빈곤으로부터의 자유'를 갈망했습니다. 당시 한국의 1인당 국민소득은 80달러 수준에 불과했습니다. 대학 졸업생들도 일자리를 찾지 못해 길거리를 방황했습니다. 기회도 별로 없었습니다. 미래에 대한 희망을 갖기 어려웠습니다.

이러한 모습을 보면서 나는 경제적 자유가 결여된 민주화만으로는 진정한 자유를 누리는 것이 요원하다는 사실을 깨달았습니다. 민주화운동으로 감옥에 갇혔다가 석방된 이후 나는 작은 기업에 들어갔습니다.

당시 종업원이 채 100명도 되지 않았던 그 기업에서 나는 얼마 후 최연소 최고경영자(CEO)가 되었습니다. 그 회사는 종업원 16만 명이 넘는 세계적인 대기업으로 성장했습니다. 대한민국도 세계 10위권의 경제대국으로 성장했습니다. 그 과정에서 나 자신도 가난에서 벗어났지만 국가경제 발전에 일익을 담당할 수 있었던 것은 내 생의 크나큰 보람이었습니다.

한국은 전쟁 이후 두 가지 자유, 즉 '빈곤으로부터의 자유'와 '압제로부터의 자유'를 동시에 성취한 몇 안 되는 나라 중 하나가 되었습니다. 우리 한국 국민은 이에 큰 긍지를 느낍니다. 한국이 이렇게 성장하는 데 미국의 도움과 방위공약이 큰 힘이 되었습니다. 그렇기에 나는 이 자리에 계신 여러분도 한국의 성취를 자랑스럽게 여기실 것으로 생각합니다.

내가 만나는 많은 외국 정상은 만날 때마다 이런 질문을 하곤 합니다. 아무런 자원도, 기술도, 자본도, 경험도 없던 나라가 어떻게 단 한 세대 만에 오늘의 한국을 이루었는가? 나는 바로 '교육의 힘'이라고 자신 있게 대답합니다. 전쟁이 모든 것을 파괴했기 때문에 우리는 먹을 것도 입을 것도 없었고, 해외 원조에 의존해서 살 수밖에 없었습니다. 하지만 한국의 아버지, 어머니들은 물로 허기를 달래는 배고픔 속에서도 자녀 교육을 위해 모든 것을 희생했습니다. 우리 부모님 또한 처절한 가난 속에서도 자녀들을 교육시켰습니다. 나는 낮에는 길에서 장사를 하며 야간고등학교에 다닐 수 있었습니다. 그런 형편에서 대학 진학은 꿈조차 꾸기 어려웠습니다. 그 후 여러 사람의 도움으로 대학에 들어갔지만, 나는 새벽 4시부터 청소를 하면서 학비를 벌어야 대학에 겨우 다닐 수 있었습니다.

우리 부모와 같이 한국의 부모는 대부분 교육만이 가난의 대물림을 끊는 최선의 길이라고 믿고 있었습니다. 그렇게 교육받은 인재들이 한국경제발전의 주역이 되었습니다. 그들의 땀과 눈물, 피나는 노력 덕분에 오늘날 대한민국은 가장 가난한 나라에서 가장 역동적으로 발전하는 나라가 되었습니다. 오늘날에도 교육에 대한 열정은 계속되고 있습니다. 현재 미국 내 한인 유학생은 10만 명이 훨씬 넘습니다. 이들은 장차 과학기술·의학·금융·교육·예술·사회 등 각 분야에서 한국과 미국의 발전에 기여할 것이라고 확신합니다. 그리고 이들은 한미 양국을 더욱 가깝게 이어 줄 것입니다.

존경하는 의원 여러분!

오늘날 한미 양국은 강력한 경제 협력을 이루어 냈습니다. 이는 양국 모두에 막대한 경제적 이익과 기회를 가져왔습니다. 양국 간 상품과 서비스 무역은 빠르게 증가해 왔습니다. 투자 또한 같은 추세입니다. 상호 보완적인 한미 양국은 서로 투자를 해 왔습니다. 이처럼 한미 양국은 함께 성장하고, 함께 노력하면서 함께 번영하고, 함께 일하면서 함께 승리를 이루어 나가고 있습니다. 양국 간의 경제 협력 사례들은 여기 계신 의원 여러분의 지역구 곳곳에서 찾아볼 수 있습니다. 조지아 주 웨스트 포인트의 경우, 신축한 기아자동차 공장이 그 주변에 1,400개의 새로운 비즈니스를 창출하면서 2만 개가 넘는 일자리를 만들어 낼 것으로 기대합니다. 이러한 사례는 미시간 주 미드랜드에서도 볼 수 있습니다. 미국의 다우회사와 한국의 코캄엔지니어는 '다우 코캄(Dow Kokam)'이라는 합작회사를 세워, 내년부터는 세계 최고 수준의 자동차 배터리를 제작하면서 새로운 전기자동차 시대를 미국에서 열어 갈 것입니다. 여기에 계신 바이든 부통령께서 기공식에 참석했던 것으로 기억합니다. 이외에도 삼성이나 LG를 비롯해 총 1만 개가 넘는 많은 한국기업이 미국 전역에 진출했거나 진출하고자 하고 있습니다.

한국에서도 한미 경제 협력의 사례를 찾을 수 있습니다. GM의 한국 자회사는 쉐보레를 한국에서 생산, 판매하고 있으며, 그 브랜드를 가지고 판매를 개시한 지 6개월 만에 27%나 판매량이 증가했습니다. 또한 한국인의 55%가 쉐보레 차를 구입할 의향이 있다고 밝혔습니다. 한미 경제 협력이 자동차산업 분야에만 국한된 것은 아닙니다. 반도체에서 바이오 기술에 이르기까지 다양한 분야에서 협력을 하고 있습니다. 한미 양국은 상호투자를 통해서도 협력하고 있습니다.

존경하는 베이너 하원의장, 바이든 부통령, 그리고 의원 여러분!

이제 한미 양국 관계는 의원 여러분의 노력에 힘입어 더욱 강화되고 있습니다. 한미 FTA가 마침내 여러분의 손에서 어젯밤 통과가 되었습니다. 1953년 한미상호방위조약이 통과된 바로 이 자리에서 2011년 한미 FTA도 비준됨으로써 한미 관계의 새로운 장(章)이 열렸습니다. 이로써 한미 관계는 한 단계 높은 차원으로 발전하게 되었습니다.

한미 FTA는 양국 모두 윈-윈하는 역사적 성과입니다. 한미 FTA를 통해 두 나라는 모두 미래 성장과 일자리 창출을 향한 중요한 진전을 이루었습니다. 이는 우리 양국의 기업인뿐 아니라 노동자와 소규모 상인, 그리고 창조적 혁신을 꿈꾸는 모든 이의 승리라고 생각합니다. 전문가들의 분석에 따르면, 한미 FTA 체결로 미국이 얻게 될 경제적 혜택은 최근 미국이 체결한 9개 무역협정의 효과를 모두 합친 것보다 더 크다고 합니다. 또한 한미 FTA에는 공정한 노동 조항과 엄격한 환경보호 조항, 강력한 지적재산권 보호 조항이 포함되어 있습니다. 나는 이를 통해 오히려 경제 환경을 개선하고, 우리 양국의 무역 이익을 그 어느 때보다 광범위하게 증가시킬 것이라고 확신합니다. 금세기 들어 많은 변화가 있었지만, 무역을 통한 시장개방이 경제를 강화한다는 기본적인 진실은 아직도 변하지 않았습니다.

나는 21세기 경제성장은 친환경적으로 이루어져야 한다고 굳게 믿습니다. 사실 대한민국이 친환경적 경제성장을 오래전부터 추구해 온 것은 아닙니다. 빠른 경제성장의 이면에는 환경, 대기, 수질 오염이라는 그늘이 있습니다. 그래서 나는 서울특별시장 시절에 수십 년 동안 서울 한복판에 버려져 있던 오염된 청계천이라는 하천을 복원하는 일로 소명을 받아들였습니다. 이제 새롭게 태어난 청계천은 경관을 아름답게 할 뿐 아니라 시민의 생활을 더욱 쾌적하고 풍요롭게 합니다.

대통령으로 취임해 나는 '저탄소 녹색성장'을 새로운 국정 비전으로 제시하고, 2020년까지 대한민국을 세계 7대 녹색경제대국으로 성장시켜 나간다는 목표를 발표한 바 있습니다.

녹색성장의 혜택은 매우 실질적입니다. 그렇기 때문에 우리 정부는 스마트 그리드와 같은 전력기술 연구·개발에 과감하게 투자하고 있으며, 재생에너지 분야에서 세계적 선도국가가 되기 위해서 노력하고 있습니다. 또한 한국기업들은 올해에 온실가스 감축목표를 설정하고, 이를 달성하기 위해서 노력해 나갈 것입니다.

미국 또한 지속가능한 미래를 위해 필요한 조치를 취하고 있는 것으로 알고 있습니다. 그중에는 한미 양국이 함께 추진하는 것도 있습니다. 양국 정부는 2009년 재생에너지, 에너지 효율, 그리고 전력기술 분야에서 협력해 나가자는 의향서에 서명했습니다. 시카고 스마트 빌딩 구축사업도 이러한 협력의 일환으로 지금 함께 진행하고 있습니다. 이번 방문 중에 '클린에너지 공동연구개발사업에 관한 이행약정서'에 서명함으로써, 양국 간 공동투자와 협력은 보다 구체화되고 본격화될 것으로 기대합니다. 양국이 이러한 방법으로 함께 나아갈수록 우리는 더욱 긴밀하고 미래지향적인 협력 관계를 만들어 나갈 수 있을 것으로 확신합니다.

존경하는 의원 여러분, 내외 귀빈 여러분!

국력은 단지 경제 수치만으로 측정할 수는 없습니다. 한미상호방위조약은 우리를 더욱 강하게 해 주며, 우리를 더욱 안전하게 지켜 줍니다. 우리는 '피로 맺어진 동맹'입니다. 한국인들은 한미동맹을 바로 그렇게 표현합니다. 1953년 10월, 이곳 워싱턴에서 양국은 상호방위조약에 서명했습니다. 우리는 외부의 무력공격에 대해 서로를 방어한다는 공동 결의를 서약했습니다. 이를 통해 어떠한 잠재적 침략자도 태평양 지역에서 한국과 미국이 홀로 있게 될 것이라는 환상을 갖지 못하도록 했습니다.

자유를 수호해 나가는 것은 결코 쉬운 일이 아닙니다. 대가나 위험이 없었던 것도 아닙니다. 지금까지 미국이 항상 우리와 함께해 준 데 대해 나는 대한민국 국민을 대신해서 감사의 말씀을 드리고자 합니다. 또한 2만 8,500명 주한 미군의 헌신에도 감사를 드립니다. 우리는 한국의 자유 수호를 위해 자신을 희생한 여러분의 아버지와 할아버지 세대의 신의를 여러분이 지금도 지켜 나가고 있는 데 대해 깊이 감사합니다.

특히 이 자리에는 6·25전쟁 참전용사들이 함께하고 계십니다. 존 코니어스 의원, 찰스 랭글 의원, 샘 존슨 의원, 하워드 코블 의원께 각별한 사의를 표합니다. 이들에게는 6·25전쟁이나 남북 분단이 결코 추상적 개념은 아닐 것입니다.

이는 나에게도 마찬가지입니다. 나의 누나와 동생은 전쟁 통에 어린 나이로 목숨을 잃었습니다. 내 눈앞에서 쓰러진 그들을 결코 잊을 수 없습니다. 의사의 도움은커녕 약조차 구할 수 없었던 우리 어머니가 할 수 있는 일이라고는 오직 기도뿐이었습니다.

많은 한국 사람이 이러한 전쟁의 상처를 안고 살아가고 있습니다. 나는 한반도 분단의 현실을 직시하고 있습니다. 그러나 한반도의 분단을 결코 영구적인 것으로 받아들이지 않습니다.

남북한은 언어와 역사, 관습이 같은 한 민족입니다. 남쪽과 북쪽에는 부모 형제가 헤어진 채로 반세기 이상을 살아온 사람이 많습니다. 나는 한반도 7,000만 전체가 행복하고 평화롭게 살길 바랍니다.

먼저 한반도에 평화의 기반을 세워 나가야 합니다. 이를 바탕으로 남북 간 경제 협력을 강화하고, 공동번영의 길로 나아가고, 평화통일을 이루어야 합니다. 통일 한국은 그 어느 국가에도 위협이 되지 않고, 이웃 국가들의 번영을 촉진할 것이며, 동아시아의 안정과 세계 평화에도 크게 기여할 것입니다.

이를 위해서는 무엇보다도 먼저 한반도 비핵화라는 목표를 달성해야 할 것입니다. 바로 이것이 우리가 북한으로 하여금 핵무기 프로그램을 포기하도록 해야 하는 이유인 것입니다.

한국과 미국은 향후 대응에서도 매우 분명하고도 일치된 입장을 갖고 있습니다. 우리는 6자회담이 북핵 문제의 진전을 이루는 데 유용한 수단 중 하나라는 점에 동의합니다. 또한 북한과 대화를 해 나가야 한다는 점에도 공감합니다. 하지만 철저하게 현실적인 인식의 기초 하에 원칙에 입각한 대북 접근을 일관되게 유지해 나가는 길만이 북한 핵 문제를 궁극적으로 해결하는 열쇠가 될 것입니다.

북한의 발전은 대한민국과 미국 모두가 바라는 바지만, 이는 무엇보다도 평화를 유지하고 도발하지 않겠다는 북한 스스로의 결단과 의지에 달려 있습니다. 우리는 북한이 올바른 선택을 하도록 국제사회와 함께 계속 노력할 것입니다.

의원 여러분!

한미동맹은 한반도만이 아니라 동북아시아 지역의 안정과 번영을 위한 중요한 토대가 되어 왔습니다. 오늘날 동북아시아는 그 어느 곳보다도 역동적입니다. 이 지역의 경제적 활력은 지정학적 변동과 함께 오랫동안 지속되어 온 세력 균형에도 새로운 변화를 불러오고 있습니다. 미국은 아시아·태평양 세력의 일원으로서, 특히 동북아시아에 핵심적 이해를 갖고 있습니다.

동북아시아가 세계에 보다 건설적인 기여를 하려면, 무엇보다 지역 내 평화와 안정이 보장되어야 할 것입니다. 20세기와 마찬가지로 21세기에도 미국의 지도력은 동북아시아는 물론 세계 평화와 번영을 위해 여전히 중요합니다. 전 인류를 위해 헌신하려는 미국의 이상은 계속되어야 합니다. 테러위협, 대량 파괴무기 확산, 기후변화, 에너지 위기, 빈곤과 질병 등 새로운 도전이 제기되는 이 시대에는 더욱 그러합니다.

한미 FTA도 이러한 측면에서 더욱 의미가 있습니다. 한미 관계의 미래지향적 발전을 위해서는 경제적 기회의 창이 계속 열려 있어야 하기 때문입니다. 한미 관계는 환태평양 지역에서의 안정과 성장을 견인하는 촉매 역할을 할 수 있을 것입니다. 이를 통해 한미 두 나라 관계가 얼마나 긴밀하게 얽혔는지를 실감할 수 있습니다.

대한민국은 그 어느 때보다도 한반도를 넘어 범세계적 문제 해결을 위한 역할을 담당해 나가고자 합니다. 나는 대통령 취임 이후 대한민국이 추구해야 할 비전으로 '성숙한 세계국가'를 제시했습니다.

한국은 동티모르, 레바논, 아이티 등에서 유엔평화유지활동에 적극 참여해 왔습니다. 한국은 이라크에 세 번째로 많은 병력을 파병했고, 아프가니스탄에 지방재건팀을 파견하고 있습니다. 소말리아 해역에도 군함을 보내 미국·유럽 등과 함께 해적 퇴치에 앞장서고 있습니다. 리비아의 민주화 정착과 경제 재건을 위해서도 국제사회의 지원 노력에 적극 참여할 것입니다.

대한민국은 2015년까지 대외원조 규모를 지금의 두 배로 늘려 나갈 예정입니다. 다음 달에는 세계개발원조총회가 한국 제2의 도시인 부산에서 개최될 예정입니다. 앞으로도 대한민국은 국제사회의 책임과 의무를 성실히 이행하고 보편적 가치를 증진하기 위해 계속 노력할 것입니다.

2009년 나와 오바마 대통령이 합의한 '한미동맹 미래비전'에서 한미 양국은 공동의 가치와 상호신뢰를 바탕으로 지역문제와 범세계적 문제를 함께 해결해 나가기로 했습니다.

오늘 정상회담에서 우리는 그 약속을 재차 확인했고, 다음 세대를 위해 우리가 직면한 도전에 함께 대처해 나가기로 했습니다. 앞으로도 한미동맹은 계속 성장하고 진화해 나갈 것입니다. 그리고 더욱 강해질 것입니다.

존경하는 베이너 하원의장, 바이든 부통령, 그리고 의원 여러분!

연설을 마치기에 앞서 오늘 의회 연설을 할 수 있도록 초청해 주신 데 다시 한 번 감사를 드립니다. 국빈방문을 초청해 주신 오바마 대통령 내외분께도 감사의 말씀을 드립니다. 또한 150만 재미동포가 미국 사회 각 분야에서 기여하고 있는 것에 대해 한국 대통령으로서 자랑스럽게 생각합니다. 아울러 우리 동포가 이곳에서 땀 흘려 일해서 자신들의 꿈을 이룰 수 있도록 기회를 준 여러분과 미국 국민에게도 감사합니다. 여러분의 이상과 목표는 바로 우리의 이상과 목표입니다. 나아가 세계의 이상과 목표입니다.

반세기 전 미국의 젊은이들은 '대양을 넘어선 의무'를 안고 6·25전쟁에 참전했습니다. 오늘날 우리 양국 국민은 동일한 소명을 마주하고 있습니다. 비록 혹독한 겨울 험악한 산중에서의 전투는 아닐지라도, 보다 평화롭고 번영하는 세계를 만들어 나가야 한다는 실로 중요한 임무를 부여받았습니다.

21세기 세계의 의무와 운명이 다시 한 번 우리를 부르고 있습니다. 지금껏 항상 그래 왔듯이 도전에 맞서 함께 나갑시다. 같이 갑시다. 함께 전진해 나갑시다.

God bless you, God Bless America. 감사합니다.

한미동맹: 자유·민주·번영의 가치동맹을 위하여

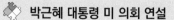

미 상·하원 합동회의 연설

2013년 5월 7일

존경하는 베이너 하원의장님, 상하원 의원 여러분, 그리고 내외 귀빈 여러분, 자유와 민주주의를 상징하는 미국 의회 의사당에서 한국과 미국의 우정과 미래에 대해 연설할 수 있는 기회를 갖게 되어 매우 기쁘게 생각합니다.

어제 저는 워싱턴에 도착해서 포토맥 강변에 조성된 한국전쟁 기념공원을 찾았습니다.

"알지도 못하는 나라, 만나보지도 못한 사람들을 지켜야 한다는 국가의 부름에 응한 미국의 아들과 딸들에게 미국은 경의를 표한다."

한국전 참전기념비에 새겨진 이 비문은 매번 방문할 때마다 깊은 감명을 줍니다. 자유와 민주주의라는 인류 보편의 가치를 수호하기 위해 피와 땀과 눈물을 바친 참전용사들에게 대한민국 국민을 대신해서 깊이 감사드립니다. 이 자리에 함께하고 계신 참전용사 네 분, 존 코니어스 의원님, 찰스 랑겔 의원님, 샘 존슨 의원님, 하워드 코블 의원님께도 진심으로 감사의 말씀을 드립니다.

존경하는 상하원 의원 여러분, 그리고 내외 귀빈 여러분, 1953년 한국전쟁의 총성이 멈추었을 당시 1인당 국민소득 67불의 세계 최빈국이었던 한국은 이제 세계 5위의 자동차 생산국이자 무역규모 세계 8위의 국가로 성장했습니다. 세계인들은 이런 대한민국의 역사를 '한강의 기적'이라고 부르고 있습니다. 그러나 대한민국 국민들은 이것을 기적이라고 생각하지 않습니다. 그런 성취의 역사를 만들기 위해 한국인들은 독일의 광산에서, 월남의 정글에서, 열사의 중동 사막에서 많은 땀을 흘려야 했고, 혼신의 힘을 다했습니다.

저는 오늘의 대한민국을 만든 대한민국 국민들이 존경스럽고, 그 국민들의 대통령이 된 것에 자부심을 느끼고 있습니다. 그리고 자랑스런 한국 국민들과 함께 경제 부흥과 국민행복, 문화융성, 평화통일 기반구축이라는 4대 국정기조를 통해 또 다른 '제2의 한강의 기적'을 이룰 것입니다.

우리가 여기까지 올 수 있도록 도운 좋은 친구들이 있었습니다. 특히 미국은 가장 가깝고 좋은 친구였습니다. 저는 미국의 우정에 깊이 감사하며, 이렇게 소중한 역사를 공유해 온 한국과 미국이 앞으로 만들어 갈 새로운 역사가 기대됩니다. 그 토대가 되어온 한미동맹이 올해로 60주년이 되었습니다. 오늘 저는 여러분에게 한·미동맹의 60년을 웅변하는 한 가족을 소개해 드리고자 합니다.

데이비드 모건 중령과 아버지 존 모건 씨입니다. 모건 중령의 할아버지 고 워렌 모건 씨는 한국전에 참전해 해군 예비군 지휘관으로 활약했습니다. 아버지 존 모건 씨는 미 213 야전포병대대 포병중대장으로 한국전쟁에 참전했습니다. 모건 중령도 1992년과 2005년 두 번에 걸쳐 주한미군에서 근무하였습니다. 3대가 함께 한국의 안보를 지켜낸 모건 가족은 한·미동맹 60년의 산증인입니다. 저는 대한민국 대통령으로서 모건 가족을 비롯한 미국인들의 헌신과 우정에 깊은 감사의 박수를 드립니다.

이제 우리의 소중한 한미동맹은 보다 밝은 세계, 보다 나은 미래를 향해 나아가고 있습니다. 공동의 가치와 신뢰를 바탕으로 지구촌 곳곳에서 협력의 벽돌을 쌓아가고 있습니다. 이라크에서 그리고 아프가니스탄에서 한국은 미국과 함께 평화정착과 재건의 임무를 수행해 왔습니다. 2010년 미국에 이어 2012년 서울에서 제2차 핵안보 정상회의를 개최하여 '핵무기 없는 세상'을 구현하려는 의지와 비전을 확인했습니다.

오바마 대통령의 '핵무기 없는 세상'의 비전은 한반도에서부터 시작되어야 할 것입니다.

세계 유일의 분단국가이고, 핵무기의 직접적인 위협 속에 놓여 있는 한반도야말로 핵무기 없는 세상을 만드는 시범지역이 될 수 있고, 여기서 성공한다면, 핵무기 없는 세상을 만들 수 있을 것입니다.

한국은 확고한 비확산 원칙하에 원자력의 평화적 이용을 추구하고 있습니다. 한국과 미국은 세계 원자력 시장에 공동진출하고 있고 앞으로 선진적이고 호혜적으로 한미 원자력협정이 개정된다면 양국의 원자력 산업에 큰 도움이 될 것입니다. 우리의 이러한 파트너십은 개발협력분야에까지 확대되어 나가고 있습니다.

2011년 KOICA와 USAID가 협력 MOU를 체결한데 이어, 이번에는 Peace Corp와 KOICA가 협력 MOU를 체결할 것입니다. 봉사단 규모에서 세계 1·2위인 미국과 한국이 어깨를 나란히 하면서 개발도상국의 발전을 돕기 위해 노력해 나갈 것입니다.

작년 3월에 발효된 한미 FTA는 한미동맹을 경제를 포함한 포괄적 전략동맹으로 발전시키는 계기가 되었습니다. 이에 더하여, 현재 미 의회에 계류 중인 한국에 대한 전문직 비자쿼터 관련 법안이 통과되면 양국의 일자리 창출에도 크게 기여하게 되고, FTA로 인해 양국 국민들이 실질적인 혜택을 입는다는 것을 체감하는 좋은 계기가 될 것입니다. 미 의회의 적극적인 관심과 지원을 당부드립니다.

또한, 한미 FTA는 동아시아와 북미를 연결하는 가교로서 아시아 태평양이 하나의 시장으로 발전해 나갈 수 있는 중요한 기회를 제공하고 있으며, 미국의 아시아 재균형 정책의 중요한 축이 되고 있습니다. 이처럼 한미동맹은 21세기 포괄적 전략동맹으로 진화하고 있습니다.

존경하는 상하원 의원 여러분 그리고 내외 귀빈 여러분, 이제 저는 한국과 미국이 만들어 나아갈 우리의 미래(Our Future Together)에 대해 이야기하고자 합니다.

저는 어제 오바마 대통령과 정상회담을 갖고, 한미동맹 60주년 기념 공동선언을 채택하였습니다. 지난 60년간 이룩한 위대한 성과를 바탕으로 한반도의 평화와 동북아의 협력, 나아가 지구촌의 번영을 위해 함께 노력할 것을 선언하였습니다.

저는 한국과 미국이 함께 만들어갔으면 하는 3가지의 비전과 목표를 가지고 있습니다. 그 첫째는, 한반도의 평화와 통일기반을 구축하는 것입니다. 지금 북한은 장거리 미사일 발사와 핵실험 등 지속적인 도발 위협으로 한반도와 세계 평화를 흔들고 있습니다. 한국 정부는 강력한 안보태세를 유지하고, 미국을 비롯한 국제사회와의 굳건한 공조를 강화하면서 차분하게 대응을 하고 있습니다. 한국 경제와 금융시장도 안정을 유지하고 있고, 국내외 기업들도 투자확대 계획을 잇달아 발표하고 있습니다. 굳건한 한미동맹을 토대로, 한국 경제의 튼튼한 펀더멘탈과 한국 정부의 위기관리 역량이 지속되는 한 북한의 도발은 절대로 성공할 수 없을 것입니다.

저는 한반도에 평화를 정착시키고, 평화통일의 기반을 구축하기 위해 한반도 신뢰프로세스를 견지해 나갈 것입니다. 한반도 신뢰프로세스는 북한의 핵은 절대 용납할 수 없고, 북한의 도발에는 단호하게 대응하되, 북한주민에 대한 인도적 지원은 정치상황과 관련없이 해나가는 것입니다.

그리고 남북한 간의 점진적인 교류와 협력을 통해 신뢰를 축적해 감으로써 지속가능한 평화를 만들어 나가고, 평화통일의 기반을 구축하는 것입니다.

그러나, 한국 속담에 손뼉도 마주 쳐야 소리가 난다는 말처럼, 신뢰구축은 어느 한쪽의 노력만으로는 이루어질 수 없습니다. 그동안은 북한이 도발로 위기를 조성하면, 일정기간 제재를 하다가 적당히 타협해서 보상을 해주는 잘못된 관행이 반복되어 왔습니다. 그러는 사이에 북한의 핵개발 능력은 더욱 고도화되고, 불확실성이 계속되어 왔습니다. 이제 그런 악순환의 고리를 끊어야 합니다.

한미동맹: 자유·민주·번영의 가치동맹을 위하여

지금 북한은 핵보유와 경제발전의 동시 달성이라는 실현 불가능한 목표를 세웠습니다. 그러나 그 둘은 양립할 수 없습니다. (You cannot have your cake and eat it, too.)

북한 지도부는 확실히 깨달아야 합니다. 국가의 안전을 보장하는 것은 핵무기가 아니라 바로 국민 삶의 증진과 국민의 행복인 것입니다.

북한은 국제사회의 책임있는 일원이 되는 방향으로 올바른 선택을 해야 합니다. 그리고 북한이 스스로 그런 선택을 하도록 국제사회는 하나의 목소리로, 분명하고 일관된 메시지를 보내야 합니다. 그래야만 남북관계도 실질적으로 발전할 수 있고, 한반도와 동북아의 항구적인 평화가 구축될 수 있을 것입니다.

60년 전, 남북한 간의 군사충돌을 막기 위해 설치된 "비무장지대(DMZ)"는 현재 세계에서 가장 중무장된 지역이 되었습니다. 한반도에서 비무장지대를 사이에 둔 대치는 이제 세계평화에 큰 위협이 되고 있습니다.

이 위협은 남북한만이 아니라, 세계와 함께 풀어야 하고, 이제 DMZ는 세계평화에 기여하는 '진정한' 비무장 지대가 되어야 한다고 생각합니다. 저는 한반도 신뢰프로세스를 유지해 나가면서 DMZ 내에 세계평화공원을 만들고 싶습니다. 그곳에서 평화와 신뢰가 자라나는 계기가 되었으면 합니다. 군사분계선으로 갈라져있는 한국인들만이 아니라 세계인들이 평화의 공간에서 함께 만나게 되길 희망합니다. 그 날을 위해 미국과 세계가 우리와 함께 나서주길 바랍니다.

존경하는 상하원 의원 여러분 그리고 내외 귀빈 여러분, 한미동맹이 나아갈 두 번째 여정은 동북아 지역에 평화 협력 체제를 구축하는 길입니다. 오늘까지도 동북아 지역은 협력의 잠재력을 극대화시키지 못하고 있습니다.

역내 국가의 경제적 역량과 상호의존은 하루가 다르게 증대하고 있으나, 과거사로부터 비롯된 갈등은 더욱 심화되고 있습니다. 역사에 눈을 감는 자는 미래를 보지 못한다고 했습니다. 역사에 대한 올바른 인식을 갖지 못하는 것은 오늘의 문제이기도 하지만, 더 큰 문제는 내일이 없다는 것입니다.

미래 아시아에서의 새로운 질서는 역내 국가 간 경제적 상호의존성의 증대에도 불구하고, 정치·안보협력은 뒤쳐져 있는 소위 '아시아 패러독스' 현상을 우리가 어떻게 관리하느냐에 따라 결정될 것입니다.

저는 이러한 도전들을 극복하기 위한 비전으로 동북아 평화 협력 구상을 추진하고자 합니다. 미국을 포함한 동북아 국가들이 환경, 재난구조, 원자력안전, 테러 대응 등 연성 이슈부터 대화와 협력을 통해 신뢰를 쌓고, 점차 다른 분야까지 협력의 범위를 넓혀가는 동북아 다자간 대화프로세스를 시작할 때가 되었습니다. 이러한 구상은 한미동맹을 바탕으로 이 지역의 평화와 공동발전에 기여할 수 있다는 점에서, 오바마 대통령의 아시아 재균형 정책과도 시너지 효과를 가져 올 것입니다. 여기에는 북한도 참여할 수 있을 것입니다. 이처럼 공동의 이익이 될 수 있는 부분부터 함께 노력해 나가면, 나중에 더 큰 문제와 갈등들도 호혜적 입장에서 풀어갈 수 있을 것입니다. 저는 동북아 지역에서의 새로운 협력 프로세스를 만들어 나가는 데 한미 양국이 함께할 것으로 굳게 믿습니다.

한미동맹이 나아갈 세 번째 여정은 지구촌의 이웃들이 평화와 번영을 누릴 수 있도록 하는 데 기여하는 것입니다. 저는 취임사에서 한국 국민, 한반도, 나아가 지구촌의 행복실현을 국정비전으로 제시하였습니다. 미국 독립선언서에 새겨진 행복추구권은 대한민국 헌법에도 명시되어 있습니다. 저는 오랫동안 한미동맹의 궁극적인 목표는 전 인류의 행복에 기여하는 데 있어야 한다고 믿어왔습니다.

한미 양국은 이러한 정신 아래 평화와 자유 수호의 현장에서 함께하고 있습니다. 테러대응, 핵 비확산, 국제금융위기와 같은 글로벌 이슈에서도 양국의 공조는 더욱 확대되고 있습니다. 이에 그치지 않고 한·미 양국이 앞으로도 자유, 인권, 법치 등 인류의 보편적 가치를 확산하고, 빈곤 퇴치, 기후변화, 환경 등 글로벌 이슈에 공동대처하는 데 있어서도 계속해서 함께 해 나갈 것입니다.

존경하는 상하원 의원 여러분 그리고 내외 귀빈 여러분, 한국과 미국은 한국전 이

한미동맹: 자유·민주·번영의 가치동맹을 위하여

후 북한의 위협과 도발에 대응하면서 한반도에서 자유와 평화를 수호하기 위해 함께 노력해 왔습니다. 이제 한미동맹은 한반도에서의 자유와 평화 수호에서 한 걸음 더 나아가 남북한 모두가 평화롭고 행복한 통일 한국을 향한 여정을 함께 나설 때가 되었습니다. 한국과 미국의 경제협력도 이제는 한 단계 더 높고, 미래지향적인 단계로 나가야 합니다.

오바마 대통령께서 제시한 Start-up America Initiative, 대한민국의 창조경제 국정전략은 한국과 미국의 젊은이들이 새로운 아이디어, 뜨거운 열정과 도전으로 밝은 미래를 개척해 갈 디딤돌이 될 것입니다.

지금도 한미 양국은 K-POP 가수의 월드투어에서, 할리우드 영화에서, 중동의 재건현장에서 함께 뛰고 있습니다.

한국과 미국이 함께 하는 미래는 삶을 더 풍요롭게, 지구를 더 안전하게, 인류를 더 행복하게 만들 것이라고 확신합니다.

한미 양국과 지구촌의 자유와 평화, 미래와 희망을 향한 우정의 합창은 지난 60년간 쉼 없이 울려 퍼졌고, 앞으로도 멈추지 않을 것입니다.

감사합니다.

자유의 동맹, 행동하는 동맹

2023년 4월 27일

존경하는 하원의장님, 부통령님, 상하원 의원 여러분과 내외 귀빈 여러분, 미국 시민 여러분,

"자유 속에 잉태된 나라,
인간은 모두 평등하게 창조되었다는 신념에 의해 세워진 나라."

저는 지금 자유에 대한 확신, 동맹에 대한 신뢰, 새로운 미래를 열고자 하는 결의를 갖고 미국 국민 앞에 서 있습니다. 미 의회는 234년 동안 자유와 민주주의의 상징이었습니다. 미 헌법 정신을 구현하고 있는 바로 이 곳에서 의원 여러분과 미국 국민 앞에 연설하게 되어 매우 기쁘게 생각합니다.

특히, '한미동맹 70주년 결의'를 채택하여 이번 저의 방문의 의미를 더욱 빛내주신 민주당과 공화당 양당 의원 여러분께도 깊은 감사의 말씀을 드립니다. 여러분께서 어떤 진영에 계시든 간에, 저는 여러분이 대한민국 편에 서 계신다는 사실을 잘 알고 있습니다. 지난 세기 동안 미국은 자유를 위협하는 도전에 맞서 이를 수호하는 데 앞장섰습니다. 제국주의 세력 간의 식민지 쟁탈전이 격화되면서 인류는 두 차례의 참혹한 대전을 겪었습니다. 미국은 자유를 지키기 위한 정의로운 개입을 택했습니다. 이로 인해 미국이 치른 희생은 적지 않았습니다. 맥아더 장군과 니미츠 제독이 활약한 태평양 전쟁에서만 10만 명이 넘는 미국 국민이 전사했습니다.

그러나 이들의 희생은 헛되지 않았습니다. 전후 세계 자유무역 질서를 구축한 미국의 글로벌 리더십은 세계 곳곳에서 평화와 번영을 일구었습니다. 하지만 자유시장을 허용하지 않는 공산 전체주의 세력이 참여하지 않은 자유시장의 번영이었습니다. 1950년 한반도는 자유주의와 공산 전체주의가 충돌하는 최전선이었습니다. 소련의 사주를 받은 북한의 기습침략으로 한반도와 아시아의 평화가 위기에 빠졌습니다. 한반도에서 자유민주주의가 사라질 뻔한 절체절명의 순간, 미국은 이를 외면하지 않았습니다. 한국과 미국은 용감히 싸웠고 치열한 전투가 이어졌습니다. 전쟁의 포화 속에서 영웅들의 이야기가 탄생했습니다.

맥아더 장군은 허를 찌르는 인천상륙작전으로 불리한 전황을 일거에 뒤집었습니다. 인천상륙작전은 세계 전사에 기록될만한 명장의 결정이었습니다. 미 해병대 1사단은 장진호 전투에서 중공군 12만 명의 인해 전술을 돌파하는 기적 같은 성과를 거두었습니다. '전혀 알지 못하는 나라의 한 번도 만난 적이 없는 국민'을 지키기 위해 미군이 치른 희생은 매우 컸습니다. 장진호 전투에서만 미군 4,500명이 전사했고, 6.25 전쟁에서 미군 약 3만 7,000명이 전사했습니다. 원주 324 고지전에 참전해 오른쪽 팔과 다리를 잃은 故 윌리엄 웨버 대령은 한국전 참전용사의 숭고한 희생을 기리는 활동에 여생을 바쳤습니다

오늘 이 자리에 웨버 대령의 손녀 데인 웨버씨를 모셨습니다. 어디 계신지 일어나 주시겠습니까? 대한민국 국민을 대표해 깊은 감사와 무한한 경의를 표합니다.

여기 계신 의원 여러분들의 가족과 친구 중에도 한국전 참전용사 영웅들이 계실 것입니다. 한국전쟁 참전용사로 바로 이곳 의회에서 자유와 민주주의를 위해 헌신하신 고(故) 존 코니어스 의원님, 故 샘 존슨 의원님, 故 하워드 코블 의원님 그리고 지금도 한미동맹의 열렬한 후원자이신 찰스 랭글 전 의원님. 대한민국은 우리와 함께 자유를 지켜낸 미국의 위대한 영웅들을 영원히 기억하겠습니다.

오늘 이 자리를 빌려 한국전쟁 참전용사들과 자식과 남편, 그리고 형제를 태평양 너머 한 번도 가본 적 없는 나라의 자유를 지키기 위해 기꺼이 보내준 미국의 어머니들, 그리고 한국전쟁을 자랑스러운 유산으로 여기고 참전용사들을 명예롭게 예우하는 미국 정부와 국민에게 깊은 경의를 표합니다.

3년간의 치열했던 전투가 끝나고 한미 양국은 1953년 한미상호방위조약을 체결하면서 새로운 동맹의 시대를 열었습니다. 전쟁의 참혹한 상처와 폐허를 극복하고 번영하는 오늘의 대한민국이 있기까지 미국은 우리와 줄곧 함께했습니다. 올해로 70주년을 맞이한 한미동맹을 축하해야 할 이유는 너무나 많습니다. 처음부터 성공한다는 보장은 없었습니다.

하지만 오늘날 우리의 동맹은 어느 때보다 강력하며, 함께 번영해나가고 있습니다. 그리고 우리 두 나라는 그 누구보다도 서로 긴밀하게 연결돼있습니다. 한미동맹은 대한민국의 자유와 평화를 지키고 번영을 일구어 온 중심축이었습니다.

현대 세계사에서 '도움을 받는 나라에서 도움을 주는 나라'로 발돋움한 유일한 사례인 대한민국은 한미동맹의 성공 그 자체입니다. 저는 오늘 이 자리에서 1882년 수교에서 시작된 140년의 한미 양국의 교류와 협력, 그리고 동맹의 역사를 되새겨보고자 합니다. 대한민국 헌법의 기초가 된 자유와 연대의 가치는 19세기 말 미국 선교사들의 노력에 의해 우리에게 널리 소개되었습니다. 그리고 그 후 우리 국민의 독립과 건국 운동에 큰 영향을 미쳤습니다.

19세기 말 한국에 온 호러스 언더우드, 헨리 아펜젤러, 메리 스크랜튼, 로제타 홀 등 미국의 선교사들은 학교와 병원을 지었습니다. 특히 이들은 여성 교육에 힘썼고, 그 결과 한국 역사상 최초로 여성들이 교육, 언론, 의료 등 다양한 분야의 사회 활동에 진출하는 기반을 닦아주었습니다.

한미동맹: 자유·민주·번영의 가치동맹을 위하여

1960년대 초반에 박정희 대통령은 현명하게도 케네디 행정부가 권고한 로스토우 교수의 경제성장 모델을 받아들여 경제개발 계획을 추진하고 신흥 산업 국가의 기반을 마련했습니다. '한강의 기적'으로 불릴 만큼 한국의 경제성장 속도는 타의 추종을 불허했습니다. 1인당 소득 67불의 전후 최빈국이었던 대한민국은 세계 10위권의 경제 대국으로 성장했습니다. 전쟁으로 잿더미가 되었던 수도 서울은 70년이 지난 지금 세계에서 가장 활기찬 디지털 국제도시가 됐습니다. 전쟁 중 피난민이 넘쳤던 부산은 환적 물량 기준 세계 2위의 항만 도시가 되었고, 이제 2030년 세계박람회 유치를 위해 뛰고 있습니다.

대한민국은 이제 자유와 민주주의가 살아 숨쉬는 활력 넘치는 나라로 세계시민의 사랑을 받고 있습니다. 한미 양국은 한반도를 넘어 전 세계의 자유와 민주주의 수호를 위해 힘을 모아왔습니다. 대한민국은 2차대전 후 아프간, 이라크 등지에 '자유의 전사'를 파견하여 미국과 함께 싸웠습니다.

지난 70년간 동맹의 역사에서 한미 양국은 군사 안보 협력뿐 아니라 경제 협력도 지속적으로 확대해왔습니다. 초기의 일방적인 지원에서 상호 호혜적인 협력관계로 발전해온 것입니다. 2011년 미 의회의 전폭적인 지지로 통과된 한미 FTA가 가동된 이후 10년간 양국 교역액은 약 68% 증가했고, 우리 기업의 대미 투자는 3배, 미국 기업의 대한국 투자는 2배 가까이 늘었습니다.

배터리, 반도체, 자동차 등의 분야에서 미국에 진출한 글로벌 한국 기업들은 미국 내 양질의 일자리 창출과 경제 활성화에 기여하고 있습니다. 텍사스주 오스틴에 위치한 삼성전자 반도체 공장은 2020년 기준 약 1만 개의 일자리를 창출했으며, 2024년 하반기부터 가동될 조지아주 브라이언 카운티 현대차 공장도 연간 30만 대의 전기차와 수많은 일자리를 만들어낼 것입니다. 지난해 11월 바이든 대통령께서 방문한 미시간주 베이시티 SK실트론 CSS는 한국 기업이 미국 회사를 인수해 성장시키는 또 다른 모범 협력 사례입니다. 이러한 호혜적 한미 경제 협력이 곳곳에서 이어질 수 있도록 의원 여러분들의 각별한 관심과 지원을 부탁드립니다.

친구 여러분, 정치와 경제 분야의 협력을 통해 축적된 양국의 활발한 문화 인적 교류는 두 나라의 우정을 보다 두텁게 했습니다. 올해는 미주 한인 이주 120주년이 기도 합니다. 하와이주 사탕수수 농장의 노동자로 진출하기 시작한 한인들은 그동안 미국 사회 각계에 진출해 한미 우호 협력을 증진하고 동맹의 역사를 만들어가는 데 큰 역할을 했습니다. 바로 이 자리에 계신 영 킴 의원님, 앤디 킴 의원님, 미셸 스틸 의원님, 그리고 메릴린 스트릭랜드 의원님 같은 분들이 세대를 이어온 한미동맹의 증인들이십니다. 두 분씩 민주당·공화당 의원님이십니다.

문화 콘텐츠는 양국 국민이 국적과 언어의 차이를 넘어 더욱 깊은 이해와 우정을 쌓는 촉매제가 되고 있습니다. 한국 영화 기생충과 미나리가 아카데미 수상을 하고, 탑건·어벤져스와 같은 수많은 할리우드 영화가 이미 오래전부터 한국에서 엄청난 사랑을 받아왔습니다. 저도 탑건 매버릭을 굉장히 좋아하고 미션임파서블을 굉장히 좋아합니다. 그리고 제 이름은 모르셨어도 BTS와 블랙핑크는 알고 계셨을 겁니다. BTS가 저보다 백악관을 더 먼저 왔지만, 의회는 제가 먼저 왔네요.

이제 한미 양국의 음악 차트에서 상대방 국가의 가수 노래가 순위에 오르는 모습이 자연스러운 일이 되었습니다. 미국이 넷플릭스와 같은 글로벌 플랫폼을 만들고, 한국이 오징어게임과 같은 킬러 콘텐츠를 생산해 공급하는 새로운 양상의 시너지 효과도 나타나고 있습니다.

문화 교류의 활성화로 양국 국민의 관계 또 더욱 가까워졌습니다. 지난해 시카고 국제문제연구소 여론조사에 따르면 미국인의 한국에 대한 호감도가 1978년 이후 가장 높은 것으로 조사됐습니다. 또한 미 여론조사기관 퓨 리서치 센터에 따르면 지난해 미국에 대한 한국인의 호감도는 89%에 달했으며, 그 증가 폭은 조사대상국 중 가장 크다고 합니다. 이제 한미 양국 청년들이 더욱 활기차게 오가며 공부하고 교육받으며, 직장을 찾을 수 있도록 한미 정부가 함께 체계적인 지원 프로그램을 마련하기로 하였습니다.

의원 여러분, 제 평생의 직업은 두 가지였습니다. 첫 번째 직업은 대한민국 검사이고, 두 번째 직업은 사랑하는 나의 조국 대한민국의 대통령입니다. 검사 시절, 저의 롤모델은 드라마 'Law & Order'에 나오는 애덤 쉬프 검사의 실제 모델인 로버트 모겐소였습니다. 저는 검찰총장 재직 시 '미국의 영원한 검사 로버트 모겐소'라는 책을 출간해서 후배 검사들에게 나눠준 적도 있습니다.

발간사에도 모겐소의 명언인 "거악에 침묵하는 검사는 동네 소매치기도 막지 못할 것"이라는 문구를 적었습니다. 지금 우리의 민주주의는 위기에 직면해 있습니다. 민주주의는 자유와 인권을 보장하기 위한 공동체의 정치적 의사결정 시스템입니다. 이러한 의사결정은 진실과 자유로운 여론 형성에 기반해야 합니다.

세계 도처에서 허위 선동과 거짓 정보가 진실과 여론을 왜곡하여 민주주의를 위협하고 있습니다. 법의 지배는 공동체 구성원들의 자유가 공존하는 방식이며, 의회 민주주의에 의해 뒷받침됩니다. 허위 선동과 거짓 정보로 대표되는 반지성주의는 민주주의를 위협할 뿐 아니라 법의 지배마저 흔들고 있습니다.

이들 전체주의 세력은 자유와 민주주의를 위협하고 부정하면서도 마치 자신들이 민주주의 운동가, 인권 운동가인 양 정체를 숨기고 위장하는 경우가 대부분입니다. 우리는 이런 은폐와 위장에 속아서는 안 됩니다. 피와 땀으로 지켜온 소중한 민주주의와 법의 지배 시스템이 거짓 위장 세력에 의해 무너지지 않도록 우리 모두 힘을 합쳐 용감하게 싸워야 합니다.

자유를 소중히 여기는 사람은 다른 사람의 자유도 소중하게 생각합니다. 따라서 자유는 평화를 만들고 평화는 자유를 지켜줍니다. 그리고 자유와 평화는 창의와 혁신의 원천이고, 번영과 풍요를 만들어냅니다. 70여 년 전 대한민국의 자유를 위해 맺어진 한미동맹은 이제 세계와 자유의 평화를 지키는 글로벌 동맹으로 발전했습니다. 대한민국은 국제사회에서 대한민국의 신장된 경제적 역량에 걸맞은 책임과 기여를 다할 것입니다.

케네디 대통령은 1961년 취임식에서 "세계시민 여러분, 우리가 여러분을 위해 무엇을 해줄 것인가를 묻지 마십시오. 인류의 자유를 위해 우리가 힘을 모아 무엇을 할 수 있을지를 물으십시오."라고 말했습니다. 이제 인류의 자유를 위해 대한민국이 국제사회와 힘을 모아 해야 할 일을 반드시 할 것입니다.

대한민국은 미국과 함께 미래로 나아갈 것입니다. 저는 지난해 취임하면서 대한민국을 자유민주주의와 시장경제를 기반으로 국민이 주인인 나라로 만들고 국제사회의 당당한 일원으로서 역할과 책임을 다하는 존경받는 나라, 자랑스러운 조국으로 만들어 가겠다는 소명을 밝혔습니다. 대한민국은 미국과 함께 세계시민의 자유를 지키고 확장하는 '자유의 나침반' 역할을 해나갈 것입니다.

한미 양국의 자유를 향한 동맹이 70년간 이어지는 동안에도 이와 정반대의 길을 고집하는 세력이 있습니다. 바로 북한입니다. 자유민주주의를 선택한 대한민국과 공산 전체주의를 선택한 북한은 지금 분명히 비교되고 있습니다.

북한은 자유와 번영을 버리고 평화를 외면해 왔습니다. 북한의 불법적 핵 개발과 미사일 도발은 한반도와 세계 평화에 대한 심각한 위협입니다. 북한의 무모한 행동을 확실하게 억제하기 위해서는 무엇보다도 한미의 단합된 의지가 중요합니다. 레이건 대통령이 말한 바와 같이 "우리가 용납할 수 없는 지점이 있으며, 절대로 넘어서는 안 될 선이 있다."는 것을 북한에게 분명하게 알려줘야 합니다.

어제 열린 정상회담에서 저와 바이든 대통령은 한층 강화된 확장억제 조치에 합의했습니다. 날로 고도화되는 북핵 위협에 대응하기 위해 한미 공조와 더불어 한미일 3자 안보 협력도 더욱 가속화 해야 합니다. 우리 정부는 도발에는 단호히 대응하되 비핵화를 위한 대화의 문을 열어둘 것입니다.

저는 지난해 북한이 핵 개발을 중단하고 실질적 비핵화 프로세스로 전환한다면 북한의 민생과 경제를 획기적으로 개선하겠다는 '담대한 구상'을 제안했습니다. 북한

이 하루빨리 도발을 멈추고 올바른 길로 나오기를 다시 한번 촉구합니다.

한미 양국은 북한의 비핵화를 이끌어내기 위한 노력을 함께 기울여 나갈 것입니다. 북한 정권이 핵·미사일 개발에 몰두하는 사이 북한 주민들은 최악의 경제난과 심각한 인권 유린 상황에 던져지고 있습니다. 우리는 북한 주민의 비참한 인권 실상을 전 세계에 알리는 동시에, 북한 주민에게 자유를 전달하는 의무를 게을리해서는 안 됩니다.

지난달 대한민국 정부는 북한 인권보고서를 최초로 공개 발간했습니다. 보고서는 최근 5년간 북한 이탈주민 508명의 증언을 바탕으로 세계인권선언과 국제인권조약 등 국제적 기준을 적용해 북한 인권 유린 사례를 두루 담고 있습니다. 코로나19 방역 지침을 어겼다는 이유로 무자비하게 총살당한 사례, 한국의 영화와 드라마를 시청하고 유포했다고 공개 처형한 사례, 성경을 소지하고 종교를 가졌다는 이유만으로 공개 총살을 당한 사례 등 이루 말할 수 없는 참혹한 일들이 발생하고 있습니다.

국제사회는 이러한 북한 인권 유린의 참상을 널리 알려야 합니다. 여기에 계신 의원 여러분들도 북한 주민들의 열악한 인권이 개선될 수 있도록 함께 힘써주시길 바랍니다.

친구 여러분, 자유민주주의는 또다시 위협받고 있습니다. 우크라이나 전쟁은 국제규범을 어기고 무력을 사용해 일방적으로 현상을 변경하려는 시도입니다. 대한민국은 정당한 이유 없이 감행된 우크라이나에 대한 무력공격을 강력히 규탄합니다.

1950년 북한이 우리를 침공했을 때, 자유민주주의 국가들은 우리를 돕기 위해 달려왔습니다. 우리는 함께 싸워 자유를 지켰습니다. 그리고 그 결과는 역사가 말해주고 있습니다.

우리의 경험은 자유민주주의 국가들의 연대가 얼마나 중요한지 말해줍니다. 대한민국은 자유세계와 연대하여 우크라이나 국민의 자유를 수호하고 이들의 재건을 돕는 노력을 적극적으로 펴 나갈 것입니다.

의원 여러분, 이제까지 6명의 대한민국 대통령이 이 영예로운 자리에서 연설을 한 바 있습니다. 노태우 대통령은 1954년 대한민국 초대 대통령 이승만 박사가 이곳에서 연설한 지 35년 뒤인 1989년 여기 연단에 서서 이런 말을 했습니다. "태평양 연안 국가들은 개방 사회와 시장 경제를 통해 이 지역이 세계에서 가장 빠른 성장을 이루도록 만들었습니다. 미국에 태평양은 더욱 중요하게 될 것입니다. 한국은 이 지역의 평화와 번영에 더욱 기여하는 나라가 될 것입니다. 언젠가 한국의 대통령이 다시 이 자리에서 서서 오늘 내가 한 이야기가 내일의 꿈이 아니라 현실이 되고 있다고 말할 날이 올 것입니다."

노태우 대통령의 꿈은 이미 현실이 되었습니다. 우리는 지금 인도-태평양 시대에 살고 있습니다. 세계 인구의 65%, 전 세계 GDP의 62%, 전 세계 해상 운송 물량의 절반이 이 지역에서 이루어지고 있습니다. 대한민국은 지난해 처음으로 포괄적 지역 전략인 '인도-태평양 전략'을 발표했습니다. 대한민국은 포용, 신뢰, 호혜의 원칙에 따라 '자유롭게 평화로우며 번영하는 인도·태평양 지역'을 만들어 나갈 것입니다.

인태 지역 내 규범 기반의 질서를 강화하기 위해 주요 파트너들과의 협력을 포괄적이고 중층적으로 확대해 나갈 것입니다. 그만큼 한미동맹이 작동하는 무대 또한 확장되는 것입니다. 미국 국제개발처 USAID 지원을 받던 한국은 이제 미국과 함께 개발도상국들에게 개발 경험을 전수해 주고 있습니다. 한국은 공적개발원조 규모를 대폭 확대하고 수혜국의 수요와 특성에 맞는 맞춤형 개발협력 프로그램을 제공하고 있습니다.

어제 열린 한미정상회담에서 저와 바이든 대통령은 '미래로 전진하는 행동하는

한미동맹: 자유·민주·번영의 가치동맹을 위하여

동맹'의 비전을 담은 공동성명을 채택했습니다. 양국은 외교 안보를 넘어 인공지능, 퀀텀, 바이오, 오픈랜 등 첨단분야 혁신을 함께 이끌어 나갈 것입니다. 아울러, 양국의 최첨단 반도체 협력 강화는 안정적이고 회복력 있는 공급망 구축과 경제적 불확실성 해소에 기여할 것입니다.

양국은 동맹의 성공적 협력의 역사를 새로운 신세계인 우주와 사이버 공간으로 확장시켜 나가야 합니다. 세계에서 가장 혁신적이고 창의적인 두 기술 강국의 협력은 커다란 시너지 효과를 창출할 수 있을 것입니다.

존경하는 하원의장님, 부통령님, 상하원 의원 여러분, 한미동맹은 자유, 인권, 민주주의라는 보편적 가치로 맺어진 가치동맹입니다. 우리의 동맹은 정의롭습니다. 우리의 동맹은 평화의 동맹입니다. 우리의 동맹은 번영의 동맹입니다. 우리의 동맹은 미래를 향해 계속 전진할 것입니다. 우리가 함께 만들어나갈 세계는 미래 세대들에게 무한한 기회를 안겨줄 것입니다. 여러분께서도 새로운 여정에 함께해주시길 당부합니다.

여러분과 미국의 앞날에 축복이, 그리고 우리의 위대한 동맹에 축복이 있기를 기원합니다. 감사합니다.

색인

저자 약력

남성욱
서울장학재단 이사장
통일부 통일미래기획위원회 정치군사분과위원회 위원장
고려대학교 통일외교학부 교수
前) 고려대학교 통일융합연구원 원장
前) 민주평화통일자문회의 사무처장
前) 국가안보전략연구원 원장
미주리주립대학교(University of Missouri-Columbia) 응용경제학 박사

제성호
중앙대학교 명예교수
前) 육군사관학교, 수원대학교, 중앙대학교 교수
前) 외교부 인권대사, 대통령 직속 통일준비위원회 위원
민주평화통일자문회의 운영위원 겸 인권법제위원장, 통일부 남북관계발전위원회 위원
서울대학교 법학 박사

정연봉
한국국가전략연구원 부원장
대통령 직속 국방혁신위원회 위원
前) 육군본부 참모차장
경남대학교 정치학 박사

이미숙

문화일보 논설위원

前) 문화일보 워싱턴 특파원

前) 문화일보 정치, 국제부 기자

前) 페어리디킨슨대학교(Fairleigh Dickinson University) visiting scholar

고려대학교 정치외교학 석사

김형진

서울대학교 국가미래전략원 책임연구원

前) 국가안보실 제2차장

前) 주벨기에 유럽연합 대사

프린스턴대학교 정책학 석사

고려대학교 통일융합연구원 해란연구총서 시리즈 06
한미동맹: 자유·민주·번영의 가치동맹을 위하여

초판발행   2025년 1월 5일

지은이   남성욱·제성호·정연봉·이미숙·김형진
펴낸이   안종만·안상준

편 집   장유나
기획/마케팅   김한유
표지디자인   권아린
제 작   고철민·김원표

펴낸곳   ㈜ 박영사
              서울특별시 금천구 가산디지털2로 53, 210호(가산동, 한라시그마밸리)
              등록 1959.3.11. 제300-1959-1호(倫)
전 화   02)733-6771
f a x   02)736-4818
e-mail   pys@pybook.co.kr
homepage   www.pybook.co.kr
ISBN   979-11-303-2108-0 93340

정 가   26,000원